U0435420

时间困境

当工作和家庭被颠倒

[美]
阿莉·拉塞尔·霍克希尔德 著
夏天 肖索未 译

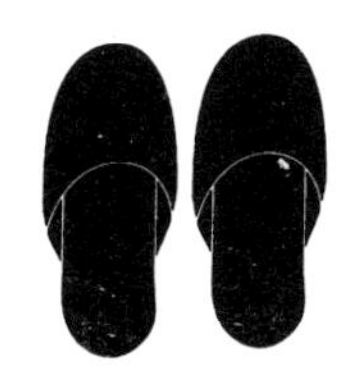

图书在版编目（CIP）数据

时间困境：当工作和家庭被颠倒 / (美) 阿莉 · 拉塞尔 · 霍克希尔德著；夏天，肖索未译. —北京：生活 · 读书 · 新知三联书店，2024.6 （2024.10 重印）
ISBN 978-7-108-07760-8

Ⅰ. ①时… Ⅱ. ①阿… ②夏… ③肖… Ⅲ. ①社会学－研究 Ⅳ. ① C91

中国国家版本馆 CIP 数据核字 (2024) 第 026955 号

责任编辑 李 佳
装帧设计 鲁明静
责任校对 陈 明
责任印制 李思佳
出版发行 生活 · 讀書 · 新知 三联书店
（北京市东城区美术馆东街 22 号 100010）
网 址 www.sdxjpc.com
经 销 新华书店
印 刷 河北品睿印刷有限公司
版 次 2024 年 6 月北京第 1 版
2024 年 10 月北京第 2 次印刷
开 本 880 毫米 × 1230 毫米 1/32 印张 11
字 数 228 千字
印 数 6,001－9,000 册
定 价 59.00 元
（印装查询：01064002715；邮购查询：01084010542）

目　录

第三部分　影响和替代方案

引　言

在为本书进行田野调查的第一周，突然有一刻，一个念头浮上心头——我的研究主题可能并不存在。

我已经搬进花鹿镇上一家温馨的小旅馆，把书和电脑放在了书桌上，把几件衣服挂在了房间壁橱里。花鹿镇附近的阿莫克（Amerco）公司就是我此行的目的地。我把一盏古朴的阅读灯放在床边的一堆书上，把灯罩向前倾斜，支起几个枕头，靠在上面专心地阅读一份关键的阿莫克公司报告。该报告关注了有多少员工使用了公司开明的家庭友好政策，包括提供福利的非全职工作、工作分摊制、缩减周工作日、灵活工作时间和灵活工作地点。这些信息对我来说非常重要。毕竟，我之所以选择研究阿莫克，正是因为它被誉为企业界推动工作－家庭平衡的全国领袖。阿莫克没有把女性放在较低的“妈妈轨道”上；它致力于让男性和女性对工作生活拥有一些真正的控制。这是一些了解阿莫克的人给予它的评价，也是阿莫克对自己的看法。

正因如此，深为自己的进步政策而自豪的阿莫克公司非常愿意让我来做研究——向我保证，我可以在工厂车间、办公室和自助餐厅随意进出，采访从CEO到清洁工的所有员工。我想，我可以写一下这个不同寻常的工作场所，希望能把一家公司如何既能发展，又能行善的事迹传播开去。基于这些信息和这个愿望，我横穿了美国，把自己安顿在这个小旅馆里；还有我的丈夫亚当，带着他的电脑和写作项目也一起过来了。

现在，翻过了浓墨重彩地描述公司政策的初衷与承诺的前几页后，我读到员工实际使用这些政策的数据。我心下一沉。在子女十三岁及以下的员工中，只有3%选择非全职工作，1%进行工作分摊，1%使用了灵活工作地点。有三分之一的职场父母使用了灵活工作时间，但许多人仍然一天工作九或十小时，只是将日常时间表稍微做了调整。虽然很多新手爸爸非正式地休假，但阿莫克公司只有一个男员工有休陪产假的官方记录。我陷入了困惑。

小旅馆的主人的腊肠犬蒂菲很擅长交际，喜欢来我的房间串门。我意识到它对我的房间比对我更感兴趣。蒂菲有个奇怪的习惯：在被子边缘下面绕着床慢慢地走。是为了抓背吗？是为了回忆曾经睡在这张床上的老朋友吗？我记得这只古怪的腊肠犬绕着床慢慢移动时，它的尾巴就像海平面上一艘船的桅杆，这让我惊叹不已。我琢磨着面前这些统计数据，当时在心里想："好吧，谁知道腊肠犬在这儿干什么，我又在这儿干什么呢？"

但第二天一早，我开始第一次访谈，就立即沉浸于阿莫克的男男女女向我所讲述的生活中，沉浸于他们漫长的工作时间和他们在家里感受到的压力。我开始想，在员工的凄惨故事和他们使用家庭友好政策的低比例数字之间的“神秘”联系是什么。

随着“新”经济的到来，这个问题现在已经比我写这本书时更加重要。自 1997 年以来，一个叫作“零阻力”（Zero Drag）的新术语开始在美国计算机革命的中心——硅谷悄然流传。它的本意是指像溜冰鞋或自行车这样的物体的无摩擦运动。后来，它用来形容那些不顾经济激励而轻易跳槽的员工。最近，它的意思变成了“无牵无挂的”或“没有义务的”。一个网络公司的老板可能会赞许地评价一个员工说：“他是零阻力的。”意思是他可以承担额外的任务，随叫随到，或随时可以调动。硅谷文化的研究者波·布朗森说：“零阻力是最理想的选择。有一段时间，新的应聘者会被开玩笑似的问到他们的‘阻力系数’。因为这份工作距离旧金山有整整一个小时的通勤路程，所以住在旧金山的公寓就成了一个单位的阻力。有配偶吗？阻力系数为 1。有孩子吗？每个孩子阻力系数为 0.5。”① 我们好奇为什么一个孩子只是 0.5 阻力。这种计算的前提假设是什么？如果勾勒一个完美、零阻力的员工，我们可能想象一个年轻、单身、没有孩子的男性，正希望在第一份或第二份工作中取得成功。也许是他的妹妹带他的母亲去看医生，而他的母亲在健康的时候负责照顾他的祖父母。或者，零阻力这个词会让人想到一个四十岁的男人，娶了一个家庭主妇，她对年幼的孩子和年迈的父母承担全部的责任。

但是，当然，如今工作的人的范围要广得多。其中 45% 是女性，而且大多数女性员工都是母亲。今天，孩子六至十七岁的母亲中有74%从事有偿工作，孩子六岁及以下的母亲中有59%从事有偿工作，孩子一岁及以下的母亲中，有55%从事有偿工作，并且其中约一半是全职工作。在这个用工荒的年代，其他年代也类似，雇主同样指望着女性和男性员工跻身经济舞台。

现在，有55%的劳动女性收入约占家庭收入的一半或更多：其中18%提供了全部家庭收入，11%提供了一半以上的家庭收入，其余提供了大约一半。[②]对大多数已婚男性来说，他们的妻子都有工作，他们和妻子共同（或试图共同，或认为应该共同）照顾家庭。在所有员工中，大约一半现在或不久将直接负责照顾十八岁以下未成年人或残疾、体弱的老年亲属。这还不包括从医院回家的好朋友，或者运气不佳的高中同学随时可能来寻求帮助。

所以，说真的，谁是零阻力的？我想几乎没有。然而，对于一些雇主来说，这个短语意味着他们的“理想员工”。我连续三个夏天在远离硅谷的财富五百强公司阿莫克进行访谈，“零阻力”这个词从未出现在我的访谈中。但作为一种理念，没有负担的员工是一个无处不在的主题。正是通过在阿莫克的访谈，我开始理解人们为了达到或抵制这种形象而进行的日常斗争。

当我环顾公司四周，我开始些许明白这样的工作环境意味着什么——友好的氛围、免费的可乐、全面质量管理、培训项目——这些可能让人们想成为那个理想员工。晚上，我跟随着疲惫的员工回到家，看到他们应对暴躁的孩子、临时凑合的晚餐、没人喂的宠物和坏掉的电器。我开始理解“工作”和“家庭”并不是人们所从事的截然分开的活动，而是相互交织、彼此竞争的情感文化。我开始明白，当家庭成为一个充满摩擦的环境时，是如何输给工作场所中运作良好的社会机制所提供的目标感、成就感和友情的。

我也意识到两种文化之间隐藏的协同效应是如何被匆匆穿梭于这两者之间的人们所忽视的。事实上，在阿莫克坚定不移的“工作－家庭平衡”术语之下，我有许多困惑。什么是工作和家庭之间的合适的平衡——介于完全没有责任和完全负有责任照顾他人之间？直接提供照顾，还是付钱让别人来做照顾工作？在日常生活的诸多压力之下，大多数的职场父母都在试图凭直觉回答平衡的问题。

在本书中，我希望帮助读者看到的不仅是关于平衡的个体决定的本质，还有我们在何种情境中做出这些决定。你可以认为这是一本关于家庭和工作作为引力场的书。在阿莫克，在这两个领域的相对“拉力”下，一场巨变似乎应运而生。有偿工作的文化世界越来越强，而家庭和当地社区——我们所能链接的最深层共情纽带的社会世界——却越来越弱。在阿莫克不断扩张的工作生活中，我可以察觉一种既熟悉又陌生的家的外表。与此同时，在家里，一些不太熟悉的事情正在发生，家庭成员经常在仔细划定的时间模块里，按照各自的时间表追逐不同的兴趣。如何定义和实现工作和家庭之间的良好平衡？这个问题肯定会伴随我们很长时间。本书的论点是，在过去的三十年里，家庭世界和工作世界本身已经发生了重大的变化，但我们思考它们的方式却没有。

让我们展望，在未来的岁月里，我们的思维开始与我们所生活的世界同步，因为我们的工作和家庭的变革很可能会继续。即将来临的趋势显示，工作和家庭安排的多样性将会增加，但几乎没有一种安排准备缓解日益增长的被时间束缚的感觉。一方面，越来越多的美国人在工作，而且比二十年前他们的父母工作的时间更长。根据国际劳工组织最近的一份报告，美国人的工作时间比其他任何一个工业化国家的工人的都长。现在，我们每年的工作时间比被誉为世界劳动之都的日本还多两周。③

从1969年到1999年，越来越多的母亲离开家去工作，再加上单亲家庭的增加，导致家长平均每星期可用于陪伴孩子的时间减少了22小时。④从1989年到1996年，中产阶级的已婚夫妇外出工作时间从每年3550小时增加到3685小时，也就是增加了额外3周每周40小时的工作时间。这些工作时间的增加大部分发生在妻子身上。现在8%的在册员工同时做两份工作，其中男女比例大致相当。⑤

我对阿莫克的研究揭示了两种不同的时间困境。高级管理人员和专业人士通常表示，他们投入长时间工作是因为热爱自己的工作；流水线上的工人说，他们选择工作两个轮班是因为需要钱。在阿莫克，这两个版本的时间困境会合了。公司为吸引和留住高技能人才而打造的强大的工作文化也影响了非技术工人，尽管影响程度较小。但是，我们社会中日益加剧的贫富分化很可能意味着这两个群体在未来产生更大分隔——专业人士在舒适愉悦、高度自主、高福利的美国办公园区里工作，而流水线工人则在这里甚至国外更封闭、限制更严格的工厂工作。

三年前，当《时间困境》首次出版时，认为工作可以成为家庭替代品——至少是零阻力员工的家的这种想法似乎非常牵强。但在日益增长的留住称职员工的压力下，一些公司正在不遗余力地推行这一想法，努力创造一个提供全方位服务的理想工作场所。在《财富》杂志上一篇名为《新公司城》（“The New Company Town”）的文章中，杰瑞·尤西姆描述了一家邮购服装公司兰兹角和一家生物技术公司安进如何为员工开办“国际象棋、家谱学、园艺、飞机模型、公开演讲、网球、空手道、潜水和慈善”俱乐部，这些活动通常被认为是社区或家庭生活的一部分。位于北卡罗来纳州卡里市的软件公司赛仕软件研究所里有一个乳腺癌支持小组，一个单亲家庭小组，还有一个国际俱乐部每月准备来自俱乐部成员家乡的食物，以及一个名为明格尔的单身团体。在全国大约1000家公司中，国际基督教会的公司团契都提供在公司的《圣经》学习小组。

这些公司甚至把购物中心也带进了工作场所。它们提供包括银行、商店、干洗店、理发店和美甲沙龙的服务。《财富》杂志评选的“100家最适合工作的公司”中，46家提供带餐回家的膳食服务，这样，忙碌的员工就可以在下班回家前快速完成工作之余的任务。有26家公司提供个人礼宾服务，员工可以雇用专人送花，为所爱之人挑选生日礼物，或为孩子安排成人礼。例如，一家公司提供的礼宾员为一名芝加哥的员工安排了一场求婚晚餐，“玫瑰花瓣撒得到处都是”。一些公司提供约会服务。事实上，托罗帕全球市场调查公司在1999年的一项研究中发现，38%的员工报告称自己曾与同事约会。这些工作文化的创造者也没有忘记在职员工的心理健康。正如尤西姆所报道的：

“在托莱多市的医疗保健和退休公司，人力资源总监哈利·金培训员工互相拥抱，指出，‘人类平均每天需要八到十个拥抱——最少四个’。”[6]

亚特兰大的一家名为“两地共此时”的礼宾服务公司表示，他们曾为一名女客户把冷冻生育药物送去办公室。在一家位于加利福尼亚州兰乔科多纳市的眼科医疗机构“视觉服务计划”，一名女员工甚至自愿为同事们充当代孕母亲。孩子出生后不久，在一篇报道中，这名代孕妈妈解释说：“我一直把‘视觉服务计划’当作我的第二个家。”

当然，尤西姆发现的是一些极端的例子。虽然出现礼宾员和代孕母亲的公司尚属罕见，但它的“近亲”，将员工的生活外包的公司正在发展，而这个过程的中心是时间越来越紧张的员工。对于员工来说，这种浮士德式的交易如此运行：“如果你在办公室投入十个小时，我们就会把社区带到你这里来。”至于“平衡”，休斯敦的一家软件公司 BMC 的人力资源主管指出：“我知道这让人难以置信，但是你感觉在这里你就像在外度假了。（办公室）让你不用离开就能享受平衡的生活。”

这种让工人高效工作的尝试让我想起了农业领域的类似转变。当我还是孩童时，我去祖母在缅因州的农场，看见奶牛在附近农民的牧场上悠闲地吃草。下午四点左右，农民会把它们召集到谷仓里挤奶。今天，低迷的牛奶价格迫使许多农民离开土地，并要求幸存的农场开发出更有效率的养殖方法。因此，现在的农民直接收割牛未踩过的干草，用卡车运到常年待在牛棚里的奶牛身边。实际上，农民把牧场送到了奶牛身边。新的企业文化是不是也在把“田地”带给“奶牛”？

资本主义不仅仅是一种经济体系，还是一种极具创造性的文化体系。目前，它正在创造一种零阻力版本的工作—生活的平衡。零阻力公司通常对专业人员提供细致周到的照顾。但是由于工作时间过长，员工们不能细致周到地照顾自己的孩子、年迈的父母或社群的其他成员。这些公司建立了临时的村庄，员工可以在这里做所有在家里永远没时间做的事情。与此同时，这些公司还建立了一种将照顾外包的文化。

但还有另一些员工，他们在健身房把地板擦亮，在网络公司的餐饮部里洗碗，为研究拥抱的专家打字，或在儿童托管中心给其他员工们的孩子喂饭和聊天，在他们那里几乎没有那种友好“村庄”的痕迹。[7]事实上，非技术工人在工作中不太可能拥有公民生活，也不太可能有钱将许多家务外包。新的工作场所没有为他们提供任何解决方案。

随着工作在我们生活中的比重越来越大，随着资本主义成为推动就业的唯一引擎，随着这个引擎更迫切要求员工零阻力，我们必须对工作场所和家庭提出根本性问题。对于任何一本书而言，它所提出的问题的价值与它所提供的答案一样重要。这本书提出的问题并非我一开始所想，并迫使我改变了自己的假定。家*是*什么？工作*是*什么？这本书可以被想象为一种调查，对于我们如何思考这两个地方，以及我们从这两个地方试图投入和带走的心理状态。

我很喜欢我所遇到的阿莫克公司的员工，也很钦佩他们与生活压力所进行的斗争，但我也为他们的挣扎感到害怕和难过。

如果我是一个小说家，我会给这个故事一个更幸福的结局，但这是真实的人和真实的家庭的故事。幸福的结局等待着这样一天：我们开始从文化层面着手解决这本书所揭示的问题。因为事实是，一家公司的成功背后的代价往往被转嫁到那些最无力抵抗的人身上——孩子、病人和老人。我们需要把这些代价放回原处，为余下的生活腾出时间。

第一部分
关于时间

第一章

挥手之窗

此时此刻，在美国中西部的花鹿小镇，正是一个祥和美好的六月清晨，时针指向6:45。在一个浸信会教堂地下室的儿童托管中心里，保育员黛安·卡塞利身着蓝色牛仔裤、宽松衬衫，正有条不紊地把倒放在儿童餐桌上的小椅子一个个翻转过来。桌子上，一个麦片盒子占据着核心位置。黛安摆完椅子，开始围绕着麦片盒子摆放小碗、小勺、餐巾纸和一大壶牛奶。这个房间似乎还半梦半醒着，但惬意而整洁。黛安慢步经过了架子上整齐摆放着的拼图和玩具，帽架上挂着别人捐赠的化装游戏的帽子、耷拉着的钱包，旁边还有一个装满了彩纸的小桶。房间墙上张贴着孩子们的画，画着弯弯曲曲的火车和东倒西歪的房子。

7:00。一个神色尴尬的高个子男人犹疑着朝屋里张望，然后小心地往前走了几步寻找黛安。他的儿子迪米跟在身后。黛安走过来，拉起迪米的手将他领到餐桌前，扶他坐好，帮他把麦片和牛奶倒进碗里。迪米的爸爸赶紧匆忙地朝门口走去。

在房间的墙上，有四个大大的窗户刚好能够看到户外走廊。在第二个窗户前摆着一组小的木制台阶，孩子们正好可以爬上去跟窗外送完他们准备离开的爸爸妈妈挥手再见。孩子们把这个窗户叫作“挥手之窗”。迪米也从餐桌前奔跑过来，爬到台阶上等着。

他的爸爸是一个工程师，此刻迈着轻快的步子经过了第一个窗户，朝着停在街边的红色沃尔沃汽车走去。他在“挥手之窗”前停了一下，歪歪头，滑稽地冲迪米做了个挤眉弄眼的动作，然后头也不回地走了。迪米回到他的麦片前，叹了口气，然后激动地宣布：“我爸爸看到我挥手了！”黛安和玛丽·马丁——这里的另一个保育员，目光在迪米的头上相遇，然后相视一笑。虽说作为专业人员她们不应该有所偏爱，但有时很难做到。

不一会儿，在一阵喧闹中，四岁的双胞胎贾罗德和泰勒蹦蹦跳跳进来了，后面跟着他们的妈妈，一个穿着黑白色职业套装、身材苗条、步履轻快的女性，也是一个事业正蒸蒸日上的基层管理者。她没在门口停留，而是迈着愉快而威严的步子哒哒地来到餐桌前，就像在自家厨房一样。她手里攥着车钥匙，一边问两兄弟要多少，一边给他们各自倒了一碗麦片和牛奶。她看着他们吃了几分钟，然后瞟了一眼表，弯下腰给孩子们一个久久的拥抱，离开了房间，然后重新出现在了外面。她在第一个窗户前假装意外地出现，到第二个窗户前扮了个鬼脸，快跑到第三个窗户前，又在第四个窗户前使劲挥手再见，最后消失在孩子们的视野里，跑向她的车。

7:40。四岁的凯西侧身而入，她的头发半散着，一手拿着毯子，一手握着巧克力棒。“我迟到了，”凯西的妈妈对保育员黛安解释说，“凯西非要吃巧克力棒，我不得不给了她一根。”她抱歉地补充说，虽然黛安也没说什么。凯西的妈妈格温·贝尔是一个身材敦实、留着深色短发的年轻女性。她化着淡妆，戴着简洁的金色耳钉，穿着干练的卡其色休闲裤和夹克。一些阿莫克的妈妈穿起职业套装就像士兵披戴铠甲，而另一些则穿着碎花连衣裙来展现闲适。凯西的妈妈介于两者之间，这身衣服仿佛只是为了完成“自我呈现”这个任务。

“求——求——你了，你就不能带我去上班吗？”凯西恳求着。

“你知道的，我不能带你去上班。”从格温的语气来看，她不是第一次听到这样的要求了。凯西沮丧地耷拉下了肩膀。她试过了，也已经接受妈妈即将离开的现实，而且看起来她也不会再为此吵闹一番了。但她心里明白，把她放在托管中心一整天，妈妈并不心安理得，所以她可以借此跟妈妈讨价还价。一般情况下，她早晨就可以得到一根巧克力棒。这是她俩之间的交易，凯西总能让妈妈就范。后来，格温对我解释说，她常常觉得亏欠女儿应有的陪伴时间，她对女儿有时间债。假如说许多忙碌的父母都会在晚上或者周末去兑现孩子们眼巴巴“积攒”的那些许诺过的时间，凯西则坚持要求妈妈在早上就支付首付——一根巧克力棒。这虽然也会让妈妈感到不安，但却可以省却了发脾气带来的麻烦和尴尬。和托管中心的其他父母一样，格温总是用零食或者妥协一些原则来迁就孩子，以此交换那些缺失的陪伴时间。保育园黛安轻声劝慰着凯西，让她别再生闷气了，去和大家一起玩。

托管中心以“儿童时间”运转着。它的节奏跟随孩子的步调，灵活，但最主要的还是缓慢。老师们耐心地看护着孩子们，无论他们是在费力地系鞋带，旷日持久地坐在便盆上，还是磕磕巴巴地讲着编造的故事。从各个方面来说，这都是一个优秀的儿童托管中心。阿莫克是一家总部设立在花鹿镇的世界五百强公司，* 我在这里进行了历时三个夏天的田野调查，一共发现了十几个像托管中心一样运行“儿童时间”的岛屿。这些岛屿就散布在镇上，比如游乐场、儿科医生的候诊室、家庭旅行车的后座——抵抗着节奏更快的、更行政化分割的“成人工作时间”街区。

事实上，在那个六月的早晨，坐在托管中心小凳子上的我，发现自己陷入了不耐烦的沉思中，这里的一切*真的*太慢了。我看着迪米假装自己在一个飞机里，感觉过了好长时间；双胞胎兄弟慢吞吞地拼着大人瞬间就可完成的拼图，我开始觉得有些无聊。毕竟，我将繁忙的学校工作安排全都抛在了身后——上课，指导学生，处理一堆传真、电话和邮件，我真想赶紧去忙自己手头上的工作。

我来花鹿镇，是为了解答在写完上本书《职场妈妈不下班：第二轮班与未完成的家庭革命》① 后依旧困扰我的问题。在

---

* 为了保护书中人物的隐私，我给这个公司虚构了名字，并模糊处理了他们的产品以及员工的居住地。我也变化了员工的名字、职位，以及个人生活经历中的细节。然而，我还是尽可能准确地记录了他们在家庭和工作中的经验，去捕捉将二者融合在一起的文化核心。

那本书中，我审视了双薪家庭中日益涌现的矛盾，外出工作的女性还要承担大部分的育儿事务和家务。我发现，如果男人投身于分担这部分被我叫作“第二轮班”的工作，那么婚姻就会不那么紧张。但即便工作已经分担出去了，留给第二轮班的时间也变得越来越少，更不用提轻松的家庭生活了。一定有什么地方出了问题，但我意识到我无法通过仅仅观察家庭生活本身而找到症结所在。

彼时，我已察觉的和即将察觉的一切事实都显示，工作场所就是那个需要去探索的领域。一开始，我清楚地意识到，在20世纪50年代，子女在17岁以下的已婚母亲有12.6%在从事有偿工作；到了1994年这个数字已达69%，而有1岁及以下子女的已婚女性中工作的比例也有58.8%。[②]其中还有很多女性需要参与照料老年亲属。同时，男性和女性投入工作的时长都有所增加——不仅是有大学学历的劳动者，也包括所有的劳动者——尽管对后者的结论，不同的研究者会有分歧。经济学家朱丽叶·斯格尔在《过度劳累的美国人》一书里指出，在过去二十年里，普通劳动者年度工作时间增加了164小时——相当于多工作了一个月。如今的劳动者更少休无薪假期，甚至更少休有薪假期。[③]仅仅在20世纪80年代的十年间，休假就缩减了14%。[④]根据经济学家维克多·福克斯的研究，从1960年到1986年，父母每周陪伴孩子的时间在白人家庭中减少了10小时，在黑人家庭中减少了12小时。[⑤]无论怎么缩减这些数字，很显然，工作正日益占据着生活的中心。更多的女性登上了工作列车，而这趟列车正越开越快。越来越多幼儿的母亲开始从事有偿工作，并且这些工作中兼职的数量在减少，越来越少的母亲会像从前一样，在夏季休假去照顾放假的学龄子女。[6]进入工作场所的女性——不论她们是不是母亲——比以往更不倾向离开了。很明显，职场母亲越来越趋同于职场父亲的形象；但职场父亲却并没有回归去照料家庭。研究显示，职场父亲的工作时间更长了。事实上，他们的工作时间和没有孩子的男性一样长。[7]

我们从数字、从我拜访过的那些家庭里所涌现出来的矛盾中，都可以有所发现。一个问题困扰着我：工作时间越来越长，作为父母，他们如何平衡工作和家庭生活？或者换句话说，工作正在碾压家庭生活吗？如果真是这样，有没有什么管理工作的方法，可以让员工（不论男女）不因享有工作之外的生活而受惩罚，可以减轻孩子们身上的重负？

正当我思考着这些问题时，我遇到了一件意料之外的事情。阿莫克公司邀请我去做一个演讲。当时我对阿莫克知之甚少，只知道它曾被评为全美十大“家庭友好型”公司之一，评选者包括家庭和工作协会、《职业母亲》杂志和《“有关怀”的公司》一书的作者们。[8]在演讲结束后的晚餐上，坐在我旁边的公司发言人问我，是否考虑过研究一下工作场所的家庭友好政策。说实话，我不敢相信自己如此幸运。我心想，如果这个世界上真有可能实现家庭和工作的平衡，那一定是在这样的地方。阿莫克的管理部门显然也希望我的发现能够帮助解答他们的一些困惑。在20世纪80年代后期，一个惊人的现象令该公司万分苦恼：公司里女性专业人员流失的速度远远快于男性专业人员。

每一次人员流失，公司都要花费一大笔钱雇用和培训一个接替者。公司尝试解决由此带来的资金和人才浪费，举措之一就是解决女性流失的一个潜在原因，即缺乏所谓的“家庭－工作平衡”。如今的阿莫克提供了一系列的补救计划，包括兼职工作、工作分摊和灵活工作时间。这些政策真的帮到阿莫克了吗？鉴于目前的趋势，阿莫克的最高管理层非常想知道答案。于是，六个月后，我搬进了花鹿镇上一家温馨舒适的小旅馆里，窗外绿树成荫，我准备找寻答案。

公司总部的前台发给我一张门禁卡，有点像孩子们在麦片盒子里找到的那种魔法戒指；有了它，我就能在公司里自由出入。在1990年到1993年之间的三个夏天里，我跟着员工们刷卡进出。我也定期地跟艾米·楚特交流，她是阿莫克人力资源部工作－家庭平衡项目的负责人，处理和人事有关的一切事宜。她是一个活泼直率的黑发女人，带着一种犀利的幽默感，深受同事们的喜爱。她身着明快的亮色服装，步履从容地走进阿莫克的走廊，自带一种友善又能干的气场。艾米的工作就是让“平衡”不仅仅是公司里的一个漂亮口号。也许是为了彰显这个目标，公司在1991年聘用了一位协助设计工作－家庭平衡政策的心理学家，她在比邻艾米办公室的墙上挂了一组自己女儿的照片：西红柿吃得满脸，抱着一条大鱼，玩泥巴。每一张都在提醒着，孩子并不是只可远观的圣像，而是麻烦又可爱的、真实的人。

我访谈了高层和中层的管理者、文员和车间工人，总计一百三十人。多数都是双职工家庭，有一些是单亲父母，还有一小部分单身没有孩子。我们的访谈有时候是在他们的办公室，有时候是在车间的休息室，有时候是在家里，但经常是公司和家里都去。每个清晨与傍晚，周末或假期，我总坐在公司总部停车场旁的草坪上，观察人们上车，下车，以此了解他们何时上班，何时回家。

我也和受聘于阿莫克的心理学家、儿童保育员交流，还有公司雇员的家属和公司的顾问。除了花鹿镇的儿童托管中心，我还访问了当地基督教女青年会的课后项目，以及阿莫克资助的一个父母资源中心。我参加了公司的女性工作素质改进小组的会议、工作－家庭平衡促进委员会的会议，参加了一个关于重视多样性的工作坊、两个高效能工作组的会议。阿莫克销售部的一个团队允许我旁听他们的会议。我还意外地成了他们团队建设时高尔夫比赛的候补选手。我也在车间里度过了许多夜晚，疲惫的晚班工人在休息室里一边喝咖啡，一边耐心地跟我聊天。其中一个还带我去了当地的酒吧见她的朋友和亲戚。

公司允许我使用他们关于员工态度的内部调查数据。我梳理了其他公司的研究报告、全国的民意调研和正迅速增加的关于工作和家庭生活的文献。我还参加了世界大型企业联合会在纽约、旧金山、洛杉矶、波士顿召开的工作－家庭会议。世界大型企业联合会是一家为企业管理社群收集和发布有用信息的权威机构。

有六个家庭允许我在工作日从早到晚地跟随他们进行观察——其中四个是双亲家庭，两个是单亲家庭。我能看见小孩子在清晨钻进妈妈的被窝，在妈妈怀里再眯一会儿；我还坐在一个塑料的绿色海龟上花一个多小时看两个小姑娘嘻嘻哈哈地从水滑梯滑进游泳池。很多时候，当忙碌的父母准备晚饭时，孩子们会跑过来让我帮忙扣衬衫上的扣子，更要命的是让我陪他们一起在游戏机上打《超级玛丽》。[9]

因为这个研究项目，我得以来到花鹿镇的儿童托管中心，在那儿努力地适应四岁孩子们的时间节奏。这个中心也成了我研究的一部分，因为忙碌的父母们越来越多地倚靠非亲非故之人来照顾自己的孩子，并且倚靠的时间越来越长。像迪米、贾罗德或者泰勒这样的小孩儿，都要在日托中心里度过相当长的一天；一个全国范围的儿童照料研究显示，越小的孩子待在日托中心的时间越长。一岁以下的婴儿平均每周在托管中心的时间为四十二小时。[10]

阿莫克的花鹿儿童托管中心负责人是一位四十四岁、很有想法的女性，也是两个孩子的母亲。她观察到：

> 阿莫克的父母们大多数早晨八点上班，下午五点下班，上班前半个小时他们把孩子送到这儿，下班后半个小时接走。如果他们有会议没有开完，或者想要办点事儿、锻炼下身体，那就会更晚。大多数孩子在这里待上九到十个小时。

我问她，怎样的一天对托管中心的孩子来说最好。她回答道，一般来说，大多数三四岁的孩子应该度过一个“活跃的上午，午餐，午睡，然后在午睡之后回家，理想的状态是在托管中心待六到七个小时”。虽然她和花鹿儿童托管中心的同事们都认同，绝大多数孩子在托管中心过得不错，但她仍然确信，待九个小时对孩子来说“太长了”。

经济学家希薇娅·休雷特在《当树枝折断时：忽视我们的孩子的代价》一书中，将父母过长的工作时间所导致的“时间赤字”和儿童发展中所出现的一系列令人担忧的问题联系起来。休雷特指出，和上一代相比，今天的年轻人更容易“在学校里表现不佳、自杀、需要心理辅导、经历严重的饮食障碍、婚外生子、服用毒品、成为暴力犯罪的受害者”[11]。也有研究表明，儿童长时间独自在家增加了其使用酒精和药物的风险。学者们还没有发现这些不利趋势和父母们日益减少的亲子时间之间的确切关联。但我们并不需要反复论述诸如儿童使用海洛因、自杀这样的重击，才能意识到对于花鹿儿童托管中心的那些孩子来说，时间是一个问题。当看到孩子说他想要跟父母多待一会儿，父母说他们后悔没能更多陪伴孩子的时候，就已经足够说明问题了。在20世纪90年代，《华尔街日报》曾调查了1000个家庭，其中57%的父亲和55%的母亲回答说，他们因为太少陪伴孩子而感到内疚。[12]

在花鹿儿童托管中心里，吃早饭的小朋友队伍在慢慢壮大，先到的孩子以观看后来者的好戏为乐。萨利进来的时候正吃着手指，比利都五岁了还让妈妈抱。乔纳森的妈妈忘了跟他挥手告别，所以他踢桌子把牛奶弄洒了，惹得其他孩子大喊大叫。保育员玛丽领着他一起去给妈妈写一个留言，告诉她，如果早晨不跟他挥手告别会让他很伤心。

凯西仍然站在门口，像举着一面旗帜一样举着她的巧克力棒——那是她在关于时间的“战斗”中“休战”的象征。时不时地，她在化掉的那边舔上一口。黛安拿不准该怎么办，不赞成地看着她。吃麦片的孩子们从桌边扭头看过来，羡慕不已。凯西的妈妈格温·贝尔手里拿着钥匙，正在跟凯西挥手再见。我之前已经跟格温约好了，今天我要做她的“影子”，所以我跟着她出门进入阿莫克的世界。

和往常一样，格温一分不差地在7:50到达办公室。她的马克杯里已经倒上了她喜欢的咖啡，加奶不加糖，是比她早到的同事为她准备的。办公室外的大厅里放着半块生日蛋糕——是一个节食的同事带来的，希望有人能在她忍不住吃掉之前把它解决。格温在给今天的第一个会议准备材料，会议将从上午8:00开到下午5:45，她前一天晚上在家里就用邮件把这些材料发给其他参会者了，这个准备工作将揭开她一天工作的序幕；同时，她抽空咬了口蛋糕，还要校对着9:00要开的第二个会议的备忘录，这个备忘录需要复印好，在第二个会上发给大家。

格温是公共关系办公室的主任助理，需要处理和回应公司所有的媒体曝光事宜。这段时间媒体的关注比较正面，所以她的第一个会议要讨论如何更充分地利用当前形势。公关团队的成员们三三两两地走进了她的办公室，友好地相互寒暄，她长嘘了一口气，准备好了。

格温热爱这份工作，并且干得很出色。每天的工作虽然有压力，但她感到自在，如同在家一般。她的老板会让她想起自己父亲身上最美好的那些特质——帮助她处理工作中的难题，全力支持她在公司中力争上游。在很多方面，她这位“阿莫克爸爸”比她真正的父亲还要好，她父亲在她很小的时候就离开了她和母亲。她觉得能有如此贴心的老板非常幸运，和他一起工作也促使她对工作更加全力以赴。她告诉我，丈夫的工作虽然挣得更多，但是不稳定，所以她和丈夫都需要她的这份收入。

在过去的三年里，格温的工作时间慢慢变长了。之前她每天工作八小时，现在她经常工作八个半到九小时，还不算经常要带回家去的工作。格温对此并不开心。她觉得把女儿凯西每天放在托管中心十小时太长了，但她也并没有试着削减一下她日渐延长的工作时间。她做的就是抱怨抱怨、调侃调侃，再和其他工作的朋友比较比较。她的故事还远不及阿莫克年长的男性员工的“战斗传奇”——他们自豪地夸耀自己每天工作十小时，每两周出一次差。相比之下，格温的故事更像是情景喜剧，比如因为忘了购物，回家发现冰箱里只有点蔫了的生菜和橄榄罐头。那是些带着无望的自娱精神讲述的故事。格温当然很了解阿莫克的灵活工作时间和缩减时间政策，这些政策适用于所有像她一样的白领员工。但她从没有跟她的老板提起过缩减工作时间，她那些爱开玩笑的同事也没提过，她的老板也从没提起过。毕竟他们办公室有那么多事要做。

下午 5:45 一到，格温就回到了花鹿儿童托管中心，凯西正在门口热切地等着她，胳膊上挂着外套，手里拿着她画的画儿。格温充满爱意地给了凯西一个久久的拥抱。6:25，母女俩的车驶进了家里的车道，她们的家是一个白色的双层木屋，环绕着不太规整的灌木丛。格温的丈夫约翰·贝尔已经到家了，他刚购了物，处理了电话上的留言，摆好了餐具，加热了烤箱。每周都有两天，他会比妻子早出门，早到家。他知道家里的晚饭通常吃得比较晚，比较简单，所以他午饭吃得比较丰盛。但是他今天晚上比预想的更饿。格温去做晚饭，他陪着凯西玩儿。

为了守护 8:00—8:30 的晚餐“时光”不被打扰，格温事先打开了电话答录机，于是在晚餐这半小时我们听到了一连串简短的铃声。约翰做了饭前祷告，我们都紧握双手。这似乎是一个释放和休闲的时刻。然而，晚餐后就是凯西的洗澡时间了。凯西虽然爱洗澡但不时会反抗一下。格温预料到凯西脱衣服或者找洗澡玩具的时候会磨磨唧唧，她就把这段时间变成自己的一个迷你假期，由着凯西磨蹭，自己快速听一下电话上的留言，然后再把它们搁置。

9:00，洗完了澡，格温和凯西会共度一段时间，爸爸约翰亲切地称之为“优质时间”或“优时”（quality time or QT）。他们把它当作自己小小的时间城堡，抵御外部世界的索取。半个小时之后，9:30，格温把凯西放上床。

之后，格温和约翰带着我在家里转了转。经过一套昂贵的电钻和锯子时，约翰告诉我说，他两年前就买了这些工具，本来是想给凯西建一个树屋，给她的兔子麦克斯再建一个大点儿的笼子，再给来访的朋友修一间客房。“工具是有了，”约翰吐槽说，“我就是没有时间。”曾经，这些工具代表着那些即将实施的计划，但如今工具的存在似乎已经取代了计划本身。和工具一道被约翰买下的，是它们所暗含的，他好像仍然拥有闲暇的幻觉。后来，在其他职场父母的家里我也发现了很多类似的东西，被废弃在阁楼或车库里。迪米的父亲买过一艘船，虽然他一年到头也没有出过海。贾罗德和泰勒的父母有一辆几乎从没开过的房车。还有一些家庭拥有的是相机、滑雪板、吉他、全套百科全书，甚至还有收割枫糖的工具，都是用他们花时间挣来的工资买的。

约翰的工具维持着他对一个另外的自我的希望，一个“只要我有时间”就能实现的自我。他的工具之于他就像巧克力棒之于凯西——都是一件神奇的时间替代品，一件法宝。

在某种意义上，有两个贝尔家：一个是现实中匆匆忙忙的家；一个是他们想象中“如果有时间”就能实现的轻松愉快的家。格温和约翰·贝尔抱怨说他们身陷一个时间困境中：他们想要更多的时间分给家庭生活。这并不是说，他们想要更多碎片化的“优质时间”加诸他们过度繁忙的日子上。他们想要的是有质量的生活，毕竟格温在一家家庭友好型公司工作，公司的政策似乎给了这种生活一个希望。那么，究竟是什么在阻止他们呢？

第二章

公司价值观与漫漫长日

从花鹿儿童托管中心到阿莫克公司总部大概有15分钟的车程，沿途一派田园风光，玉米地和苜蓿花丛中不时点缀着成群的奶牛。一条河流从植被茂密的山谷里蜿蜒而出，与高速公路并行不悖，一直流向这座迷人的中西部小镇。小镇被掩映在建成于19世纪的阿莫克烟囱下，提示着它作为一个企业小镇的悠久历史。

阿莫克总部就坐落在这个郁郁葱葱的山谷里，一片钢玻璃结构的醒目建筑散落在河边，令人赏心悦目。它形成了花鹿镇的视觉中心。6000名阿莫克的雇员在这里工作；另外还有2万名雇员遍布美国境内的25个分部，还有一些在海外。大约有三分之一的雇员和25%的管理者是女性。

参观总部的访客都会拿到一个宣传册，封面上画着一个小男孩正在往他的红色旅行车里捡拾金色的秋叶，旁边写着："也许是新鲜的空气，宽阔的林荫大道，在漫长慵懒的夏日午后里嬉戏的孩子、小狗与旅行车……不管是什么，这里让我们充满归属感。”当游走在这个社区里时，我确实仿佛置身于诺曼·洛克威尔所描绘的世界。尽管镇外的山上不时可以看到破败的活动房屋停放场，这个宣传册的描绘基本准确——除了那些慵懒的午后。

阿莫克的员工们无疑都为这个成功的小镇企业而自豪。每个圣诞节，他们都会盼望一个延续了百年的古老传统——现任总裁，创始人的重孙，一个精力充沛的 58 岁男人，会走过每座办公楼的大厅，包括公司出资的儿童托管中心，感谢员工们过去一年的付出。大多数员工似乎都很享受在绿荫环绕中过一种传统的小镇生活。同时，他们也似乎很认可公司力图革新的愿景，比如员工参与政策和家庭友好政策。

和我交流过的人都觉得阿莫克是一个理想的工作场所，因为它是美国全球化经济蓬勃发展的核心组成部分——从 1970 年到 1996 年，阿莫克持续创造了巨额利润，还因为它尊重员工的美名远播，因此很多人会来竞争阿莫克的岗位。就像被顶尖名校录取的学生一样，大多数阿莫克雇员也觉得自己是“天选之子”，充满了荣誉感。

这个公司的成功之路并不总是一帆风顺。在 20 世纪 80 年代，日本竞争对手开始抢占阿莫克的市场。同时，外国资本涌入了阿莫克，阿莫克也开始投资外国企业，以多元化的投资组合来抵御潜在的风险。减少的市场份额和来自环太平洋地区、德国和欧盟其他国家的激烈竞争促使阿莫克更加努力地争取“使顾客满意”（这是公司的口号）。

在全球性的竞争面前，大多数公司都在某种程度上采用了三种策略。第一种是投资工人，通过岗位轮换培训来扩大他们的技能范围，通过增加他们的自主权去判断生产和运送货物的最佳方式。采用这种策略的公司对工人投入更多，希望以此能够带来更多的回报。

第二个策略是对工人投资得更少——降低工资、福利和工作保障，却想要获得同样的劳动产出。采用这种策略的公司会解雇或让正式员工，或者让他们提前退休，然后用更廉价的临时工或合同工来代替。它们会随着市场需求的变动，缩小或扩大公司规模，雇用或解雇公司员工。这些方式缩减了成本，也通常被认为能更好适应变动的市场。

第三种策略既兼容了第一种策略，还能应对第二种策略所带来的负面影响，那就是创造并管理一种强大的公司文化。从20世纪80年代以来，阿莫克广受爱戴的CEO就致力于这第三种策略。在此后的近十五年间，阿莫克成为极富创造力的职场文化工程师，它提高了员工的工作动力和使命感，确保他们接受公司为了赢得全球竞争而采取的各种策略。这个公司计划的核心始于1983年，是一个称作“全面质量管理”（Total Quality）[①]的工作系统。不同于官僚化控制、工作简单化和多层等级制，阿莫克强调自我管理的工作团队，“充实丰富的”工作内容，不明显的等级结构。其目的是培养出更具视野和公司认同的员工，邀请他们和管理者共享公司的“共同愿景”，讨论实现“共同愿景”的方式。有时员工甚至受邀参与设计工作场所的布局。在汇总了全公司核算工作的行政中心，各团队可以自行挑选办公室的家具和地毯，重新设计工作流程，参与招聘新同事。

进步主义教育（思潮）带给学校的，本杰明·斯波克*带给育儿的，也正是全面质量管理系统带给工作场所的。它认为员工是有能力的成年人，而不是需要驯服的孩子。就像进步主义教育一样，自上而下的控制并不是消失了，而是以新的形式出现。在全面质量管理系统之下，计时工被组织进工作团队里，获得了可以在生产过程中做决策的更大责任。全面质量管理系统加强了一线工人间的相互依赖，他们可以用不同的方式处理同样的产品和服务。每个工作团队都有自己的时间线、预算、销售信息以及如何高效地生产、运送产品的自主权。在这个过程中，唯一超越团队自主权的就是顾客的愿望，顾客的愿望被视为神圣不可侵犯的，也是公司对团队表现的衡量标准。

阿莫克的全面质量管理系统最重要的影响就是创造了一种由新价值和新实践所组成的共享文化。② 对公司的局外人来说，文化是你置身其中的，但又并非你创造的。然而公司里的人依然欣然谈论着“创造”文化。他们口中所说的“拥有”价值观，几乎是和“管理”这些价值观相提并论。有些人嘴里的公司文化甚至仿佛是可以买卖的。教育和培训部门的主管帕特·欧莫里自豪地谈起：“另一家公司足足花了八年的时间来效仿我们在企业文化中所做的变革。这不是他们能偷走的东西，八年能改

---

* 本杰明·麦克林·斯波克（Benjamin McLane Spock，1903 年 5 月 2 日—1998 年 3 月 15 日），美国儿科医师。自哥伦比亚大学取得医学博士学位之后，斯波克致力于儿科研究，并教授精神病学和儿童发展学。斯波克于 1946 年出版的《婴幼儿保健常识》（亦译作《斯波克育儿经》）在很长的一段时间内都是畅销书，影响了几代父母。斯波克是第一个积极研究并运用精神分析的儿科医师。他主张父母在对于婴幼儿的教育中应该运用理解和灵活的方式，而不是肉体惩罚。

变都算好了。”去想象一个人“管理”自己或他人的价值观，这本身就是公司文化的基本构成部分。

文化灌输一层一层地自上而下倾泻而出。（“我们尊重多元。我们珍视个体价值。我们信奉顾客至上。”）CEO 用精心编排的演讲阐述公司文化中的新转变或重申以往的旧主题，员工们则严肃认真地学习。员工的职位越高或越接近总部，就越接受公司文化的转变。高层的员工会把这些理念带回家细细琢磨，然后决定在多大程度上赞同它。每个人都有不赞同 CEO 演说内容的自由，但演说中所传递的信息在四处传播。它们在流传，似乎是值得推崇的好东西。通常类似“珍视个体价值”或“尊重多元”这样的信条听起来符合道德、团结一切并令人愉悦。有一天，我在读一份公司关于性别和民族多元的态度调查时，问卷首页的陈述引起了我的注意：“尊重多元是阿莫克的政策。”这份调查问卷询问人们的想法，同时也告诉人们公司希望他们怎么想。

一个分发给新员工的阿莫克手册描述了一系列“不成文”的规范，以及和它们相对应的职业含义。例如：“花在工作上的时间是决心的表现。多工作几个小时。”或者：“更多的工作时间意味着你在履行责任。”或者：“着装规范很重要。衣着保守些，否则你会很难融入。”正是这些写出来的“不成文”的规范，这些阿莫克文化的直白阐述，有悖于我们大多数人所置身的直觉式的、未被编码的文化。阿莫克文化表述得很直白，但直白表述的企业文化和私人生活的直觉文化之间的界限是模糊的；这种在正式和非正式理解之间的模糊不清本身就是公司文化的核心部分。

在决定创建何种企业文化时，公司曾经在外部寻找模本。就像航空工程师从鸟类借鉴了设计，购物中心的设计师从19世纪的乡村广场借鉴了样式，公司也从家庭和社区借鉴了文化。例如，当我参观一个人力资源经理们的工作坊时，与会者们探讨友谊如何能为公司获利。一个经理告诉我："公司可以通过池化（Pooling）解决问题的技能来减少失误。你可以借助一些交情。比如，乔给比尔打个电话聊聊家庭和球赛。然后在最后，乔说：'顺便提一句，我（在某些工作方面）也遇到了一些麻烦，你知不知道谁可以帮我解决这个问题？'我们让大家在工作中运用一些私人筹码。'你借我一个人情，就是给公司一个人情。'我们要教育员工们这么做。"通过把二者联系起来，阿莫克将自然形成的友谊用来强化其精心设计的商业实践。

而且，有意或无意的，"全面质量管理"借助了很多女性给阿莫克带来的文化——凝聚，鼓励，无等级合作。在某种程度上，"全面质量管理"促成了一种"慈母般的"工作文化，工作场所的女性化应运而生。在一些工作团队，女人们为彼此庆祝生日，分享孩子们的故事，互相帮助解决困难，给别人帮点小忙。"全面质量管理"把这种精神引向工作目标。如一名经理在她的部门组织了一场对员工的嘉奖仪式，她说："我刚刚给我的妈妈办完一场80岁生日派对。现在我又操办了这次嘉奖仪式。我希望参加的人都能感觉到它的意义，就像我的妈妈一样。"

通过正式地拥护"价值"，阿莫克包装了自己，使自己迥异于那些冷漠的经济机器。③ 在19世纪的工作场所，许多企业主在为员工设立职场规则的时候都不会考虑一套正式的企业价值。

理应是家庭、社区和教会去做这些。但阿莫克的CEO就像其他的跨国公司CEO们一样，喜欢通过“使命”和“愿景”来表述公司的价值，将之作为自身工作的重要部分。实际上，阿莫克对员工说：“你们无须站在门外检查自己的价值观，我们在这里就有价值观。在道德方面，你们就像在家里一样受到保护，像在家里一样安全。”

不论员工们谈论起这种自上而下的公司文化时是忠诚地，还是批判地，或者常常是两者兼有，他们很少能逃避它的影响。每年员工们都会接到一个匿名填写的调查问卷，回答一大堆的问题。这样的“情况调查”不仅仅是取样公司文化，更是这个文化的一部分。回复率很高，我碰到的人里很少有人对填写这个问卷有所怀疑。这些调查名义上的目的是要了解员工的感受。甲员工觉得主管对他的指导充分吗？建立了团队支持吗？鼓励参与吗？乙员工对自己的在职成长满意吗？丙员工对自己工作所得到的认可满意吗？丁员工觉得自己得到了有用的技能培训吗？这些问题不仅仅是引出信息，它们在建立一种观念——公司努力在这些方面惠及员工，并且真心想知道自己做得够不够好。这些调查给人一种“有人在倾听”的感觉，也确实有人在倾听。它们提供了一种方式让员工们对公司事务投上道德票。在每份问卷的最后，人们都受邀填写额外的意见，因而这些调查又变成了一种匿名表达不满的方式，一道立于资本主义心脏的“民主墙”。通过这些定期的问卷调查，员工们还被反复提醒——阿莫克希望不断改进提升。

事实上，我逐渐意识到阿莫克*确实*在试图改善，确实想要知道哪里出了问题，也确实在意。尽管阿莫克的目标是产量和利润，但它的使命陈述和调查问卷又显得它不仅仅想要看起来像个道德家园，它正努力地真正成为一个道德家园。所以，如果一个员工因为同事或主管在践行公司使命时言行不一而感到苦恼，这并不奇怪。不管每日面对多大的麻烦，员工都很难不去激赏这样的企业精神。也许这就是阿莫克员工为何如此乐意拥有阿莫克标签。在公司的各种竞争中获胜的人们会骄傲地佩戴着有阿莫克标志的胸针或其他物品。就像一个员工所说："在美国，我们没有家族纹章了，但是我们有公司标志。"

就是在这样一种合作通融的氛围里，一小群阿莫克员工在20世纪80年代早期开始敦促进行家庭友好的改革，其中包括职场父母、预见了未来工作-家庭冲突的单身者，以及更年长的、经历过工作-家庭冲突的员工。一个又一个调查都表明，无论处在哪个公司等级，双薪家庭都处于重重压力的极限。在一份问卷中有这样一则陈述，"对我来说，处理好工作和家庭/个人职责太难了"，其中有四分之三的女性和二分之一的男性在这一陈述下选择了"同意"。五分之三的女性和二分之一的男性都认同"完成我的工作和家庭/个人责任的后果是我的健康受损"。二分之一的时薪员工——劳工合同所覆盖的工厂工人或维修工人都同意，他们的婚姻受到了时间压力的困扰。三分之一的人认为监管独自在家的孩子的活动"非常困难"。四分之一的人认为，请假去参加孩子的学校活动、家长会或照顾生病的孩子"非常困难"。

阿莫克的雇员们不久就迎来了盟友——新型的社会活动家。这些家庭友好政策的"人力资源"倡导者们穿着剪裁合身的西装，手提皮包，早在20世纪80年代中期就开始出现在全国性年会上。他们代表着两千多家美国企业，他们的形象迥异于不修边幅的60年代活动家们。他们的谈吐也截然不同，说着“买入”（buy-ins），“向内部客户营销理念”和“建立关系”。他们口中经常出现的说法是“依托多样性来支持工作—家庭关系”或“将工作—家庭关系整合到全面质量管理系统中”。他们绝大部分是白人中产阶级女性，充当了企业界的社会工作者。就像许多社会工作者一样，他们既是系统的组成部分，又对系统进行着理想主义的批判。他们相信家庭政策是公司成功的关键；但是也有人曾坦言，总是“把儿童和老人当作儿童和老龄照料保险的问题”，是多么不人性。

1985年，阿莫克宣布将把帮助员工平衡工作和家庭作为自己的一项“使命”。公司宣布了一项家庭友好政策，包含着截然不同又可能相互矛盾的两部分。第一部分使员工可以花更多的时间安心工作，而第二部分则提供了更多的时间安心在家。第一部分的政策和项目包括高质量的儿童托管，生病子女的看护，紧急情况下的儿童托管，课前或课后项目，还有老龄照护的转介服务，所有的这些都可以让员工更好地集中精力每天工作八个小时或以上。1990年，阿莫克彻底升级了迪米和凯西吃早餐的那个儿童托管中心，花费500万美元修建了一个崭新的社区儿童发展中心，能够容纳150名阿莫克的学前儿童。中心的儿童保育员都受训于阿莫克专科学校，由公司的补助和奖学金资助。阿莫克还会举办儿童照料论坛、老龄照料研讨会、育儿展览会，并资助了一个向当地社区开放的父母资源中心。

第二种家庭友好政策改革允许父母采用灵活的工作时间或缩短工作日，为工作以外的生活释放了更多的时间。在这方面，阿莫克提供了有薪产假，时长覆盖生育或收养孩子之前的四周和之后的六周，每个孩子还有不超过二十周的无薪家庭护理假。一本公司手册里宣扬员工可以选择非全职工作、工作分担制、灵活工作时间或者在家上班。

然而，随着时间流逝，对于公司活动家们来说，在弥合公司手册和日常生活之间的鸿沟中显然还存在着一些问题。艾米·楚特是在阿莫克倡导变革的“行吟诗人”，也是这两类变革的积极倡导者。开发“智能管理”视频就是她的主意，这种视频能够培训经理们帮助员工采用各种各样的替代安排。在一个又一个会议上，她集思广益，推动高层管理者给予更多的支持，说服中层管理者中的异议者，然后鼓励那些饱受工作—家庭“平衡”问题困扰的员工们。就像艾米在1990年所解释的：

> 这是我们投入使命的第五年。未来还有十年要继续。高层管理者们相信家庭友好政策是正确的。但他们中没有人需要自己收拾行李箱，所以他们不*知道*我们每天早上面对的是什么。中层管理者们也只是想要完成自己的预算和减少麻烦，而我们对他们来说就是麻烦。

久而久之，员工们开始评判经理们在工作—家庭平衡问题上是否“言行一致”。秘书们会八卦高层主管，注意到某某人是不是“对工作和生活平衡来真的”。仔细却看似不经意地，人们彼此观察着是否有倒退的迹象——尤其是对那些位高权重者。新公司价值观的潜在皈依者抱怨自己被监视，他们在表现自己是否已信服时小心翼翼，在表达保留态度时斟词酌句。他们对这种审视的回应也会被评论。人们会说："他为什么如此防备？"就这样，日常工作中的实际价值观从上往下渗透着。

这就是我到阿莫克时那里的文化氛围。在很多方面，阿莫克已经比其他公司好多了。它的职工总数比一般公司要更稳定，它的劳资关系更融洽（上一次罢工已经是一百年前了），它的利润率更高，它所置身的社区更田园、静寂、与世隔绝。然而，在一个关键的方面，阿莫克又很典型。它曾经是一个男性主导的机构，但雇用的女性数量正在稳步上升。在过去，大多数在阿莫克工作的男性都有一个在家的全职太太，而到了1990年，69%的阿莫克男员工的妻子都要上班，子女13岁以下的员工里有84%是双职工。此外，有12%的员工需要照顾残疾的或年老的亲属，另外还有25%预计在不远的将来也要承担这些责任。因此，公司的家庭友好政策与许多员工相关，虽然它本来被认为是为了招揽女性员工，而不是男性，是为了吸引专业人员，而不是生产工人。

我扪心自问，一个管理着强大的价值观、怀抱着美好初衷的公司，公司里拥有新需求的双薪家庭又与日俱增——哪里还有比这里更可能成功实施家庭友好政策改革的地方呢？已经有将近一半的阿莫克员工，就像凯西的妈妈格温一样，承认自己需要援助来平衡工作与生活。1990年，当我来到花鹿镇之时，他们和援助之间似乎只有"一个主管"之遥。

第三章

天使般的美好想法

几乎一到花鹿镇我就发现，1985 年大张旗鼓开展的家庭友好政策遭遇了奇怪的局面。有三重事实不容置疑：第一，阿莫克员工在一个又一个的调查问卷中都表示他们的压力已到极限。第二，公司的政策允许他们削减工作。第三，几乎没有人削减。迪米的爸爸、贾罗德和泰勒的妈妈、凯西的父母——他们都没有削减。艾米·楚特的“使命”才刚刚开始，就已经分裂成不对等的两部分。帮助父母不受家庭事务干扰，安心工作的项目大受欢迎，而缩短工作时间，允许员工有更多自由和家庭时间的政策却无人问津。

为了理解这个悖论，我首先开始仔细查阅政策文本和员工调研数据。阿莫克把非全职工作定义为（每周）工作时间 35 小时或以下，享受全额或按比例分配的福利。[①] 工作分摊指的是一个全职职位由两个人分担，福利和工资也按比例分配。我还发现，所有这些工作安排的改变都必须获得上级主管或部门主任的同意，有时候需要两人都同意。除此之外，签劳工合同的员工——整整一半的阿莫克员工，包括工厂工人和维护人员，都没有资格享受灵活工作时间和短时工作的政策。

但我发现，在孩子 13 岁以下的符合条件的员工中，也只有 3% 选择非全职。事实上，1990 年，在阿莫克全美 21070 个员工中，只有 53 个是非全职，不到全体员工的 0.25%，而工作分摊的员工也不足 1%。

阿莫克还给员工提供了一个叫“灵活工作地点”的项目，员工可以在家里或其他地方工作。1% 的员工会这样做。同样，在某种情况下，全职员工可以临时请假。一个新晋妈妈的带薪育儿假标准是六周（如果夫妻双方愿意也可以和爸爸一起分配）。如果获得批准，为人父母的员工可以返回家做非全职工作并领取全额的福利，由其主管自行裁量安排。大多数的新晋妈妈会休完带薪育儿假，有时也请几个月的无薪假，然后就回到全职工作中。阿莫克几乎没有爸爸会休育儿假，也未曾有过爸爸为了新生儿的到来而从事非全职工作。

相反，“灵活工作时间”的政策却大受欢迎，它允许员工上班时间可早可晚，或以其他灵活方式决定工作时间。截至 1993 年，四分之一的员工、三分之一有子女的员工采用了灵活工作时间。换言之，灵活工作时间只是调整而并没有削减工作时长，但在阿莫克的家庭友好政策中，它是唯一对工作产生显著影响的。根据一次问卷调查的发现，99% 的阿莫克员工全职工作，而全职工作的员工每周平均工作 47 小时。进一步细看，我发现了一些令人惊讶的事实。家有年幼子女的员工事实上比没有孩子的员工投入工作的时间更长。尽管三分之一有子女的员工使用灵活的工作安排，但他们中有56%通常会在周末工作，有72%通常会加班；工会的时薪工人加班有报酬（虽然他们加班大多数是被要求的），但领月薪的员工加班却没有。事实上，在我研究阿莫克的这几年里，无论是否为人父母，员工的工作时间都越来越长了。截至1993年，每一个人都告诉我，他们要比几年前工作的时间更长，并且大多数人都赞同阿莫克是个“相当工作狂的地方”。

阿莫克不是唯一的。1990年，有一项研究对188家世界五百强制造企业展开调查，发现其中88%的公司非正式地提供非全职工作，但只有3%—5%的员工会采用。6%的公司正式地提供工作分摊，但只有不到1%的员工会采用。45%的公司正式地允许灵活工作时间，但只有10%的员工会采用。3%的公司提供灵活工作地点——在家办公——但只有不到3%的员工会采用。[②][*]

就像在阿莫克所体会到的，美国的职场父母们似乎投入工作的时间越来越长。在子女十二岁及以下的劳动者中，只有4%的男性和13%的女性每周工作时间在四十小时以下。[③] 根据波特兰州立大学亚瑟·埃姆兰的研究，是否拥有子女对劳动者的出勤率来说没有显著差别。除去假期和节日，平均每个员工一

---

* 1993年颁布的《家庭与医疗休假法案》（Family and Medical Leave Act）规定，所有雇员规模达到50人及以上的企业必须向因医疗或家庭紧急事项请假的员工提供3个月的无薪假期。虽然目前尚不清楚这项法案将带来什么影响，研究显示很少有员工愿意使用这项权益。早期一些针对州级家庭和医疗休假法案的研究表明，只有不足5%的雇员实际使用了休假。

年只会缺勤九个工作日。而工作日有独自在家子女的家长，平均一年会缺勤十四天半：只比平均值多了五天半。有年幼孩子的男性比没有孩子的男性只多缺勤一天。[④]

给家庭生活更多时间的想法似乎已经从人间消失，去了天堂，化身天使。这是为什么呢？为什么职场父母，以及其他劳动者，不利用这个触手可得的机会来减少工作时间呢？

最广为接受的解释就是职场父母承受不起工作时间的缩减。1996 年美国家庭的收入中位数是 32264 美元，许多劳动者只拿工资的四分之三或二分之一是无法付清房租和食物开销的。但即便大部分父母都面临着经济和时间压力，为什么大多数人连本属于他们的带薪假期都不休完？更令人困惑的是，为什么那些收入最高的员工——中高层管理者和专业人士却也是对非全职工作和工作分摊最不感兴趣的？在一项阿莫克的调查中，只有三分之一的最高层女性员工（薪资级别为 A 的群体）认为非全职“很有价值”。赞成非全职的女性比例随着薪资水平下降而上升：45% 的“B 级薪资”者（中低层经理或专业人员）和“行政岗”女性（提供文书支持的群体）认为非全职是“很有价值”的。因此，赚得越多，就越对非全职不感兴趣。在任何薪资层级都几乎鲜有男性表达过对非全职的兴趣。

再比如，如果收入自身就能决定母亲们在孩子出生后在家里待多久，我们就会预期收入更少的母亲会更快地回去工作，而更为富裕的母亲会花更多的时间在家里。但事实并不如此。在全国范围内，经济充裕的新晋妈妈并没有比低收入妈妈更可能和新生儿待在家里。一项研究显示，低收入的新晋妈妈中有四分之一在三个月后返回工作岗位，而经济充裕的妈妈则达到三分之一。家庭收入在15000美元以下的新晋妈妈有23%会请长假（超过53周），而家庭收入超过50000美元的新晋妈妈有22%会这样做。[5]

在1995年的一项全国性研究中，全美48%的职场女性和61%的职场男性认为，即使拥有足够的钱过上“想要的舒适生活”，他们也仍然想要工作。[6]另一项全国性的调查问到，他们决定从事现在的工作时“非常关键”的因素是什么？只有35%的受访者提到“工资/薪酬”，而55%提到“获得新技能”，60%提到“对私人/家庭生活的影响”。[7]钱当然很重要，但其他的东西也重要。

第二个广受推崇的解释是，劳动者延长工作时间，不是因为需要钱，而是因为害怕被解雇。人们战战兢兢地工作。这个观点认为，通过形成一种令人恐惧的环境，许多公司左手轻飘飘地奉上有利政策，右手又将其巧取豪夺。

在20世纪90年代，减员是美国公司的一个严重问题，但并没有证据显示阿莫克员工缺乏工作安全感。在20世纪80年代末和90年代早期，很少有关于裁员的讨论。我问员工，他们工作这么长时间是不是因为担心被裁员，几乎每个人都说不是。（尽管事实上会在某些部门有小规模的裁员，但裁员过程会谨慎地通过“内部重新雇用”或“鼓励性的”提前退休的方式处理。）我比较了少数的减员部门和没有减员部门的员工的工作时长，基本上没有差别。两类部门的主管接到的缩短工时的请求数量也相当。

时薪工人要比领月薪的员工更担心被解雇，但担心失去工作并不是他们长时间加班的主要原因。一方面，阿莫克有工会组织，解雇根据资历深浅，与工作时长无关。事实上，即使在车间工人这个特别脆弱的群体中，80年代早期因为经济低迷而失业的人不久就被重新聘用了——大多数人都没有把害怕失去工作当作长时间工作的唯一或主要原因。

一个可能的解释就是可能对灵活工作时间或缩短工时感兴趣的并符合条件的员工们对政策知晓不足。毕竟，即使在阿莫克这样的地方，这样的政策也是相当新的。然而进一步调查显示，事实并非如此。根据1990年的问卷调查，大多数阿莫克员工都知晓公司的灵活工作时间和请假政策。女性要比男性知晓度更高，上层员工比底层员工知晓度更高。绝大多数和我讨论过这个话题的人都知道公司提供了“好”政策，并为身处如此慷慨的公司而自豪。不知道政策细节的员工也很清楚可以去问谁。就像一个秘书所说的：“我不知道育儿假具体多少天，不过我知道怎么查。”所以他们为什么不用这些政策呢？

或许，缩短工作时间的拦路虎并不在于员工，而在于公司。是不是家庭友好政策只是为了好看？也许像阿莫克这样的公司想要*看起来*不错而并不是真的*做得*不错。也许他们只是想用家庭友好政策吸引新员工，在企业界独树一帜，但并不想费尽周折去实施。沿着这样的推论我们可以想象，CEO对中层管理者使了使眼色，压低声音说：“我们并不是玩真的。”他这样说是因为他相信减少员工的工作时间并不符合公司的根本利益。[8]

这也许在很多公司说得通，但我认为阿莫克可能并非如此。

首先，阿莫克的员工们普遍相信他们的 CEO 是真诚的。60% 的员工认为“管理层支持员工的家庭需求和个人需求”。这反映了员工对高层管理者的好意有很高的信任度。另外，很多证据表明，灵活的工作安排不仅仅让员工受益，而且让公司受益；许多像阿莫克这样的公司都心知肚明。

阿莫克采取家庭友好政策有着许多可见的商业考量。首先，“雇用最佳人选”如今经常意味着雇用一名女性。在商学院的毕业生中，女性占 50%，在取得计算机和信息科学学士学位的人中，女性占三分之一。[⑨] 公司意识到，想要在看似竞争日益激烈的招聘市场脱颖而出，就要有胜对手一筹的工作－家庭平衡政策。一项对杜邦公司女工程师进行的调研发现，正是表现最好的（而不是最差的）那批员工，为寻求更有利于工作－家庭平衡的工作而离职。娴熟员工的主动离职会给公司带来巨大的损失。平均每离职一个娴熟员工，公司就要花费 4 万美元来重新雇用和培训一个新员工。默克公司的一项研究发现，失去一个豁免员工 *，公司损失是该员工年薪的 1.5 倍，而失去一个非豁免员工，公司的损失则是该员工年薪的 0.75 倍。同时，一个新员工需要至少一年的时间才能达到前任的工作水平。[⑩]

在一项对 58 家雇主进行的全国性调查中，31 家雇主认为家庭友好政策有助于吸引更理想的员工。四分之三的雇主表示，这些政策能够降低缺勤率。三分之二认为能够改善员工态

---

* 译者注：豁免员工（exempt employee），不受《公平劳动标准法案》中超时条款保护的员工，一般指领薪水，没有加班费的员工，相应的，非豁免员工（nonexempt employee）指的是领时薪，且有加班费的员工。

度。[11] 公司还可能会因为员工工作压力的减轻而减少医疗保险支出。

除此之外，阿莫克的管理者都熟知一些研究，这些研究表明了不实施这样的政策的代价——缺勤率和迟到率上升，生产力下降。1987 年一项由犹太裔女性全国委员会开展的研究发现，在家庭友好企业工作的女性更少生病，更多把私人时间用于工作，生育前休产假的时间越晚，生育后也更可能尽早返回职场。[12] 此外，该研究还发现利用家庭友好政策的通常是表现最好的员工，最少出现纪律问题。总而言之，没有证据表明家庭友好政策不符合公司的长期利益，却有大量的证据显示家庭友好政策对公司有利。似乎是只要有一部分员工使用家庭友好政策，阿莫克就会获益。

也许有人说，这样的政策符合公司的利益，却不受倒霉的、不得不实施这些政策的中层管理者的欢迎。艾米·楚特——作为阿莫克家庭友好政策最有力的推动者，认为真正的瓶颈就在于像“黏土层”一样难以渗透的中层管理者，但没有办法绕过他们。描述家庭友好政策的公司手册里用小字注释着，任何安排都需要获取员工的“直接主管或部门经理”的同意。这显而易见地把权力放到了中层管理者的手中，他们有可能把这些政策看作是一种特权，而非权利。

我们或许可以称之为“巴拉舍夫理论”。在列夫·托尔斯泰的《战争与和平》里有一个情节，俄国沙皇亚历山大派遣他所信任的大使巴拉舍夫给法国皇帝拿破仑送一份重要警告，请他从俄国撤军。亚历山大给了巴拉舍夫明确指示该怎么说——

只要法国的军队还在俄国的土地上，俄国就会和法国开战。巴拉舍夫出发了。但在路上，他被一个又一个人耽搁，每一个都火急火燎，每一个都影响他的心情。最后他被带到拿破仑面前，充满了敬畏。受到这一切的左右，巴拉舍夫在最后的关头缓和了沙皇的警告——拿破仑无须从俄国领土撤军，只需撤到附近一条河的对岸。不经意间，巴拉舍夫改变了历史，战争最终爆发了。

也许在阿莫克外围的公司经理们的权宜之计就是“做个巴拉舍夫”。尽管大多数员工觉得高层管理者支持家庭友好政策，但他们确信中层管理者中支持这些政策的少得多；事实上，确实有中层管理者告诉我灵活工作安排“处理起来让人头疼”。就像一个很大的工程部门的主管和颜悦色、平铺直叙地跟我说：“我的灵活工作时间政策就是没灵活的时间。”

但是如果经理们的抵制是非全职工作、工作分摊和各种假期政策无人使用的主要原因，那么进步一些的经理应该会比顽固抵抗的经理收到更多的灵活工作时间或短时工作的申请。但事实上，也只有些许差别。两类经理收到的申请数量几乎不相上下。很大程度上，不是员工申请了被驳回，而是员工没有申请。

对于在男性主导的领域里工作的女性而言，她们长时间工作，或至少避免缩短工作时间，背后的原因之一也许是为了抵挡男性不满的“邪恶之眼”。就像公司调查中一名匿名的男性受访者所言：“希望我们（引入家庭友好政策）不是在开启另一个少数群体和女性的危机。白人男性可不能再次忍受20世纪70

年代那样的危机了。”* 一个女工程师（也是一个母亲）从另一个立场评价说：

> 我的两个同事，老男人，他们不会当着我的面说，但我知道他们是这样想的——我抢占了*他们的*升职机会。事实是，我努力工作赢得了*我的*升职。但在职场我觉得我得证明出来。我不知道这是不是我一周工作60小时背后的原因。

在正式的公司文化里，白人男性不应该厌恶白人女性或少数族裔，但一些人确实如此。许多男人已经很擅长掩饰他们的不满，但女性也同样变得更敏于察觉潜藏的情绪。我所访谈过的每一个女性新人都能“感知”在每一个职位分类里的每一个男性有多大程度的不满，或者多久之前他“转变了态度”。然而，这个“邪恶之眼”理论无法解释那些没有处于“嫉妒的环境”中的女性为什么不申请更多的时间在家，也不能解释这些嫉妒的男性自己为什么羞于请育儿假或减少工作时间。

上面所罗列的解释都有一定的道理。在某些环境里，有一些阻碍难以应对。但这些拦路虎本身并没有可怕到能导致对超长工作时间如此广泛的默许。在一些例子中，员工们能够承受得起少赚一点钱，也不担心会被解雇；他们知晓这些新的政策，

---

* 译者注：这里的少数群体和女性危机指的是20世纪六七十年代在美国爆发的民权运动和女权运动。

没有嫉妒的同事；他们的公司重视员工的工作和家庭平衡，也培训公司的管理层如此行事，为什么这些员工仍然不为自己争取更多时间？这些线索都指向了另一个潜在的解释。

劳工统计局在 1985 年的一项调查中询问劳动者是喜欢更短的工作时间，更长的工作时间，还是现在的安排。65% 的劳动者更倾向于保持现在的方式。在其余的人里，有四分之三想要工作*更长*的时间。只有不到 10% 的人想要缩减工作时间。在每一个年龄组，想要工作更长时间的女性人数都比想要缩减工作时间的更多。[13]1993 年纽约的家庭和工作研究所进行了一次调查，研究者艾伦·加林斯基、詹姆斯·邦德和德纳·弗里德曼随机抽样了大样本的劳动者，询问他们*事实上*分配了多少时间和精力给工作、家庭、朋友以及自己。然后再问他们*希望*分别分配多少时间。人们的回答是，事实上人们大约将 43% 的时间和精力给了家庭和朋友，37% 给了工作，20% 给了自己。但当回答希望如何分配时，答案相差无几：47% 给家庭和朋友，30% 给工作，23% 给自己。[14] 类似研究都表明，工薪家庭没有使用家庭友好政策的主要原因在于他们并没有*要求*使用[15]，而不要求的原因是他们的脑海中没有把它当成一个紧迫需求。当然，一些父母已经努力地缩短工作时间了。全国有 21% 的女性和 7% 的男性自愿地从事非全职工作。[16] 还有很多人进行了一些非正式的调整，这些调整没有在调查中显示出来。尽管匆忙的职场父母回答表示需要更多的时间，但他们生活的主旋律却并没有集中在如何去争取时间上。

为什么职场父母们没有锻造一种“抵抗的文化”，以呼应艾米·楚特等专业人士为父母们悄然开启的社会运动？哪里可以探寻*他们*的使命，他们的愿景？比如，即便职场父母不敢敲开经理的门要求改为85%的工作安排，那为什么他们也不暗自质疑一下自己的时间分配？职场父母们像迪米的爸爸、凯西的妈妈一样痛悔自己太忙了，陪伴孩子的时间太有限了。他们声称自己想要更多的时间在家。但他们更想要的是不是别有他物呢？

第四章

家庭观念与颠倒世界

如果说职场父母“自己决定”全职并加班工作，那么他们在家里和工作中的什么经历影响着他们的决定？在研究初始，我以为家就是“家”，工作就是“工作”——每个都是职场父母匆忙脚步下那块稳稳不动的磐石。我还以为，家和工作二者处于截然对立的位置。在家庭中，爱和承诺为主导，它们本身就是目标，而不是实现其他目标的手段。正如一个阿莫克的职场家长所言：“我为了生活而工作，不是为了工作而生活。”尽管家庭生活时而艰辛，我们通常觉得家庭纽带在祖先和后代之间建立起不可替代的关联。家庭就是我们个人拥抱的历史。

另一方面，工作赚钱，对我们大多数人来说，是实现其他目标的手段。诚然，在工作中我们也会培养技能和友谊，成为更大的工作社群中的一员。但我们很少会把工作场所想象成是劳动者打发时光的随心之选。在美国人的想象中，如果说家庭有那么一点神圣，那么工作领域就显得更为世俗。

此外，我以为，对很多人来说，和工作场所相比，家是更令人愉快的地方。毕竟，这正是雇主之所以付钱给员工来工作，而不是付钱让他们待在家里的原因之一。“工作”一词对我们大多数人来说，意味着不愉悦、不自愿，甚至是胁迫。

如果说在我们的观念里，家庭和工作的目的和本质如此迥然相异，那么人们在这两个场所的情感体验也应该有着深远的差别。在《无情世界中的避风港》一书中，社会历史学家克里斯托夫·拉什把家形容成“避风港”，劳动者在残酷的工作世界之外寻求庇护之处。[1] 粗粗描绘，我们可以想象这样的一幕：在漫长的一天结束之后，筋疲力尽的劳动者打开家门大喊一声：“嗨，亲爱的，我回来了！”他脱下工作服，穿上家居装，打开啤酒，拿起报纸，长出一口气。无论压力多大，家都是他放松自在的地方。在家里，他觉得有人认识他，理解他，并欣赏他真实的样子。在家里，他感到安心。

工作时，劳动者总处于“待命”状态，做好准备随时汇报，尽力即时回应客户。他感觉自己“像一个数字”。如果疏于提防，他就可能会代人受过。这，就是拉什所描绘的“无情世界”，该形象被传神地捕捉进了查理·卓别林的电影《摩登时代》。在这部电影中，卓别林扮演了自动化流水线上的一个倒霉的工厂工人，流水线快速运转，他稍稍擦一下鼻子就跟不上了。在毫无人情味的巨大车间里，他像侏儒般渺小，被永不停歇的生产线压得喘不过气来，查理很快失去了人性，发疯了，爬上了运转传送带的巨大机器，变成了机器的一个零件。

如此这般的家庭与工作的形象，在我的第一个访谈里就被挑战了。38岁的琳达·艾弗里，友善亲切，有两个女儿。她是距离阿莫克总部10英里的登可车间的轮班主管。她的丈夫比尔是同一个车间的技术员。琳达和丈夫会轮流休班，以便照顾她和前夫所生的16岁的大女儿和他们自己的两岁女儿。有五分之一的阿莫克父母会采用这样的轮休方式。“比尔从早晨七点上班到下午三点，那时候我看孩子，”琳达解释说，“然后我从下午三点工作到晚上十一点，那时候他看孩子。我的大女儿放学后在沃尔格林超市兼职。”

我们第一次见面是在工厂的休息室，一起喝了几瓶可乐。琳达身着蓝色牛仔裤和粉色毛线衫，梳着长长的马尾辫。她没有化妆，举止坚定直接。她当时正在加班，所以我问她，是公司要求加班还是她自愿的。“哦，我自己要求的”，她轻声笑着回答。我不得其解地询问，如果在经济上和公司政策上都允许，她和丈夫不会想要多待在一起吗？琳达摘下护目镜，擦了擦脸，双臂交叉，把胳膊肘支在桌子上，讲述起她的家庭生活：

> 我走进家门扭动钥匙的那一刻，我的大女儿就在那儿。当然了，她需要有人跟她聊聊这一天的生活……小女儿也仍然醒着。她本该两小时之前就睡觉的，这让我很恼火。水池里堆满了盘子。大女儿从门口开始就一直抱怨她的继父说的话，做的事，她还想跟我聊她工作上的事。我丈夫就在另一个房间里冲着她大喊：“特雷西，我都没时间跟你妈妈说话，我还没来得及张口你就霸占了她的时间！”他们一下子都冲着我来了。

对琳达来说，家可不是一个休息的地方，那是另一个工作的地方。在她的描述中，每次回家等着她的都是一堆急事，还有等着她去调解的“争吵”，这与她上班时的情形完全相反：

> 我通常早早地就从房子里逃出来上班。下午两点半就到了，大家都在那儿等着。我们坐着，聊天，说笑。我会告诉大家今天的工作安排，每个人的岗位，我对当天的轮班做了哪些调整。我们坐在那儿闲聊五到十分钟。我们大笑、开玩笑，开心极了。我的同事从来不会贬低我。从头到尾的一切都在幽默和欢乐中进行，虽然有时候机器故障会有点压力。

对琳达来说，家变成了上班的地方，上班的地方变成了家。两个世界莫名其妙地颠倒了。确实，琳达觉得从在家的“工作”中解脱的方式就是去工作中享受“家”的感觉。她解释道：

> 我丈夫在照看孩子上帮了很大的忙。但是说到做家务或者我在家时让他带带孩子，没门。他觉得自己一周工作了五天，*他*回家可不是来打扫的。但是他从不想一想我一周工作七天。为什么我就应该回到家做家务，没有人来帮我？我们俩一次又一次为此吵架。即使他只是收拾下餐桌碗碟，对我来说都会好受好多。他什么也不做。他周末休息的时候我还得找一个育儿保姆好让他去钓鱼。在我的休息日，我就要一刻不停地带娃一整天。如果我不在他就

会帮忙了，但只要我一出现，家里所有的事儿就都是我的事儿。

她轻声一笑接着说："所以我加了很多班。我离开家时间越长，状态就越好。这么说很糟糕，但是这就是我的感受。"琳达说起这些的口吻，不是在描述新的发现，不是不情不愿的坦白，也不是两个职场妈妈间的密谋——"难道你不会有时想要逃离一下吗？"而是实事求是。这就是生活本来的样子。

我第一次见到比尔时，他 56 岁，在第一段争吵不休的婚姻中有三个已成年的孩子。他告诉我，他已经"投入了他的时间"养育他们，现在是他想要享受生活的人生阶段。然而，他每天下午回家后还要"给琳达照看孩子"。

在过去，男人们常常逃离家庭去酒吧、钓鱼点、高尔夫球场、台球房，以及甜蜜愉快的工作中。时至今日，阿莫克的女性员工人数占 45%，作为其中一员的琳达·艾弗里感觉在家里不堪重负又满腹委屈，所以她也通过工作来逃避。如今，男男女女都可以把没洗的碗、没结果的争吵、哭哭啼啼的小孩、爱发脾气的青少年还有无动于衷的配偶抛诸脑后，尽早赶到上班的地方，大喊一声："嗨，伙计们，我来了！"

琳达想要在每天下班回家时，得到家人温情的迎接，作为她在车间辛劳一天的犒赏。最不济的，她想要休息，至少一小会儿。但这很难实现，因为比尔在家上*他的*"第二轮班"期间，会打盹儿，看电视，而不是陪孩子。比尔在家的"轮班"越懈怠，琳达在家就越感到自己被剥夺了休息的机会。回家时孩子们越焦躁，房子越凌乱，琳达就越觉得自己是回来还债，以补偿之前的离开。

比尔回忆说琳达比他更想要一个孩子。因此，他辩解道，现在他们有了一个小孩，琳达也理应承担更多照看孩子的责任。在上了一整天班后还要照看两岁的孩子已经够辛苦了，但琳达还想让他做更多，简直不可理喻。那是她的问题，不是他的。他养过前妻的孩子了，已经“攒够经验”了。

每个周六的清晨，当琳达和孩子们还在家里酣然大睡时，比尔就起床，把钓鱼竿还有半打啤酒放进他的老福特卡车，爬进驾驶位，“我把门砰地甩上，轰轰轰，我要出发了！我觉得这时间是我*挣得*的”。

不管是琳达还是比尔，都觉得他们需要时间“下班”，去放松，去玩一玩，去感受自由，但他们的分歧在于为什么是比尔比琳达更需要喘口气。比尔爬上卡车享受了他的自由时光，这让琳达恼火，因为她觉得这是以她的时间为代价的。很大程度上，为了平息愤懑，琳达抓住了她眼中的“自由时光”——在工作中。

依照目前的状况，琳达和比尔都不想多待在家里。不管他们脑海中的“家”和“工作”该是何样，艾弗里一家都没有觉得家是避风港，也没有觉得工作是无情的世界。

琳达在哪里最放松？与在家相比，在车间的工休时，她更多地谈笑风生、开怀大笑。她每天从下午三点上班到晚上十一点，下班的时间没法和同在花鹿镇工作的妈妈还有姐姐同步，也没法与亲近的朋友或者邻居同步。但即使能够同步，她也会觉得自己社会生活的真正重心在车间，而不是邻里。在工作中，她找到了曾经可能在家里才有的那种社会生活。在工作中，她也找到了那种身处一个生机勃勃的、更大范围的、持续发展的社群之中的感觉。琳达告诉我，在紧要关头她愿意为了家庭牺牲一切。但与此同时，在每天打仗般的生活中，她最想参与的“急事”，都是在工厂里遇到的事，它们考验她，但没有耗尽她。坦白地讲，那里的生活更有趣。

琳达和比尔·艾弗里夫妇如何嵌入美国家庭和工作生活的更大图景中？心理学家里德·拉森和同事们研究了55个家有五至八年级孩子的芝加哥家庭，调查父母双方在日常生活中的情感体验。在这些家庭里，母亲有的在家照顾孩子，有的做兼职，也有的全职工作，而所有的父亲都全职工作。所有参与者都需要佩戴一周的寻呼机，每当研究团队呼叫他们的时候，他们就写下当时的感受，“高兴—不高兴，愉悦—烦躁，和善—愤怒”。研究者发现在一周里父亲和母亲所报告的情绪状态的范围相似。但是父亲们在家报告的“正面情绪状态”更多；而母亲们在工作中报告的“正面情绪状态”更多。每个社会阶层都是如此。如同比尔，父亲们在家里更放松；而母亲们，则如同琳达，要做更多的家务。拉森指出：“因为女性要不断地随时回应其他家庭成员的需求，她们在家里不会像男性那样感到轻松。”[②]妻子比丈夫情绪更好的时候通常是在吃东西或者举家外出的时候。她们情绪更差的时候通常是在做“和孩子相关的活动”或者“社交”的时候。[③]拉森发现，男性和女性感到最轻松的，都是在做那些更少觉得是自己的义务的事情的时候。对女性来说，这就是第一轮班——工作；对男性来说，就是第二轮班——家里。

一项对职场母亲的最新研究有另一个重要发现。比起工作中遇到的问题，家里的难题给女性所带来的烦恼更为深远。研究发现家庭压力严重影响女性——她们常常会因此抑郁或罹患疾病，在工作压力更大时也是如此。对女性而言，关于压力的现有研究并不支持“家是避风港，工作是战场”这一通俗观点。研究者们纷纷发现，不管她们多么忙乱，拥有有酬工作的女性都比没有工作的更少抑郁，自我评价更高，也对生活更满意。[④]一项研究还指出一个看似荒谬的发现，职场女性比家庭主妇在家里感觉更有价值。[⑤]

总之，职场女性比家庭主妇拥有更高的身体和精神健康水平，这并不是因为只有健康的女性才会出去工作。心理学家格拉斯·巴鲁克认为，有酬工作“提供了很多益处，包括挑战、控制、结构、正面反馈、自尊……还有社会关系”[⑥]。比如，里德·拉森的研究发现，尽管女性并没有比男性更容易认为同事亲切友好，但一旦女性进行了友好的交往，她们的精神更容易得到鼓舞。[⑦]

就像巴鲁克所引用的一名女性所言：“工作之于女人，就像妻子之于男人。”[⑧]

对于琳达·艾弗里来说，自我满足、身体健康、精神焕发与工作密不可分。她评论道，她真心自我感觉不错的时候主要都在工作中。作为主管，她认为自己的工作是在帮助别人，而受助于她的人也深表感激。她若有所思地说：

在家我是个好妈妈，但在工作时我是个更好的妈妈。在家如果特雷西回来晚了我会和她吵架。我想让她申请大专；但她没兴趣，她让我很沮丧，因为我希望她有好的生活。在工作时我更能从别人的立场看问题。人们总来找我，因为我善于帮助他们。

通常，工作中建立的关系似乎更可控。琳达·艾弗里在工作中帮助的“孩子们”更年长，也比她的孩子更能清楚地表达自己的问题。她工作的车间整洁怡人。她认识她所管理的生产线上的每个人。事实上大家都互相认识，其中有一些还是亲戚、夫妻或者——这么说有点奇怪——前配偶。一个同事恨恨地抱怨，她丈夫的前妻的好朋友也在车间里，总是盯着看她加了多少班，好替这位前妻拿出充分的理由让她丈夫多照看孩子。员工们有时候也会把这些在家里产生的敌意带到工作场所。然而尽管通常人们假设工作中建立的关系比较有限，但有意义的友情常常会生根发芽。当琳达·艾弗里下班后跟同事们一起在附近的酒吧喝上一杯啤酒，八卦一下盯着新妻子加了多少班的这个“间谍”时，她就是在和真正的朋友们在一起。研究显示，工作上的朋友可以和家人一样在遇到生活打击的时候施以援手。老年学家安德鲁·沙拉研究过在洛杉矶的中年人如何应对父母的离世。他发现样本中73%的女性和64%的男性在面对母亲离世时，都觉得工作是“有用的资源”[9]。

阿莫克会有规律地强化这种同事之间家人般的纽带，举办嘉奖仪式来表彰特别的员工或完全自我管理的生产团队。公司会在工厂里装饰一个部门，提供食物和饮料。生产团队也会定期聚会。阿莫克的礼堂总是忙着用来表彰员工们的最新成绩。这样的嘉奖午餐会、部门聚会，还有特别设计的文职人员和车间工人交换生日礼物的活动，都是相当常见的工作日活动。

在白领的办公室里，阿莫克甚至更愿意去推动这种情感文化，以此来促发人们拿出最好的工作状态。在公司的中层和高层中，员工们会阶段性地受邀参加关于职场人际关系的“职业发展研讨会”。阿莫克人际关系文化的重头戏就是 CEO 的一个关于“愿景”的演讲，演讲题目是《珍视个体》，这个信念在很多演讲中被重复，在公司手册中被铭记，在公司的整个上游被极严肃地讨论。这个信念的核心是关于尊重他人的老生常谈。阿莫克延续了一个过去的商业口号（客户永远是对的），在新时代把它重塑为“珍视内在的客户”，它向员工们发出了这样的倡议，意思是：像对待阿莫克的客户那样礼貌而周到地对待你的同事。“珍视内在的客户”把“取悦好客户”的口号延伸到了同事的范围。不要只是和同事一起工作，要取悦他们。

“员工赋能”“重视多样性”和“工作 - 家庭平衡”——这些时髦话也都论及了工作生活的精神层面。尽管终极的关联是经济收入，这样的规劝和随之而来的政策让员工们觉得公司在关心人，而不是钱。在很多方面，工作场所都看起来是一个温和的社会工程，员工们来到这里感觉到被赏识、奖赏和喜欢。在另一方面，会有多少嘉奖仪式在家里举行？谁会珍视那里的内在客户？

在阿莫克工作了三十年后，比尔·艾弗里觉得，自己已经非常胜任这份工作，公司的荣誉奖牌可以证明。但当他的小女儿卷进了他的渔具，他冲她大发脾气，然后女儿开始尖叫的时候，他面对着她狂躁的大喊感到无能为力——那里没有人帮助他。当他那十几岁的继女一次次地提醒他，她并没有把他看成一个值得尊敬的父辈，而是一个跟她抢妈妈的幼稚鬼时，他感到被羞辱了。在这些时刻，他必须抵挡住想要拿起威士忌的冲动，虽然他五年前就已经戒掉了。

我访谈过的另外一些父亲对这样的感受要少一些坦率和自我批评。但他们总是会用这样或那样的不同方式来表达，他们在工作的时候会比在家更感到自信，认为能“把事情搞定”。就像阿莫克的一个人力资源专家说的：

> 我们过去常常拿从前的“年度母亲奖”来开玩笑。现在已经不存在了。现在我们不知道奖励父母的有价值的方式是什么。在工作的时候，如果我们做得好会升职或涨薪。在家里如果你尽职尽责，很可能孩子们会让你更受罪。

如果家庭能够赋予它的成员什么东西，我们认为肯定是一种从属于一个不断前进的社群的归属感。在它所装置的团体图景中，资本主义重新发现了其中的共同联系并且利用这些联系建立了新的资本主义版本。许多阿莫克员工温暖、幸福又认真地描述自己“属于阿莫克大家庭”，随处可见这种归属的象征物。同时一些已婚的人就被免除了结婚戒指所附带的责任，人们骄傲地佩戴着他们的“全面质量管理”识别码或穿着他们

“最佳表现团队”的T恤，彰显着他们和公司对彼此的忠诚。在我的访谈中，我很少听到人们谈论扩展家庭在节日欢聚一堂，却看到人们一年到头时不时地、成群结队地参加公司资助的常规聚会。

在这种家庭和工作的新状态下，疲惫的父母会做怎样的选择？从一个充满没有结果的争吵、没洗的碗筷的世界，逃到一个秩序井然、氛围和谐并且设法让人愉悦的工作场所里去。在家庭和工作场所背后的情感磁场发生了逆转。事实上，这种逆转上演了许多版本，有些影响则更为深远。有些人发现工作可以让家庭里的情感纠纷得以喘息。另一些则完全和工作成为伴侣，向工作投射了本应为家庭保留的情感价值，而在家里却迟疑着不愿意向所爱的人敞开心扉。琳达和比尔的情形虽然还不至于如此，但也足够令人烦恼了，而这样的情形绝不只属于一小部分家庭。总体来说，这样的“逆转”是五分之一的阿莫克家庭的主导模式，并在一半的阿莫克家庭中是主旋律。

我们也许在这里看到了一个注定要影响我们每一个人的现代生活的趋势。无疑，很少有人或者在工作中，或者在家中感到完全安逸。在过去的十五年里，大量的裁员浪潮让即使在看起来最稳定的工作岗位上的劳动者内心中的安全感也有所降低。同时上升的离婚率又降低了他们对家庭的安全感。尽管琳达和比尔都觉得他们的婚姻很稳固，但在他们的人生经历中，换伴侣的次数要比换工作的次数要多。比尔在阿莫克已经持续工作了三十年，但他两次步入婚姻；在两次婚姻之间他还曾和两名女性共同生活，以及和更多的女性约会。在全国范围里，有一半的人在结婚之后会离婚，而大部分的离婚会发生在结婚后的七年之内。四分之三的离异男性和三分之二的离异女性会再婚，但再婚夫妇会比初婚夫妇更容易离婚。而同居的伴侣要比结婚的伴侣更容易分手。越来越多的人收到家里的“解雇通知书”，工作也许变成了他们的后盾。

时间困境

让个体投之以忠诚的社会生活也会传递一种时间模式。我们越依附于工作的世界，它的时间限制、周期、间歇和中断越塑造着我们的生活，更多的家庭时间要被迫适应工作的压力。近些年来，阿莫克员工对时间该如何合理使用的观念已经发生了变化，这些变化是有迹可循的：家庭时间对他们来说已经呈现了一种“工业的”基调。

社会世界和工作世界逆转了，职场父母在两个维度里对时间的体验也变了。只是如何改变、改变了多少取决于一个人的工作性质、公司状态和家庭生活。但至少对迪米父母这样在阿莫克做工程师的人来说，家庭生活很明显地屈服于一种对效率的狂热，而这种对效率的狂热原本是和工作场所相关的。与此同时，越来越长的工作时间开始变得对社交不友好——没有时间和朋友们在邮件上聊聊，修复一下争吵，或是八卦。于是，对于迪米的爸爸来说，漫长的工作时间里隐藏着大量效率低下的时刻，但在家里，虽然在工作日他醒着的时间要远远少于在工作的时间，他却是很有时间意识和有效率的。有时候，迪米的爸爸会工作到忘记时间，但在家里他会一直盯着钟。

这种新的工作节奏也和一种新的自我监督有关。经理、专业人士，还有许多生产部门的工人们都形容，在阿莫克工作好像让他们变得更加自我驱动，即使在家里，这股不受自己控制的力量也在驱动他们。在“全面质量管理”的“适时生产”（Just-in-time）系统下，员工们努力对客户的需求做出立即的响应。货物不应该在库房里闲置，存储会花费大量成本。这意味着一个员工要随时自觉地满足紧急的要求，虽然这样并不符合生产效率。阿莫克的员工们共同奔赴一个又一个的紧急要求，生产“适时生产”产品。周期性的装载日期赫然突出，给工作时间创造了打嗝一样的节奏。在需求导向的紧急要求之间，员工们实际上就是工作的“库房”。（全美日益上升的储备工人数量将这种仓储从工作场所转移到了家中。）

阿莫克所装置的文化其神奇之处就在于给了员工一种感觉，他们仍然在掌控，即使员工的劳动是在根据强加给他们的安排而进行的。这样的成果把本来在工作上可能出现的持续的、惊心动魄的、张力丛生的危机转化成了一种共同解决困难的无穷无尽的时间流动。所以像迪米的爸爸，虽然在办公室里挣扎着从一个项目的时间节点赶到下一个节点，但只有当他回到家的时候才会有真正的压迫感。他努力地在家庭生活里塞了许多必要的项目：给迪米大把时间，再给迪米妹妹一些时间，还要给妻子留点时间——所有的安排都像工作，只是没有秘书来控制访客和安排。

职场父母对时间的感受已经改变了，但这改变是相对于什么？让我们再回到凯西妈妈格温·贝尔这里，看看她的两个祖先是如何生活的。格温的一个先祖在19世纪也照料着一个新英格兰农场，有更多的孩子，并且从事更繁重的体力劳动，洗衣服、喂牛、锄地。但因为农场是家庭和工作的合二为一，所以家庭时间和工作时间是重合而相互交织的。

在下雨之前把干草收起来也许是一个紧急事件，但在通常意义的一天里很少有什么到达或离开需要精准的时间，谨慎地协调和密切地调整，就像格温现在所经历的，一不小心就会弄乱了商业会议、专家会见或送凯西去钢琴课的途中要理发和修车的安排。每件事的安排都会更松散、分散和不相干。格温的祖先不会在直觉里把时间分为工作日或者周末，也不会用几个特定的假期分割一年的工作时间。她可能要生很多个孩子，但不需要根据公司的六周产假政策来分配时间，她也会为逝去的人哀悼，但不是在公司主管允许的三天丧亲假里。时间不是根据标准的官方规则而运转，而是根据当地的习俗。临近镇子上的灯塔显示的时间都可能和她镇上的不尽相同，但这也没有什么大不了的，因为复杂精细地协调的产业秩序还没有需要精确同步的时间。截止时间、营业和关门的时间、客户的需求都由当地习俗产生的非正式协议约定。

“时间就是金钱”这句话没有什么意义。时间就是生命，大部分的生命都用来工作。但时间和工作都没有被如此精确地用金钱单位来衡量。没有仪器来测量，19世纪的新英格兰农场的时间更慢了一点，工作和家庭的文化还没有“颠倒”，只是因为它们还没有被区分。

在20世纪20年代，格温的曾祖母也许是个嫁给了城市工厂工人的家庭主妇。历史学家告诉我们，那时候的人开始变成对时间越来越有自我意识的会计师了。格温的城市祖先也许最初在一个工厂里做工，但随后就辞去了工作回到家中照顾孩子，料理家事和花园，也许还有一个房客。尽管家务劳动非常繁重，工人阶级家庭的主妇也没有机械化的家用电器来帮忙，但那时候的女性还是很大程度上能够控制自己工作的步调。那时候的女性所过的生活被历史学家塔玛拉·哈瑞文称作“家庭时间”，而工厂里的丈夫则把时间调整为“产业/工业时间”[10]。这就是克里斯多夫在《无情世界中的避风港》里用来做模型的家庭中的女性和工业化的男性形象。

这一次，产业化工作的这种本质要多亏了一个名叫弗雷德里克·泰勒的工程学天才。他引入了被他称为“科学管理法”的工厂生活的原则，向车间和工业工人施加了一个严苛的效率标准。因为现在时间更精确地和产量也就是金钱挂钩，时间也就被更精确地测量，细碎的时间也要被小心地节省。

泰勒的科学管理法最显著的应用是在1899年的伯利恒钢铁厂。在那儿泰勒研究了一个德裔美国籍的工人施密特如何铲了12.5吨生铁。他测量了施密特每个动作的精确速度（泰勒的表是以秒计速的），然后量化了施密特工作的每个细节——“铲子的型号，每堆的铲数，每铲的重量，工作距离，摆动的弧度，施密特需要休息的间隔时间”[11]。泰勒教会了施密特用过去铲12.5吨的时间铲完了47吨生铁。他又把这套原则使用到了机械师、钻瓦工和其他工匠身上。

阿莫克的经理们不需要再测量“每堆的铲数，每铲的重量”这些东西。相反，在全面质量管理系统下，员工们被“赋权”自我测量，并且用自己的方式去提高效率。同时，低级的泰勒式的对效率的狂热冲破藩篱来到了人们家里。家变成了人们必须在分配的有限时间里完成工作任务的地方。没有效率专家在旁边测量格温和约翰·贝尔的工作，贝尔一家变成了自己的效率专家，把他们生活中的每个时刻和每个活动都朝着工作调整。对于格温在1920年代的祖先来说，工作场所是无情的泰勒式的，家因此而变成一个避风港。但对于格温来说，工作场所有一种大的、社会化设置的温情，而家则有一种新的泰勒式的感觉。

即使不是有意为之，格温和约翰还是会有规律地把效率原则应用到家庭生活中。对于像他们一样的许多阿莫克父母来说，节省时间这种长期以来在工作上的美德在家里也变成了一种美德。格温通常会在两个活动中间再挤进去一个，缩窄每个活动的“时间范围”。有时候她会在凯西在浴缸里泼水玩儿的时候把电话带进浴室，在洗碗水正冲洗的时候听一下电话答录机的留言和浏览邮件。不管什么时候，她在家里的有限时间里总是能完成很多事情，她祝贺自己解决了一个时间难题。除非她和约翰自愿刹车，否则他们自己就会“一直运转着发动机”。

大量过去在家里完成的活动现在开始在家庭外部进行，这是家务“外包”的结果。很久以前在家里进行的一些基础教育、医疗护理和经济生产都已经外移。逐渐地，其他领域的活动也开始如此，比如中产阶级家庭里，孩子的钢琴课、心理咨询、课业辅导、娱乐，现在吃饭都经常在家庭之外。家庭时间根据每一项外包服务所要求的时间被切割成碎片——55分钟精神科的预约，60分钟爵士健美操。每个服务的开始和结束都在约定的时间和另外的某处。这就产生了一种要“准时”的焦虑感，因为迟到会引起不便（还经常要付出金钱的代价），而早到又会浪费宝贵的时间。留下来的在家的时间就像一个预约和另一个预约之间的填充物。有时候，还会有经常播放广告创造更多服务需求的电视节目来填满那些暂时的间隙。

格温和约翰·贝尔应对在家里的这种时间紧张的方式就是努力珍惜和保护“优质时间”。格温的祖先们是没有这个概念的，但它现在已经变成了反抗家庭时间压力的一个有力的象征。它反映了现代父母在一定程度上感知到了自己在时间流动中的逆行。许多阿莫克家庭在努力争取保留优质时间作为哨站，以防他们被完全剥夺掉能一起共度的时光。

优质时间背后意味着，我们投入到关系中的时间在某种程度上和平常的时间分割了。当然，关系在“优质时间”中进行着，但那时我们只是被动地特殊化地投入到我们的情感关系之中，而不是主动地、全身心地投入。我们并没有“在线”。家里的优质时间变得好像办公室里的一个预约。谁也不想被发现自己在严格的优质时间里跑到茶水间里混时间。如果儿童托管中心、夏令营和心理治疗都是一种家务外包，那么“优质时间”就属于另一个分类，我们可以称之为家务“内销”（in-sourcing）。

优质时间维系着一个希望——安排集中的共享时光就能够

弥补所有失去的时间，因为关系不会遭受品质上的损失。但这也是将对效率的狂热从工作中转化到了家中。虽然没有和孩子一天待上九个小时，但我们集中地专注于这高质量的一小时，就可以宣布达到了“同样的效果”。就像泰勒和施密特一样，我们的家庭纽带也在被重新校准，以达到在更少的时间里获得更大的生产效率。

阿莫克大多数的职场父母都感到自己处于时间困境之中，都*想要*有更多在家的时间，被守护的时间，没那么被外面的工作节奏所校准的时间，也是他们所不曾拥有的时间。他们也渴望对自己现有的时间产生不同的体验。但家庭时间的缺乏，以及本就所剩无几的家庭时间还要遭遇泰勒化的调整，迫使父母们不得不在一种新型的劳动中投入更多：一种必不可少的情感劳动，用以修补在家庭中时间压力所造成的破坏。就像格温把她在办公室里的工作当作第一班工作，把她在家里的工作当作上第二轮班，那么她还会发现自己每一天都在处理让人极度痛苦的第三轮班——应对凯西的抵触，还有泰勒化的家庭生活给自己带来的恼怒和悲伤。当工人对不断加速发出抗议时，可以用产业工人取代他们；但当孩子们对家里的加速发出抗议时，父母就必须迎难而上。孩子们会偷懒，发脾气，要礼物，他们会用语言和行动告诉父母，“我不喜欢这样”。他们希望在一天中的很多重要时刻拥有高质量的亲子时光，而不是被父母把亲子时光强行塞进一个预留出来的时刻。而父母把本应该跟经理所进行的抗争和努力都用在了家里的孩子和配偶身上了。格温在清晨就像凯西的经理一样，会说：“现在要准备好去花鹿托管中心了。”凯西会抱怨：“我不想去！”然后格温会焦急地哄着说：“到时间了。赶紧的，我们迟到了。”调整孩子们以适应泰勒化家庭，还要弥补这给孩子们造成的紧张和焦虑是日益增加的第三轮班工作里最令人痛苦的情感工作。

父母发现自己在家庭中越来越扮演起一个“时间与动作”专家的角色，越来越常见地把时间看作一种受到威胁的个人资本，除了管理和投资它，此外别无选择，这种资本的价值在随着他们自己无法控制的外力而消长。

这里比较新颖的是渗透到家庭中的一种投资经理般的态度。很少有人认为他们只是把时间“卖”给了工作场所，然后由工作场所为他们管理时间。大多数人觉得他们是自己在管理自己的时间组合。这就导致了人们会把自己和伴侣、孩子在一起的时间也当作可以投资或撤资的商品，他们希望能够购买或获取更多这样的“商品”，以过上更轻松的生活。[12]

很多职场父母努力挣扎，反抗这种时间观念。他们不仅想要更多的时间，还想要减少这种把时间异化的感觉。如同一个阿莫克的职场妈妈所说：“我爱我的工作，我也爱我的家庭，我不想搬到乡村去住，但我希望能够找回乡村居家生活的那种轻松，那种生活把关系放在第一位。”在这样的观点里，时间对于关系就如同避风港对于家庭，它不是用于投资的资本，而是一个可以安居的栖息地。人们不是时间的资本家，而是时间的建筑师，可以建构时间来守护关系。在这样的视角下，一些阿莫克家庭仍然在努力建造宽阔的时间居所，但许多阿莫克家庭仍然居住在日益局促的时间宿舍，还有一些已经暂时无家可归。

有一些时间庇护所看起来牢固又永久，例如有个家庭有神圣不可侵犯的周六早餐；但很多已经像可拆卸的游牧帐篷，从一天推到下一天，从一周推到下一周。即使他们实际上像个投资经理一样，但许多职场父母都想要有更多的时间在家里，大多数父母还是渴望能够像建筑师一样处理时间。许多人开始意识到他们投资错了“股票”；另一些人正在不计费的家庭时间里使用着时间管理者的视角，并承受着由此带来的压力。

当我和阿莫克每个层级的员工进行交流的时候，我都在寻找着公司文化里与其所宣扬的家庭友好政策相抵触的因素。但我也很好奇，家庭事件是如何强化着这种职场价值？在家庭生活的本身，是什么在同谋，造成了这种时间困境的产生？为了寻找答案，我意识到自己应该去探索，在阿莫克的层级结构中，从高层到底层的工作和家庭生活的真相。我决定从高层开始。

第二部分
从高管套间到工厂车间

第五章

办公室里的付出

> Career（生涯，职业，进程，全速）：1. 一个人在一生中某个行动的发展历程或整个过程…… 2. 职业或专业，尤其是需要社会化的训练，成为个体生活的工作…… 3. 一个过程，尤其是迅速的…… 4. 速度，尤其是全速，“马在全速中跌倒……”
>
> ——兰登书屋英语词典

比尔·丹顿是阿莫克负责人事工作的高级经理，工作范围包括工作—家庭平衡项目。我们约了午餐访谈，一起到公司餐厅取火腿芝士三明治。付账的时候，他跟收银员开着玩笑说：“我三明治里的腌菜是免费的吧？”收银员笑了。出餐厅的时候，他碰到了一个年轻人，边弓腰看表格边大口嚼三明治，比尔用肘轻轻碰了碰他：“这个报告还有半个小时就要交了哦。”两人大笑。在电梯里，他跟秘书亲切地聊着天，直到我们升到九层——这是阿莫克最高级别办公室所在的那一层。在他的办公室里，他给我搬了一张椅子，然后靠在自己的椅子上转向我说："我给你留了一个小时。"

五十二岁的比尔·丹顿在阿莫克已经工作了三十年，浑身散发着活力、温暖和强烈的目标感。他大约一米八高，身体强壮，棕色头发修剪得整整齐齐，快速而自信的说话方式让人不由自主地相信他说什么都对。四个孩子的照片挂在他的桌后，长得跟他极像。我想找一个不带感情色彩的问题开始访谈，问道："你在阿莫克的职业生涯是怎么开始的？"他的回应，仿佛我问的是他在阿莫克升至高层的秘诀，这立即把他带到时间的问题上：

在这个公司，时间用它的方式把人分门别类。很多没有升到高层的人也长时间工作。但我认识的所有升到高层的人都必然要长时间工作，比其他人时间要更长。公司管理委员会的成员并不是最聪明的人，我们是工作最勤奋的。我们像狗一样工作，比其他人干得更多，练得更多，学得更多。在人们达到管理委员会三四级的时候，他们都非常棒，否则他们也不会达到那个层次。但从那个层次再往上，要拼的就是努力和奉献了。人们不会说："他像狗一样努力工作。"你就会开始注意到那种把全部时间投入工作的意愿所产生出的不同表现。

那时就会有一个最终的筛选。有些人熄火了，因为一直工作而变得古怪，或者无趣，所以他们得不到升职。这

> 些在高层的人都是非常聪明，像疯了一样工作，还不会熄火的人。他们仍然能够保持良好的精神状态和稳定的家庭生活。*他们*赢了这场比赛。

这个掌管着三百个员工、每周工作六十小时的经理是这场比赛的赢家，而且令人惊讶地从容不迫——尽管工作这么长时间，他仍然是一个不错的人。“我们雇用的都是对工作有很强责任感的优秀人才”，他接着评价道：

> 人们四处看看就会发现这一点，所以他们努力工作迎头赶上，我觉得我们对此也做不了什么……在成为声称着“我将变成一个完美实现（工作－家庭）平衡的人”的公司CEO之前，有漫漫长路要走——因为太多的人还不是。这里的竞争氛围非常激烈。

比尔平均每天工作十小时，但考虑到可观的收入、对工作的热爱和心甘情愿的妻子，他乐意如此。我所访谈的十二个高层经理都是每周工作五十五至七十小时。有一个人形容自己是“十二小时参赛者”，另一个把自己叫作“克制的工作狂”。还有一个人说：“他们告诉我把工作做完，但不要花太多时间在工作上。但是工作就是要花时间的。”主管中周末来上班的是大多数，而把工作带回家的是全部。然而有趣的是，比尔估计，他眼中的工作狂里只有三分之一给公司“创造了重要的价值”，而剩下的三分之二并没有。经理们经常会用工作狂的笑话来开启或结束会议。有人出差回来从机场直接赶来开早晨八点的会，同事打趣他："吉姆，东京的天气怎么样？"另一个插话说，"每次出差回到家，我亲吻妻子，都不知道这是问好还是道别"，引来一阵苦涩的笑声。

停车场也讲述着类似的工作狂公司文化的故事。供高层使用的停车场大概上午七点就开始满了，到下午五点之后才开始慢慢有空车位。在阿莫克，除了圣诞节外，员工们最可能休息的一天是7月4日（美国国庆日）。但即使是这一天，也还会有星星点点的车停放在中央行政和工程大楼附近，车窗半开着，好像车主在说："我去去就来。"一个穿短裤的男人走下车，衬衫口袋里别着一排笔，大步流星地走向办公室。还有一个人刚刚拿着公文包离开。第三个人则拖着一个孩子。

对比尔来说，长时间工作并不是听从上级的命令。相反，他认为，公司只是吸引了那些时刻准备好为公司需求去调整自己的人。"没有人告诉大家要工作这么长时间，"比尔不带感情地解释说，"你不会被质疑'你又提前走了？'，我们是自己要求自己。我们最大的敌人是自己。"就像马克斯·韦伯的经典著作《新教伦理与资本主义精神》中的新教徒一样，他们回应的似乎不是上帝摇摆的手指，而是自己内在的紧迫感敦促他们长时间工作。有人告诉我："有些关于经理的传闻，比如有经理在员工收拾东西准备回家时拖着他谈话；或者五点去查岗，看看谁还在工作。但那种情况只是例外。"对比尔所管辖的三百个员工，他表示：

> 我不会去决定他们做多少工作。*他们自己*决定。如果

他们能说服身边的同事少干点儿，那么他们自己也许也能少干点儿。

如果说比尔的工作时间很长，那些工作时间也处于特权地带，可以免受不必要的打扰。在家里，他的妻子会为他筛选来电和应付上门的拜访者；在办公室里，他的秘书也会这样做。两位女性一起去掉了他的工作日中的大部分不确定性。和其他高层管理人员一样，比尔的讲述里没有那些阿莫克层级较低的员工经常提及的内容——比如失踪的猫，突然发烧的孩子，年迈亲属的紧急求助，或突然失踪的育儿保姆。比尔的妻子和秘书礼貌地巡视着比尔的时间，警惕着时间窃贼或擅自占用时间者。比尔的秘书就是他的时钟：她整理比尔的日程和优先事项，提醒他何时需要处理何事。这让他可以对呈现在他面前的任务“自发地”做出反应，并且让他集中精力在每件任务上，直到一件一件处理完。① 诚如他所描述的：

> 我沉浸其中，我热爱我的工作，我乐此不疲。如果我不喜欢，我根本不会做。我就是有这么一个坏毛病。我不受管束。②

还有另一个经理也表示：“我早晨七点半到，给自己来一杯咖啡，看一下我的日程。然后我就埋头工作，一直到下午四点我都不会抬下头。”

在讲述自己的故事时，比尔常常提及“橄榄球队”中的

“参赛者”或“竞技场”上的“获胜者”。在阿莫克工作就像参加一场橄榄球比赛，这个比喻也时常在与高层的谈话中出现，但很少有底层员工这样说。在董事会议室的女人们，即使鲜少观看职业橄榄球比赛，谈起自己的事业时也经常用球场上的参赛者做比喻。而流水线上的男人们，虽然确实观看职业橄榄球比赛，却不会如此形容。国际象棋、扑克、大富翁、打猎——其中任何一种比喻或许都更恰当，但在阿莫克主管办公室里，橄榄球是盛行的意象。

比喻指引着我们的感受。橄榄球的形象聚焦于一个引人入胜、竞争激烈的事业，它需要团队中的每一个成员的紧密配合。正确的工作状态就是速度让人感到兴奋，而不是愚蠢或恐惧。如果工作是一场橄榄球赛，它给平凡的日常工作带来活力、紧迫感和潜在的胜利的喜悦。更重要的是，用橄榄球的方式来思考，就要把存在于“球场外”的生活置于一边。工作和家庭生活之间的关系自然就不再是一个问题了。

比尔能够成为一个球场“参赛者”是因为他妻子预先接受了这一点，她过着完全远离球场的生活。他这样形容他们的关系：

> 我们达成了一个协议。我们都期待我能非常成功，但如果要我实现这样的成功，我就不得不花大量的时间在工作上。她的协议条件就是她不出去工作。所以我拿到了好差事，她做了她那份苦工——给孩子拼车，做晚餐，上体操课。在以前，这么安排并不难，她的朋友也都是这样生活的。今天，我不知道那些和艾米丽做了同样选择的人都

是怎么过的，可能已经没有其他的家庭主妇可以一起分享她们的生活了。

我们结婚后，艾米丽从就读了两年的奥克芒学院休学了。我们的儿子出生之后，她觉得自己更喜欢料理家庭，后来她又在劳伦斯学院拿到了学位，但即使那个时候，她也觉得把时间用在我和家庭上才最有价值。

我也真的做到了。我长时间地工作，艾米丽打理一切。我从来不用担心衣服洗没洗，去哪里接送孩子。艾米丽把这些当作自己一生的事业。孩子们最终都离开家去了寄宿学校，但在那之前我一直都会抽空去参加他们的学校演出和下午四点的运动会。孩子们想要我在的时候，我就会在那儿。

比尔觉得能够拥有一个不计较付出的妻子是一种巨大的特权。艾米丽也做“管理”。但如今，艾米丽的“事业”——家庭——被边缘化了。比艾米丽年轻十几岁的女性正在比尔手下担任初级主管。但比尔把艾米丽描述为一个有雅量的家庭主妇。他说，艾米丽没有感到被淘汰，也不介意依附于他。她很享受在四个孩子上寄宿学校之前抚育他们，并且她表示自己乐意在球场看台上为比尔加油鼓劲。对比尔来说，他很明白自己比那些双薪家庭的员工幸运多了。他拥有更多的时间。

在这种情况下，比尔不必为了逃避家庭而工作，也不必为了家庭而逃避工作。他不需要寻找“避风港”，因为他的两个世界都安稳无虞，尽管其中一个世界占据绝对上风。

我访谈的高层主管们都热爱自己的工作，这并不意外——工作里有很多东西让人喜爱。拿出差来说吧，无论多繁重，出差都是阿莫克主管们生活中不可或缺的一部分。出差需要住酒店，在酒店里，他们会发现床头枕边精心摆放的巧克力，听见清晨服务生在门口放报纸的声音，小酌一口客房服务送来的咖啡，尽情享用稀罕的物件和免于责任的自由时光。这些都是妻子们偶尔会嫉妒的情形。（在街角公园的儿童游乐区，一个主管的妻子和我坐在沙箱旁边，不无羡慕地说："毕竟他在那儿享受大餐，而我在家和孩子们吃着花生酱三明治。"）

酒店生活的流畅和高效对这些主管很有吸引力。希尔顿、万豪、凯悦，还有那些更低调的酒店都在迎合着主管们的需求，用会议室、传真机和留言服务将自己打造成便利的临时办公室。每个都试图把自己推销成"旅途中的家"，阿莫克主管们最看重的那种家——在家里，时间都是他们自己的，不管有多长。

房间的装饰总是趋于平淡，窗帘、地毯和床单都采用柔和的颜色，让人感觉舒适，不突兀。酒店房间的布局和颜色、电梯里的音乐，都是为了不引人注意，但感觉熟悉和舒适。希尔顿酒店的客房不论是在马德里、巴黎，还是在墨西哥，都要确保和在亚特兰大、洛杉矶的高度相似。无论在世界任何地方，他都会"回家"进入"同样"的房间。所以，一些阿莫克经理家的装修和酒店风格高度类似也并不意外，这帮助他们创造出一种感觉——无论身处何方，都过着一种无缝衔接的"在家"生活。

就是这些过着被保护的生活、自视为称职的丈夫和父亲的男性高层主管，被期望去执行阿莫克新推出的家庭友好政策。

对那些为应付工作和家庭忙得不可开交、时间紧迫的员工而言，他们本应是第一道防线。这些男性中有一些是阿莫克改进行动小组的成员，需要处理家庭友好型福利的分配。他们本应明白，大量员工的顾虑跟他们天差地别，仿佛生活在另一个星球。

有一半的阿莫克员工要照顾13岁以下的孩子或年老的家人，甚至二者兼顾，或在调查中表示预计将不久后承担这样的责任。大多数需要照顾老人和孩子的员工的配偶也同样工作繁忙。有什么办法既能帮助这些员工平衡生活，又能让阿莫克获益吗？这是CEO问过比尔的问题。对于那些需要理解与自身不同处境的任务，比尔颇为擅长。他绝不是一个以自我为中心或顽固不化的人。他知道他的下属也许承受着和他不同的压力，需要不一样的工作安排。

在众多经理中，比尔·丹顿是难得愿意摒弃旧规的人。如果一个女员工是某岗位的最佳人选，那就任用她。比尔也不会因为女性承受了家庭最多的压力就让女员工坐冷板凳，以此规避家庭需求带来的矛盾。比尔相信人才往往出自拖家带口的女性或娶了职场女性的男性。一个能够利用好这些员工并能适应其需求的公司将会在全球市场的竞争中拔得头筹。比尔也知道工作-家庭平衡的问题正在影响着他的公司、他的部门和他的员工。与其他的高层主管不同，他不认为工作和家庭的平衡只是“5%”的人的问题。他没有低估这种政策的必要性，至少在表面上没有。

但有两件事妨碍了比尔将这些认识付诸行动：一是他对阿莫克员工家庭环境的同情必须和公司里其他的紧迫议题相竞

争，比如实现生产目标；二是他生活在一种“人际泡沫”（social bubble）里，他身边的男性都长时间工作，妻子做家庭主妇，所以他假定了这种安排的常态化。这两个因素使他对工作－家庭平衡的议题不厌其烦，一度脱口而出：“我*厌倦了*处理这些事，我希望我们能把这些事就此打住。”

爸爸在工作

比尔进退两难。他的工作是去建立对家庭更友好的工作环境，但现实又削弱了他去大刀阔斧地实现这个目标的决心。他着实做出了一些改变，与家庭友好的倡导相呼应：在工作中，他变成了一个“好爸爸”。

和许多同伴一样，比尔·丹顿可以说是在阿莫克成长起来的，许多意义非凡的人生大事都发生在他为公司工作的这三十年里。只有在这里他才感到最安心，所以他很自然地把办公室当作表达家庭情感的合适场所。

在比尔看来，理想的家应该是阿莫克的一个分支。此外，阿莫克现在才感觉更像一个家。作为经理的一部分责任就是创造一种情感上舒适的环境，使工作更有效率。在他和同事的直观认识里，他的工作是在公司扮演“爸爸”的角色，让公司更有家的感觉。[③] 比尔努力地给下属提供持续的支持，“激励”他们勤奋工作。但对一些员工来说，比尔的关心更具私人的意义。

在家中削减了自己的父职的男人们，花大量的时间跟比尔这样的“父亲”一起工作。很多人曾因父亲沉迷工作或父母离婚而缺失父爱，现在这些成年的男男女女在工作中重拾了拥有父亲的感觉，这位父亲教他们做事，提出批评和要求，也给予劝导和关心。最终，在多年后，他们赢得了他的关注。

作为父亲，比尔在工作中要比在家里称职得多——毕竟第一感觉他似乎一直在工作。在办公室，比尔能很平静地处理员工的失误，但是在家里对待自己的孩子时却难以做到。在办公室，他的"儿子们"——最近更多的变成了"女儿们"都感激并且愿意学习。在家里，儿子对他的活计没有一点兴趣，现在还质问小时候为何父亲总不在。

事实上，对大多数高管父亲来说，从工作中脱身出来是很难想象的。在工作中做个老爸要有成就感得多。正如其中一人所言：

> 我知道我不应该在这里这么长时间，因为这给工作时间定了一种不成文的规矩。但我在这儿是因为我喜欢办公室，此外我还有很多事可以做。这对我来说真是两难。有时候我觉得应该去家里的书房工作。但那样的话，我就不能在这里，而我不在人们就会找不到我。我工作的一大部分就是让人们能够找到我，给他们鼓励，偶尔还要说些好话。人们愿意知道我一直都在。

在公司引入了全面质量管理理念之后，比尔不断召开会议来"监督这个过程"。在这些会议中，比尔鼓励完一个，赞美下一个，再和另一个开开玩笑；不同部门的人在这里碰面，聊天，开玩笑，建立友情。每隔一段时间他会恼羞成怒——多达三分之一的工作时间花费在此，然后敦促他部门里的经理们减少开会的次数和时间长度。在反感中透露着一丝满足的情绪中，他表示：

> 人们来开会的部分原因是为了得到拥抱，另一些原因是来乞求祝福："我的孩子，一切都会好起来的。"还有部分原因是为了被看到、分担风险，以及获取信息。但我们为什么要聚在一起集体解决问题呢？那是公司付钱给每个人自己去做的事情啊。我不认为好点子是在开会的时候想出来的。我们应该缩减会议，这是愚蠢的做法。

但在发了一通脾气后，比尔又召开了一个会议。确实是，会议侵吞了时间，拖延了下班，但人们愿意参加，何乐不为呢？

就像花鹿镇儿童托管中心一样，比尔的工作场所常常让家相形见绌，本来工作场所只是家庭的简陋替代，却提供了员工们从小被教导的只有家庭才应该提供的满足感。在这里——而不是家里，比尔办公室的"孩子们"感觉到自己最受赏识。

然而，有一条红线。"办公室父亲"必须从更高层的"办公室父亲"那里接受命令，有时候要做的事情"对孩子们不利"。他们必须让人们再多干点儿活儿，还会将人降级甚至开除。毕竟这里是一家公司，总有工作要做。当要解雇员工的时候，阿莫克通常会外请顾问来"唱黑脸"，或许因为不这样做就会损害员工和主管之间的纽带。

对比尔·丹顿来说，做一个工作上的好父亲不难，这既源于他自己对父亲的传统观念，也源于自己与在阿莫克的第一个老板的关系。他解释说：

> 我刚来这个公司的时候，我的主管第一次跟我谈话说："你家里有小孩子，会有戏剧表演、芭蕾舞独奏、足球比赛。我希望你能找时间去参与这些事——但我仍然会敦促你完成工作。"我不敢相信现在的经理们不再对员工们说这样的话了。我不知道是怎么了。

"父亲身份"让比尔联想到的形象就是孩子的表演——算是童年里最接近职业的部分。就像商业会议一样，每个音乐会或足球比赛都是提前安排好时间并准时开始的。音乐演奏会可能下午两点开始，三点半结束。足球比赛可能是下午四点到六点。戏剧表演通常是晚上八点到十点。当比尔说起做个好爸爸或者平衡工作和家庭的时候，浮现在脑海中的就是孩子们"职业生涯"中的这些界限分明的活动，与他的一日安排等价的课外活动。

除了这些表演之外，急诊也是一个好父亲从公司请假的合理理由。交通事故、球场受伤和突发疾病都可能把他从最重要的会议上拖出来。工作任务止步于医院门口。比尔的注意力聚焦在孩子的课外表演和急诊上——最好的时间和最坏的时间，他表示自己对孩子们走下舞台的那些时间知之甚少，比如尝试新事物遇到困难、灰心失望和困惑的时候。比尔所住的小镇，工作和家庭近在咫尺。但比尔对父职和时间的一些观念使得家庭生活的日常部分变得遥不可及。

孩子们现在已经长大了，许多经理在回忆自己身为人父的日子时会有一丝遗憾，觉得自己陪伴孩子的时间太少。也许这只是反映了新的父职观念的影响，让这些年过半百的“十小时球手”心底泛起一丝涟漪。“在儿子的成长过程中，你有足够的时间陪伴他们吗？”我问一个经理，他因拒绝自己车间里一个很有天赋的年轻工程师休育儿假而出名。他回答说：

> 没有，没有。不过，最小的那个，算是吧。但我和最大的孩子关系不算密切。我是一个很有雄心的人，在刚开始工作时，我的工作时间长到你无法置信。现在我们的关系很好，但我回过头来想想，我清醒得有点晚了。在大孩子出生后的六年里我都没有休过假。

我又问：“如果重新来一遍的话，你会想要做些改变吗？”这次，他犹豫了：

> 我不知道，我没法回答。也许不会。我会告诉你为什么。我是家里六个孩子里的老幺，也是唯一上了大学的。我的爸爸是皮奥利亚铁路上的技工，我上高中的时候他被解雇了。这对他和我来说都是一个沉重的经历。我想要变得不一样。

他自己在工作上的成就，他对父亲的失败那无法消除的记忆，都要比成为一个好父亲重要得多，即使在回想时亦是如此。而比尔·丹顿则回避了这个问题，他说："我对孩子们的表现是满意的。"

对缺席了家庭而抱憾的并不是这些高管，而往往是他们的妻子。一位员工因所在部门不盈利而被解雇，他的妻子在阿莫克的职业转型办公室里几乎崩溃。她坐在丈夫的旁边，朝着年轻的再就业辅导人员爆发了：

> 我丈夫错过了孩子们所有的生日！错过了他们所有的*比赛*！错过了父女宴会！公司抢占他的时间还不够吗？我们从*来*都看不见他！

当男性高管们谈起自己没时间在家陪孩子的遗憾时，常常会采用转述妻子的方式。一个人说：

> 我的妻子会告诉你，她想念我扮演的那个父亲。她会告诉你，她既当爹又当妈。她亲眼看到我们的孩子所付出的代价，所以她的观点更合适。

另一个人回忆说：

> 二十年后我的妻子才告诉我，当我跟她说工作排第一，家庭排第二的时候，她很伤心。我都不确定说过这样的话，

但我确实是这么做的。

一些高管逐渐发现“后育儿时期”家里的各种不安，但这只会让他们花更长的时间投入工作。对他们大多数人来说，虽然工作上也会有不满、竞争或压力，但和家里突然爆发的问题来比，那只是小麻烦。工作虽然困难，但和在家比起来，筋疲力尽的主管们的职场生活更有预见性，也更能避免不良情绪。最折磨人的问题总是出现在家庭生活中——我真的值得被爱吗？我真的爱吗？主管们在阿莫克的时候不需要直面这些问题。一个人最深层的动机往往在家里比在办公室更容易受到批判性审视，因为办公室里有安稳人心的内置限制。正如一个主管坦言：

> 我告诉妻子，我在办公室里长时间地工作是为了她，但她不相信。她说我工作只是为了我自己，因为我在明知道她不愿意的时候还是申请长时间工作。

许多妻子认为丈夫把工作当作情人，而她们常常责备情人，而不是男人。一个主管因为心脏病突发而去世，他的遗孀悲伤万分，没有邀请公司里的任何一个人在葬礼上发言。“我应该邀请吗？”她对朋友大喊，“就是这个*公司*害死了他！”

那些没被心脏病夺走的丈夫，也因为长时间工作让妻子们形同守寡，有些主管妻子还互相陪伴，发展出别样的生活。她们参与学校或公共事务，感觉不再像过去那样需要丈夫。同时，一些更年长的家庭主妇本来真心享受家庭生活，现在在公司的鸡尾酒会上开始感到被排挤和一丝焦虑，因为在那里人们开口就问："你是*做*什么的？"

这些妻子中很少有人认真考虑"离开看台"加入到"赛场"中。这主要因为，她们远离了事业，也并不赞成职业女性像自己的丈夫一样在工作中投入那么多时间。比尔·丹顿常常听到妻子讲述一些可怕的故事，关于那些因为工作强度大而疏忽孩子的母亲。这些都是家庭主妇间互相传播的二手故事。像艾米丽·丹顿一样，许多妈妈都是日益萎缩的学校、女童子军、教会圣诞演出的志愿者团队的一员。艾米丽的一个朋友也是家庭主妇。"如果再听一次我就要尖叫了，"她表示，边说边唱起来，"'我……不能……帮忙了，我要去工作'。"做社区志愿者，以前让人觉得是在为一个值得的社区做一份值得的工作，现在越来越难有这种感觉了。

考虑到阿莫克高管的这种工作和家庭文化，比尔在开始制定公司的家庭友好政策时带着一种奇怪的分裂的意识。有时候，他的言论中好像根本不存在这种问题。"在像我们这样的小镇里，家就在一分钟的路程里，开车走就是了。我就做到了，我去看了儿子的足球赛。"

但有压力的时候，他又微妙地采取了另一套论述。就像所有的高管一样，比尔说到时间就好像它不仅与员工的技能有关，也与员工的职业进取心有关。他拒绝接受有些人提议的"绩优原则"——"评判工作的结果，而不是露面的时间"。与他对灵活性的理解直接相抵触的，是一个不折不扣的原则：员工用于工作的时间和该时间内工作的成果一样重要。时间就是承诺的象征。

时间是不是比结果更重要是争论的核心，但它已经淹没在公司的华丽辞藻中。我参加了一场历时一个半小时的改进行动小组会议，比尔从各个部门召集了一批员工来参与实施和监督阿莫克的家庭友好政策。比尔和其他五个成员坐在一起专心研究用来表达工作－家庭平衡的“阿莫克哲学”。到底是：

> 和我们珍视个体的价值相一致，我们认为让员工过上平衡的生活至关重要。

还是：

> 我们认可员工在工作之外的生活需求和压力的合理性。

还是：

> 我们相信，坚实的职业道德是建立职业生涯的重要基础。然而，努力工作的意义不在于它本身，其价值也不会单独存在。

还是：

> 当疲惫不堪、过度劳累的人还在担忧着家里的孩子、父母和其他工作以外的困难，他们就不能以最好的状态工

作，也不能指望他们这样做。

在会议的结尾，参会者决定使用第一条。但基本问题只说了一半——公司评估员工的时候到底是基于他们的产出还是他们的工作时间表？艾米·楚特问比尔："你如何定义'忠诚'？"他立马回答：

> 我不认为一周工作不到五十或六十小时能称之为忠诚。其他公司也这么做。如果想要有竞争力，我们就得这么做。要我说，我不相信我们能以什么不同的方式来运转。

一片反对之声，但没有一个人敢问出底层问题。什么是"平衡的"生活？带有这种忠诚，拿什么留给家庭？

一个星期后，当这个关于工作-家庭平衡的声明出现在办公室备忘录上时，其他部门的高管人员对它的认同比比尔还低。一般来讲，他们认为这只是一个女性经理才需要面对的问题，所以只是少数人的问题，只要这里实施一些工作分摊，那里提供一些非全职职位，一切迎刃而解。

一个为人周到的30岁男性初级经理向我描述高管们在会议上对这个声明的愤怒反应。他童年时，父母在家的时间越来越少，最终离婚。"现在，我的妈妈住在加利福尼亚州橙县的一个小公寓里。我的爸爸再婚后住在得克萨斯州。我不知道我刚出生时睡的婴儿床在哪里，我也不知道我的旧玩具在哪里。他们肯定已经都扔了。"伪装在每周工作74小时的公司的制服里，他讲话的样子却像是这个无情系统的潜在叛逃者：

我在我们部门的工作环境调查问卷里写了。我说和我一起工作的人都想要在家庭和工作之间有更好的平衡。我成了众矢之的。戴维朝我爆发："不要*再*提'平衡'了！我不想再听到这些！句号！这个公司里每个人都必须努力工作。*我们*努力工作，*他们*努力工作。就是这样。有几个女人关心平衡不意味着我们就要改变规则。如果她们选择了这个职业，那她们就要用时间来付出相应的代价，就像其他人一样。"

另外一个深得高管们信任的年轻男经理"泄露"了类似的对于家庭友好政策的对话内容：

老家伙们开会了。他们在问自己："到底发生了什么？我们为什么被挑战？"他们觉得自己在被女性批评。他们安排自己生活的方式和他们被养大的方式受到了挑战。这是一个重大威胁，他们难以接受。他们开始意识到这是一个严肃的问题。

部门经理们愤怒而激烈的反应表明，这个新政策从根本上违背了他们所珍视的职场生活的理念。

关于是否需要灵活的家庭友好政策的争论愈演愈烈，这让比尔·丹顿开始意识到，这个问题可能和他自己的生活也息息相关，比他原以为的更相关。在我们访谈的结尾，他谈起了自己的三个女儿和一个儿子：

> 现在他们都二十多岁，也都工作了，他们给家里打的电话就有点儿不同了。女儿们在寄宿学校时，她们会给妈妈打电话，然后最后才跟我聊一下，逗我开心。现在她们工作了，她们开始想和我说话："天呐，你想不到我老板怎么说。""我应该努力争取这次升职吗？"然后，最后才问："妈妈在吗？"
>
> 道恩是我的大女儿，大学毕业后工作五年了，但她很想跟她妈妈一样做家庭主妇。她的未婚夫是一个公司的律师。二女儿简是出色的学生、优秀的运动员，争强好胜，她对结婚和生孩子都没兴趣。我的小女儿凯蒂才刚开始读研究生，她想要有自己的事业，也想要有家庭。我觉得她的道路最艰难。但我的儿子也会很难。他29岁了。他的妻子是个工程师，他们的第一个孩子刚刚出生。我不知道他们要怎么办。

工作－家庭平衡的问题已经近在咫尺。访谈之后，比尔送我到办公室门口，他聊起了女经理们，她们在公司劳累了一天之后冲回家，把晚饭摆上桌，然后还要给孩子们读故事。他的临别赠言——在这样的谈话结束之际，我反复从其他高管处听到的结束语——"我不知道她们是怎么做到的"。

第六章
高管妈妈

维姬·金的一天揭示了一个悖论。经理们都知道她是灵活工作安排的坚定倡导者。过去的三年里，她的部门因在订单和发货之间减少了失误、缩短了时间屡次获奖。这些成绩让她有信心在时间问题上去尝试并承担风险。和比尔·丹顿不同，她评判手下的150个工人的标准是工作本身，而不是他们的工作时间。我问她，她的车间可以承受多少人不定期工作或缩短工作时间却不损失效率。“85%。”她的回答让我惊讶。她解释说：

> 我需要15%的核心工人能够按时工作，或工作时间更长一点。如果非全职工作的福利按比例分配，那么把一份工作分摊给两个人，或者两个人的工作分给三个人，或者建立灵活工作时间的制度，都不会损失任何金钱和效率，反倒可能增加车间的效率。工人们可以重新安排自己的工作，那就行了。我完全赞同。①

然而，形成悖论的是，维姬自己却过着和比尔·丹顿一样高度紧张、安排紧凑、长时间工作的生活。唯一不同的是，比尔·丹顿有妻子在照顾孩子和家。维姬有一个儿子，一个女儿，还有一个善解人意的丈夫，但他也没有什么魔法来解决工作太多、在家太少的难题。维姬几乎比阿莫克的其他任何人都更坚定地支持灵活化或缩短工作时间的权利。有一天下午，她问我：

> 你看过电影《朝九晚五》吗？还记得在结尾时，女人们在上班的地方建起一个日托中心，享受弹性工时吗？她们分摊了工作，生意实际上更好了，因为这建立在信任和灵活的基础之上。我喜欢那个电影，那是我的愿景。

但为了做一个称职的主管，维姬的工作时间很长，而且一点也不灵活。她支持对家庭友好的时间安排，但她的生活以工作为主。

人们发自内心地喜欢维姬。她 45 岁，高高瘦瘦，一头灰棕色的头发。她面带由衷的笑容，大步穿过阿莫克大厅。她通常穿着亚麻裙装，一件薄垫肩的外套和一件宽松的、色彩柔和的上衣。这身打扮既不是最新的流行款式，也不显示她的个人品位，而是反映着阿莫克管理部门的着装规范。这个规范会不时随着时间非正式地、集体性地改变。

和许多在阿莫克处于上升期的男性职场明星一样，事业成功对她而言有着重要的个人意义。她生长在中西部地区，家里经常处在入不敷出的边缘。她爸爸经营一间杂货店，妈妈是一个常年患得患失的家庭主妇，但一旦真的有坏事发生她又手足无措。在维姬离开家上大学后，每个学期末都会接到妈妈的电话，焦虑地提醒她，钱马上就用完了，维姬就要辍学了。维姬靠着奖学金、工作和勇气让自己从工程学院毕了业。在阿莫克的岗位上，她一直在践行着妈妈的反面。如果她的妈妈在毫无线索地等待着灾难的发生，那么维姬就惊人准确地预测问题，然后制订方案避免它。预测然后避免，这就是她赖以生存的方式。

和丈夫凯文的结合是她的第二次婚姻。在这段幸福的婚姻中，他们育有一个八岁的儿子和一个四岁的女儿。维姬和凯文分担着"第二轮班"的家庭劳动，但两个人被工作挤占的时间越来越长，第二轮班变成生活中越来越小的部分。

对维姬来说，工作是一个秩序井然的高压世界，在那里她像一个称职又有用的"母亲"一样绽放光彩。她在一个嘈杂的大社区里营造了一种家的氛围，在这里上演着各种剧情。工作对她来说，无论是动手干、身处其中，还是静静旁观，都津津有味。维姬并不是回避家庭，但她非常努力地工作来限制家庭对她的牵引。她坦率地说，当她生完第一个孩子，休了六周产假回到公司的时候：

> 人们对我说："你产假只休六周吗？"我回答："天呐，那六周我没有人说话，我的朋友都在上班。让我觉得有意思的事都在工作上，工作给我刺激。我很高兴能回来。"

和比尔·丹顿一样，维姬评估为人父母者，是看孩子们的表现，而不是自己花了多少时间和他们在一起。但不同于比尔，她没有把自己的参与定义为观看了多少体育比赛或学校表演。就像她把母性特征带到了办公室，她也把管理技能带到了对两个孩子的照顾上。她会经常给体育老师、钢琴老师、游乐园主管和两个育儿保姆打电话做安排。在周中，她是外包了服务的妈妈，只有在阳光明媚的周末，在家里的山间别墅里她才亲力亲为做妈妈。尽管她为了成为一个母亲－经理付出了巨大的努力，但是，她常常觉得自己做得不够好。“在我的整个职业生涯中，我都从未感到过如此失控，”有一天，维姬告诉我说，“有一次我出差回到家，看到我留给保姆的便条，上面写着我儿子要去夏令营，那几周需要改一个时间去接他。我发现自己写错了月份和星期。我对自己说：‘天呐，我的家庭和工作都出岔子了。我快什么都没有了。’”

怎么才能解决金一家时间不足的问题？如果他们生活在中国，祖父母或许会在她和丈夫从事“生产性劳动”时帮他们带孩子。如果他们住在加纳的村庄，她的姐妹或许会在她去市场卖东西时给她家里帮一把手。如果在 19 世纪的新英格兰，她的儿子小凯文或许就会去没有儿子的邻居磨坊主家里当学徒。但在 20 世纪 90 年代美国中部的这个小镇里，没有这些选择。维姬的父母住得很远，凯文的父母不打算参与得太多。金家的保姆是一个开朗、进取的大学生，也开始规划自己的职业生涯了。最终维姬和凯文只能靠自己，他们雇用了大量的帮手。

维姬穿着和比尔·丹顿一样的十小时工作制服，除此之外她还有一个家庭主管的角色。她别无选择，只能放弃一些比尔的妻子的职责——招待朋友，修剪花园，做针线活，探望年迈亲属，或者为当地学校做募款志愿者。针线活维姬不做也就算了，但她真的很想有时间去看望年迈的姑姑。

比尔·丹顿和维姬·金，男性和女性主管，都是大图景的一部分。1990年阿莫克的一个调查显示，像比尔这样的高薪男性群体只比同级的女性工作时间略长，但若把在家里和在公司里的活计加在一起，“比尔们”每周投入工作75小时，而“维姬们”投入了96小时。[②]

职场女性还会发现，她们平衡工作和家庭的努力还会和全职妈妈发生直接冲突。例如，为了安排小凯文和伙伴一起上学，维姬找邻居全职妈妈贝弗利商量，贝弗利的儿子也八岁，是凯文的玩伴之一。维姬建议孩子们每天早晨八点出发，因为维姬的工作八点一刻开始，而学校八点半开门。维姬翻着白眼，回忆道：

> 贝弗利告诉我：“我们不能每天早晨八点打个电话，商量怎么送孩子吗？有时候我想让他多睡会。有时候他又想去早一点。”然后贝弗利突然情绪爆发，说出了心里话：“*我*选择不工作来获得一些*灵活性*。我不会在这件事上妥协来适应*你的*安排。”

为了和孩子待在家里，贝弗利不情愿地放弃了工作。也许就像拉封丹寓言里倒霉的农夫儿子一样，她暗暗知道自己用一头好牛换了一头老驴，用老驴又换了一只母鸡。现在又有一根木棍要来换母鸡，她决定拒绝——“木棍”就是每天八点出发。

贝弗利采用的是家庭主妇的儿童时间观念。围绕着孩子的生活事件——从孩子即将醒来的那一刻起，她搭建起宽敞的时间城堡。对她来说，坚守工作就意味着把孩子锁进了时间监狱，职业生活的严格要求给它筑起藩篱。贝弗利认为，如果女人想要做一个好妈妈，而不是一个监狱长，她就应该放弃事业。

维姬认为问题在于贝弗利。早晨八点出发明明是开启了小凯文的快乐一日，并不是监狱生活。做个好妈妈意味着知道儿子的画作在课后绘画班后拿回家了，听他讲在操场上的朋友和敌人，而没必要一直坐在家等待他回来；意味着和儿子保持电话联系，负责保证他的需求都能得到满足——即便不是她亲力亲为。做个好妈妈意味着给孩子挑选恰当的活动营和合适的保姆。如果说贝弗利和孩子在一起的时间不那么有计划，更灵活，更慢节奏，更像19世纪晚期逃离工业化的避风港，那么维姬和孩子在一起的时间则更像工作。

在一条为女性打造的奇怪的时间分界线上，维姬和贝弗利处于截然相反的两端——一端是十小时工作时间，另一端是没有时间的工作时间。在此之前，她们两个仍是朋友，妈妈之交。维姬迅速平息了这个眼前的小危机，小心翼翼地为小凯文找到了一起走路上学的小伙伴。这个小伙伴也有一个职场妈妈，一个和她处在同样战线的盟友。现在这两个职场妈妈以及她们的儿子都成了朋友，但是贝弗利和维姬已经很少讲话了。

维姬的丈夫凯文·金是一个高大瘦削、和蔼可亲的人，在镇上有一个生意不错的牙科诊所。他想要做一个全能的父亲，但他担心自己是在用育儿来逃避事业上的危机。如果对维姬来说，工作是她用来逃避童年的情感压抑和经济不稳定的方式，那么凯文的工作就像是一条布满陷阱、标识不清的道路。凯文的父亲是一个颇有声望的牙齿矫正医生，凯文继承了他的衣钵，但他的父亲一直以来都在挑他的毛病。凯文用画画作为业余爱好来躲避这种指责。他是一个有天赋的艺术家，他画的风蚀景观充满深情，在当地的艺术展上展览，但他父亲也只是短暂而应付地去看了一下。

同时，他的妻子在阿莫克的职位越升越高。对凯文来说，妻子的每一次升职都让他感到骄傲，但同时也感到不自在。他欣赏她的活力，分享她的喜悦，但有一天晚上，在狮子会的晚餐上，大家为各自的好消息“自罚一杯”，凯文的好消息是维姬最近的升职。他的伙伴开玩笑说：“凯文，现在你可以退休了，让维姬天天带钱回家就行了。”他颇有幽默感地一笑而过。但那晚当他们准备入睡时，他带着本想隐藏的焦虑问维姬：“你觉得这些玩笑什么时候才能平息？”

维姬的成功给凯文带来了一个困境，但这困境掩藏在如此幸福的婚姻和如此可爱的两个孩子之下，他觉得自己没有什么可抱怨的。孩子们需要更多的亲子时间，老实讲，他，凯文*可以*花更多时间陪孩子。但在 20 世纪 90 年代的中西部美国小镇，像凯文这样的男性在家里的付出依旧难以得到相应的社会认可。在人们眼中，为人父迥异于为人母。投入更多的时间陪孩子只会让他更难提升自己的公共身份。他还知道，那样做还会招致父亲更猛烈的批评。

面对着维姬冉冉升起的事业和他人如何看待自己的焦虑，凯文开始半自觉地更多投入工作来与维姬匹配。如果维姬连续一个月每周二晚上五点到六点半之间都要开会，凯文就无法拒绝狮子会每周三晚上关于金融的讨论；如果维姬十一月要出差，凯文就会找个理由在之后的二月出门。这不能算一场竞争，这是一种匹配。在凯文眼里，这场匹配可以让外人看来，他和维姬花在家里的时间是一样的，一秒也不多。花在家里的时间开始代表一种劣势，不仅仅对外部世界如此，在婚姻内部也是如此，然后家庭就输掉了。

形成鲜明对照的是，在工作上，维姬坚定地站在灵活管理和结果评估理念一边。比尔·丹顿等人宣称，时间、结果和成绩是不可分割的，维姬则抓住一切机会坚定地反对。她坚持认为，一个充满活力、休息得当、精力充沛的人“能够快速处理一堆工作，就像一个寿司主厨片蘑菇一样”。她会问，为什么要奖励完成工作用时最多的人？

通过聆听其他部门的同事讨论休假，维姬了解到阿莫克对待请假的一些灰色做法。有两个“非常有潜力”的男员工向上司请假一年去环球旅行和进行澳大利亚珊瑚礁的水下摄影。他们的上司怯懦地解释说：“我希望他们回来工作，所以我们给了他们一个‘进修’假。”

维姬指出，如果上司们可以给“非常有潜力的”男员工如此破例，为什么不能给四点半而不是五点半接孩子的父母灵活的工作表？所以维姬开始收集这些破例——她把它们叫“珊瑚礁”。大家都知道丹·丹弗斯经常推掉中午十一点到下午一点之间的全部安排，去处理他的房地产生意。他并没有跟老板*请假*，但他是一个异常出色的员工，所以老板也就睁一只眼闭一只眼。这种资格就是一个“珊瑚礁”。为了加强销售团队的凝聚力，很多地区销售部门组织打高尔夫球，从下午一点到五点，一年六次，就在他们启程出差推销之前。秘书们开着高尔夫球车，往冰仓里塞满苏打水，为进球欢呼喝彩。这些活动被认为有助于提高凝聚力而被郑重地捍卫，成为一种传统。它们“跟工作差不多”，同时也是一种“珊瑚礁”。

如果认真寻找，还会有其他发现。1975年，阿莫克建立了“40%制度”，员工可以在五十岁、五十五岁或六十五岁选择“退休”，上班时间缩短到40%。一个车间经理说：“这个40%计划非常成功，我们得到了他们的专业经验，他们也得到了他们想要的平衡。”维姬想：“既然这种安排在老年男性那里如此成功，为什么阿莫克不能给年轻的父母提供这种安排？”

在脑海里收集了这些“珊瑚礁”之后，一日午餐时，维姬和比尔开始争论时间和工作之间的联系。比尔认为人们在办公室的时间对工作场所有影响。维姬正是按照这样的信念在生活，但她并没有全心接受它。归根到底，什么是工作？维姬告诉我：“员工们说起工作，就好像都是清晰的、稳定的、明确的。”但有多少经理的工作其实就是给缺失父爱的员工做一个好爸爸呢？这些工作有多少是必要的？它真的算工作吗？

比尔说，如果人们没有长时间待在办公室，阿莫克的工作场所就死气沉沉。为了让它充满活力，不可避免地要有人来维护人际关系。一个运转良好的橄榄球队需要顺畅地相互协调，这些关系需要滋养，滋养需要时间。比尔坚定地维护着自己在职场充当的“持家者”的角色；而维姬对此提出质疑——在工作上需要那些类似于种植花园、整理草坪、陪孩子玩耍的活动吗？这些恰恰是她为了工作在家中不得不取消或减少的活动。在家里，男人们通常质疑保持房屋整洁、清洁窗户、擦洗浴缸的必要性。男人们提议要“做减法”。现在，维姬想把这套减法也用在比尔·丹顿的职场“家政”上。上甜点时，尽管远未达成一致，他们在此话题上休战了，转而讨论孩子的科学作业有没有必要这么难，野营的历险故事，还有其他能让双方回到共同立场的话题。

未完之舞

在家里，维姬还陷入了另一场未决之战——这次是跟她四岁的女儿简妮。在工作中，维姬与比尔唇枪舌剑，想说服他工作和产出是分离的，一个人每天不工作十小时或十一小时也可以完成同样的工作，甚至更多。在家里，简妮就是活生生的例子，她需要维姬据理力争的那些时间。

这个夏天似乎特别忙，维姬和简妮在一起的时间就变得异常有限。这一周简妮参加了日间活动营。维姬早晨七点就把她叫醒，帮她穿上衣服，准备好七点半出发。保姆卡米会在下午五点把简妮和哥哥一起从活动营接回家，有时还带他们去吃晚饭，直到七点才回到家。这是简妮从周一到周五的典型生活。

每到周六，全家就会把时间表扔到一边，开车到山上的度假别墅过周末。至少他们是这么计划的。但上个周末，维姬夫妇过了一个期待已久的独处之夜，简妮被安排去了表兄妹家里。维姬经常需要出差，在过去几周里已经有好多天没在家了。维姬坦率地承认，这些都将亲子时间挤压到了简妮的极限。

这周四的晚上，当卡米和两个孩子回到家，发现有四个大人在厨房里——妈妈、爸爸，还有两个客人（我是其中之一）。小凯文跳过来报告他的一日活动。简妮畏缩不前，紧紧抓着她的毯子，“妈妈”，她嘟囔着，很明显对我们到访不太高兴。除了妈妈，她不许别人跟她打招呼。在爸爸妈妈的哄劝下，她慢慢地退出了厨房。简妮不愿意说话，卡米适时地插话进来，描述了简妮的一天。她一边对大人说话，一边对孩子说话，一心二用，应付裕如。后来维姬告诉我：“卡米是一个真正的管理人才，我正在帮她在阿莫克找一个工作。”

大人吃晚饭的时候，简妮被“邀请”带着玩具去门廊边——“那里空间更宽敞”。又过了一会儿，她又被怂恿去后院玩秋千。然而只玩了一会儿秋千，简妮就又回来了，默默地站在妈妈的椅子旁边。

晚餐快结束时，让所有人又惊又喜的是，简妮宣布她要跳一支舞。她的爸爸起身跑到客厅打开电唱机，播放简妮最喜欢的舞曲。简妮面对我们站着，好像在一个舞台上。所有人的目光都注视着她——充满期待的父母、礼貌的客人、帮忙的保姆和她的“好”哥哥。她等了一会儿，然后开始了。先是向右转了几个圈，又向左转了几个圈，然后直直地看向妈妈，四肢蜷缩，倒在地板上。她的妈妈轻轻地催促：“继续跳，别停在中间。”客人们似笑非笑地期待着。好像全世界都在等待，远处有一个时钟嘀嗒作响。终于，简妮站了起来，却仍然一动不动，时间变得漫长。“好吧，”她的爸爸主持公道说，“如果你不想把它跳完，我就要把音乐关了。你还有最后一次机会来跳完。”不，舞还没跳完，但简妮*“被”*中止了。

卡米一直在帮忙照看孩子，以免孩子们打扰我们的晚餐，也会过来跟父母描述孩子们的情况。她提出来：“我感觉简妮已经困了。”维姬试图说服简妮去睡觉，跟她讲道理——不理她——再讲道理之后，她从容地放下餐巾，起身把简妮拖到视线之外。但我们还是能听到，简妮强烈抗议着：“为什么？……还早……我想……不公平！”

我们能听见维姬用温柔坚定的语气安抚她，听起来像熟门熟路：“如果你……那么我……我们必须……我们总是……”面对女儿的怒火，维姬轻轻地把简妮抱起来，把她抱到床上。毕竟明天又是忙碌的一天，需要很早就出发。

发生了什么？简妮没跳完的舞只是孩子们身上经常会发生的事情吗？还是简妮或许在说“我知道你想要我在客人面前表现得好一点，但如果你不给*我*时间，那我也不会给*你*时间，我就不跳完我的舞蹈”？也许简妮在地板上上演的是一场反对家庭工厂提速的静坐罢工：“更多的亲子时间！更多的亲子时间！”

在金家，维姬夫妇都觉得两人平等分担了第二轮班。但维姬花了更多时间来处理孩子们对缺少陪伴的怨恨。维姬经常努力给简妮解释她的道理——爱不应该用在一起的时间来衡量。她提议夏天的周中主要用来工作和上活动营，而周末则是享受家庭生活的合适时间。不管是不是在一起，爱当然一直都在。但在简妮看来，即便可以待在自己喜欢的活动营里，周中也还是太长了。结果就是——维姬要上漫长的第一轮班，速战速决的第二轮班，和不被认可的第三轮班。在第三轮班里她竭力对孩子们进行情感上的补偿，补偿他们因为缺乏家庭时间而产生的不快。

维姬在劝说简妮接受一张未来由父母支付的期票。交易是这样的：如果你是一个好女孩，从周一到周五自己“做好自己的事情”，我就保证周末给你很多的关注。

这个交易引发了一系列新问题：简妮对这个安排感觉如何？她的妈妈能做什么来影响她的感受？如果这种情况不会改变，妈妈和女儿该怎样处理自己的感受？在维姬本来就稀缺的育儿时间里，还要分出相当一部分来破解这些永恒的难题，或是干脆回避这些问题。同时，维姬还在教简妮如何算时间账。简妮学习着，“如果妈妈现在工作，她之后要补偿陪我玩的时间”。但妈妈到底欠了简妮多少时间？何时何地补偿？这些仍有待讨论。但小小的简妮已经开始精通收账之道。

维姬·金过着跟比尔·丹顿相似的职业生活；但不像他一样拥有一个能够料理家庭的妻子。她只好把事业的时间代价转嫁给孩子，而其中一个孩子正在反击。那天简妮回到餐桌时，暴风雨已经停息。每个人都立即认同，简妮确实是累了，这是漫长的一天后她在晚上的常见“发作”。和她相比，哥哥更好地适应了父母长时间地工作。在学校里他表现得非常好，这似乎就证明一切都好。维姬满足地告诉我："凯文是个好孩子。"他的爸爸也同意，正在收拾餐桌的保姆也投了她的一票："是的，凯文是个好孩子。简妮只是累了。"但是，这个未完之舞或许讲了一个不同的故事？

第七章

“我的朋友全都是工蜂”：做一个非全职的专业人士

> 全职的人都在垂死挣扎……你不会想做非全职的——你会落后的。
>
> ——财务部经理在同一次访谈中的两句表态

就像初次见面时的握手，挂在办公室墙上的全家福向别人介绍我们。在一定程度上，维姬·金和比尔·丹顿观点上的差异也可以在他们的家庭照片中得以一窥，那些照片散落在办公桌上、走廊墙上和阿莫克大楼中。照片的摆放位置和内容会因为主人的性别、职位而有所不同。像比尔这样的男性高管倾向于用大幅的单人彩色照片，孩子们在照片里摆着摄影棚里的姿势，或是庆祝重要仪式时拍下的精彩瞬间（如毕业、婚礼、洗礼），或是体现全家冒险精神的照片（在浪花中划木筏，在滑雪坡道上暂停，或在帆船上降帆）。这些画面似乎在说，我*确实*花了时间跟孩子们在一起，这就是他们的享受瞬间。正式的照片更喜欢拍面部特写，传递出这样的信息：我和某些工作狂父亲不一样，我真的很了解我的孩子。这些照片像学位证书一样裱起来，摆放在高管的身后（一个初级经理在一次女员工午宴上辛辣地说，“就像球赛奖杯”，引发了大家深表赞同的哄堂大笑）。家庭照片很少出现在男高管的办公桌上、电话旁或文件栏边。似乎这照片不是给管理人员自己看的，而是给坐在对面的来访者看的。有时，还会有看起来要大很多的孩子的照片摆放在那里，告诫来访者他之前可能还有过一次婚姻，正如一个旁观者所言，“因人而异”。

在没有窗户的内部空间里，女员工们给经理或专业人员接电话、打印报告。人们可以看见一些没有装裱的小照片，小心地摆在文件或电话边，或者贴在墙上，都是职场妈妈们可以看到的地方。文员办公室里的照片既有孩子在学校里拍的正式单人照，也有圣诞节全家人在厨房或者家庭聚会时在房子前面拍的非正式照片。这些照片看起来像个人纪念品，是对工作之外生活的非正式暗示。跟照片一起的常常还有孩子们画的灿烂的太阳、躺着的猫咪，甚至还有一只自信迈腿的斑马。

女性经理——尤其是在男性主导的部门里，被裹挟在两种文化之间。她们更乐于摆放的既不是奖杯一样的照片，也不是家庭活动的亲密瞬间。她们在墙后挂着毕业证、获奖证书之类的证书。家庭照片要么没有，要么又小又少。

女性经理和专业人士似乎连家庭照片的话题也很难启齿。大多数人即使被问及也所言寥寥。然而，一名在一个几乎都是男性的办公室长时间工作的女经理感慨万千地说：

当我刚来这儿工作的时候，这里的规矩是，你不管往墙上挂什么东西都必须加一个框。但我家孩子的照片没有框。所以我一开始不太愿意放孩子的照片。但这些是我的孩子，我想看见他们。我不给他们的照片放框，我也永远不想这么做！

她们悬挂无框的照片。但大多数女经理不在办公室里放照片，以此表明她们既不是“男孩队”的，也不太是“女孩队”的。有一个女经理，曾经尝试把全职工作转成80%工作，但没有成功。她解释说：“在职场上，女性会特意努力让共事的男人明白——‘我不是一个母亲或谁的妻子，我是你的同事’。”公司曾开过一整天“重视多样性”的研讨会，一个女工程师，四个孩子的妈妈，对着一群困惑不解的经理以及颇感不适的女秘书，羞怯地解释对于专业女性来说，为何“挂不挂照片”是一个困难的决定：“如果我把照片摆在桌子上，男人们会认为我是一个秘书。”然后一个感到被冒犯的秘书站在大家面前，发表了激情洋溢的演说，为她的职业、她的照片展示，还有她平衡工作和家庭生活的方式进行辩护。对她来说，这三者是一致的。

工厂里没有办公室墙壁，也没有宽敞的桌子，所以没有地方给工人们放孩子的照片。人们偶尔会看到上锁的储物柜门里贴着一张照片，但也不是孩子的，而是一个微笑的渔夫站在吊起的马林鱼旁边，或是一个神气的猎人站在目光呆滞的梅花鹿旁。在工厂休息室里访谈女工时才会看到家庭照片，在钱包的塑料夹层里，往往装着厚厚一沓小小的彩色照片，有孩子的，姐妹兄弟的，外甥子女的，继子女的，有时候还有“仍然很亲近”的前公婆的。

在照片类型和展示方式中，除了存在地位差异，公司各个部门之间也有不同。等级越森严的部门家庭照片就越少；越不拘小节和团队化的部门，摆出来的照片就越多。员工办公室离阿莫克总部越近，着装和办公室氛围越正式，照片就越容易放在员工背后而不是面前。

展示照片象征着员工告诉别人“我在这儿工作，请了解我有一个家庭”的意愿。对于像比尔·丹顿这样的高管，悬挂家庭照片意味着：我把大量的家庭时间都拿来工作了，尽管我爱我的家庭，我还是这样做了，你看我对工作是多么忠诚。对秘书们来说，家庭照片常常意味着：我还有别的生活。我在这里是次要的下属，但我在家里可以充分展现自己。对于工厂的工人，尤其是其中的女性来说，家庭照片有时意味着：我也许不是这里的老板，但在我的生活中，我是主宰。

合起来看，成百上千个员工的那些照片组成了众人家庭生活的幻景世界——那些相信员工，激励他们往前，也拖他们的后腿，使他们颓丧，给他们生活下去的理由的人。那些照片也是一个重要的提醒，无论有多少工作去填补真实家庭所留下的情感空白，去模仿家庭生活，这些真实的家庭带着各种错综复杂的故事，始终在那里。

在一些摆着家庭照片的办公室里，坐着一些尝试缩短工作时间的专业人士。对一些阿莫克员工来说，缩短工作时间确实像一个能帮他们缓解生活压力的家庭友好方案——只要人们把它用对了。这正是艾琳·沃森的想法。她是一个30岁的陶瓷工程师，在一个男性主导的工程部门工作。她自豪地把一岁的女儿汉娜，还有丈夫吉姆的照片都摆在了桌子上。照片很小，但一共有五张。“当男性走进我的办公室，大多数会扫一眼照片然后不置一词，”艾琳告诉我，“但当女性进来的时候，很多人会说：‘多可爱啊，你的孩子几岁了？’”

我第一次和艾琳见面的地点是我在阿莫克的临时办公室。她走进办公室的时候，身后用背带背着汉娜，还跟着吉姆。吉姆背着一个帆布包，跟圣诞老人的包一样大，装着孩子的随身用品。艾琳和吉姆交替讲述他们的故事，就像编辫子一样。艾琳先开始。小汉娜醒了，吉姆把她抱出来，一边摇晃着汉娜，一边接着艾琳的故事讲下去。过了一会儿艾琳再接着讲。他们相互接力讲述了艾琳尝试换成非全职工作的传奇故事。

> 吉姆上工程学院的时候，我每周工作六十到七十小时。我是一个“事业型小姐”。我努力让自己成为生产线上的专家，还出访过德国和日本。我手脚并用花了十一年把自己变成一个有声望的专家。我从没有*想过*改成非全职工作。我一直工作到临产前一天，计划着几周后我就回去上班。
>
> 我不是家庭主妇的性格，在邻里也没有朋友。我的朋友全都是职场工蜂，我也热爱我的工作。我在家里就是无法像工作追踪数据时那样兴奋。所以，只是因为我的孩子我才想在家。

我问她，在她的成就里让她感觉到最有价值的是什么。

我对我做的事情很擅长，而同事们很欣赏这一点。我在家里不能拥有同样的成就感。我希望我能。我也嫉妒那些能做到的女人。她们的任务更艰巨，但我在家很无聊，无所事事等着汉娜醒来。

然而，在汉娜出生后不久，艾琳决定放弃她快乐的工作时光，转而延长她“无聊的”家庭时间。吉姆说他也在考虑做同样的牺牲。他们讨论谁应该更多地在外工作，然后共同决定艾琳应该在未来的几年里把工作削减到 60%。因为吉姆是阿莫克的新雇员，他觉得自己的情形更不利，他的主管在陪产假的态度上是一个“原始人”。艾琳说：“吉姆无法想象去申请缩短工作时间。”

所以削减工作时间的努力只能落到她头上。60% 的时间似乎对她来说正合适——不是永远，只是现在。她告诉我，她在阿莫克处于一个尴尬的级别，低于该级别时，女性的果敢魄力被视为过于强硬；高于该级别时，人们则会认为女人为什么不更拼一点。所以艾琳不知道如何强势地争取削减时间。更糟的是，艾琳解释道：“我老板的工作时间长得不像话。我知道他和妻子会因此产生摩擦，因为他总是给她买花却从不花时间在家。”

艾琳小心翼翼地向老板提出了申请，他对此不置可否，回答说：“60% 的工作时间吗？我从来没这么做过。我不知道怎么安排。”然而在阿莫克一直都有关于选择非全职工作的定期讨论，艾米·楚特还会定期给老板发送公司其他部门和其他地方的“榜样”信息。带着怀疑，老板同意了艾琳的申请，她可以在休完六周带薪产假后尝试 60% 的工作时间。

> 当我刚回来时，我发现工作已经堆积如山了。我必须修正我不在的时候别人犯的错误，还有新的工作。很糟糕，但我轻松地完成了。我以为一切都很顺利，我没有听到有任何人投诉我，也没得到什么表扬。所以我说：“咱们开一个流程监测会议吧。”天，*然后*麻烦就来了，我的老板说：“这不行。”

艾琳回忆，她问老板，是希望她继续非全职工作还是更倾向于找一个人全职来代替她，老板说宁愿另外雇一个全职的人，这令她很失望。艾琳继续让步，试着换个策略：“你觉得有什么是在我 60% 的工作时间里没有达到的？”

“我们今年比去年生意多，”他说，“工作更辛苦。我不知道你非全职怎么行。”

艾琳不是想只用六小时或四个小时就完成八小时的工作，她也没有要求老板照此付钱给她。一个新来的年轻工程师可以接手她日常工作的三到四小时，大约 30%。她、新来的工程师加上一个经验丰富的工程师三个人可以共同完成 95% 的工作。还有 5% 可以分给其他人，可以用阿莫克省下来的钱来支付。此外，艾琳还指出，她投入的时间常常都超过了 60%。尽管她享受了全额福利，但她觉得阿莫克在这样的安排中是获利的。问题却在于如何说服她的老板。她解释说：

> 我让他们承认，他们并没有对我的工作不满意。他们只是对*未来*担忧。所以我说："如果现在这样行得通，我们就保持下去。如果它开始出问题了，我们到时候就解决问题。"我申请了一台传真机和一台电脑带回家。我和我的销售搭档照常出差去展示公司的设备。一切都很顺利。

说到这里，吉姆风趣地插播道：

> 只是，有点小问题——艾琳在哺乳，她得带着吸奶器去工作。我在家用奶瓶给宝宝喂奶。有一天她收拾东西出差忘记把吸奶器的配件打包了，她给我打电话，问："吉姆，我把垫圈落在厨房的橱柜里了吗？"我们只能想办法让没有垫圈的吸奶器工作。

与此同时，当她出差途中去吸奶的时候，她的老板和销售搭档都吓傻了，但又不敢说什么，只是暗自怀疑她到底在干什么。艾琳解释说：

> 他们俩都55岁，他们那时候不一样。他们也没有参与过孩子的出生和养育。我甚至怀疑他们的妻子是不是母乳喂养。所以我只是自己搞定它，什么也没提。午饭和下午4点左右，我会花20分钟出去吸奶，这也不是什么大事。

上次出差，我带着日本访客参观密西西比的车间，我带着小冰箱和装着母乳的奶瓶。我的销售搭档托尼问我："你这个东西是做什么的？"我告诉他们："这些是我们新产品的样品的一部分。"

吉姆和艾琳都笑了，来回交换着照顾宝宝，磕磕绊绊地接替对方把故事按顺序讲完，相互纠正，然后催促对方继续。吉姆补充说：

日本访客知道艾琳有个孩子，所以他们问："你的孩子在哪里呢？"艾琳告诉他们，孩子在家和爸爸在一起。他们都很困惑爸爸能一个人带孩子。每次有电话打进来，他们都认为肯定是我打给艾琳命令她赶紧回家。

艾琳继续出色地完成工作，但她的老板仍对她这个60%持有怀疑：

他觉得，既然我是非全职工作，我肯定不好好接电话，客户也肯定会不满意。但我每天都是上午十点到下午三点上班。其他时间如果秘书接到电话都会回复："她在开会，稍后再和你联系。"而我也确实稍后联系了，所以客户甚至都不知道我不是全职。

最终艾琳和老板对这个问题的争议上升到分裂了比尔·丹

顿和维姬·金的那个层面。

> 他对我说："艾琳，我不知道怎么处理非全职。我的经验是只有投入时间的人才能成功。"我说："看我的成绩说话。"他回答说："不，这样不行。重要的是你在工作上投入了多少时间和工作量。"

艾琳回答说：

> 假如你和我割草。你三个小时割完，我四个小时割完。我们做了同样的工作，但你比我用的时间少。*我花的时间长*就应该是更好的员工吗？

老板沉默了一会儿，回答说：

> 我在听，我没有说不行，但这对我来说是破天荒。我还没有调整过来。这里的每个人的工作量都很大。这是我所认为的一个人想要成功的基础。

在艾琳的老板看来，工作上的讨价还价无可厚非。"非全职"，顾名思义，只是整体的一部分。非全职工作就是违逆了进行完整的、完全工作的协议。在他看来，之前艾琳付出的更多。对他来说这种新安排带来的明显经济收益似乎无关紧要。艾琳的薪水减少了40%。阿莫克付给新员工劳拉的时薪要比艾琳少得多，并且作为交换还能让新员工得到艾琳的培训。这对公司也是一个额外的好处，用艾琳的一部分高薪时间来训练新人，但这是暂时的小损失。此外还有另外的因素让阿莫克受益：艾琳经常工作*超过* 60% 的时间。尽管非全职工作的时间安排很吸引人，但艾琳还是无法在下午三点准时离开办公室，将没做完的工作和辛苦的同事置于身后。除此之外，在每个人的心里，她的工作成果照样是第一流的。她的老板看到了这些但仍持保留态度。就在这疑虑重重、磕磕绊绊的氛围中，这种安排蹒跚前行。

然后，发生了一件事，让艾琳意识到，她一直在努力削减的工作对她来说是多么重要。她被裁了，不是被老板在办公室里，而是被老板的老板在附近的酒店里炒掉的，仿佛是为了保护职场圈子不会被这条肮脏的消息伤害。艾琳描述了当时的场景：

> 我们部门所有 44 个职位都承接政府采购。当政府缩减支出时，这个部门和这 44 个人就全部完蛋了。我的职位被砍掉了。我老板的老板，一个我从没见过的男人，在五分钟内告诉了我这个消息。他让我不要回办公室收拾东西，因为我可能会让其他员工沮丧。他让我周末再去收拾东西。我哭了好几天。这工作对我来说不只是一个工作，它是我过去 11 年的生命、血汗和泪水。而他们大笔一挥就把这一切都抹掉了。感觉就像离婚一样！
>
> 时间对我来说停滞了。当时的情景就像别人告诉我，

我的妈妈死了一样。我开车转来转去，然后才去找吉姆，因为我不想太早去找吉姆然后吵到孩子。

我的朋友，我在乎的人都跑到办公室里想知道到底发生了什么，他们非常担心我。一个同样被裁的女人听话地周末回来取她的东西，发现她用来刷进门的员工卡不能用了。其他人都在想："去你的吧，我不需要我的咖啡杯了。"

艾琳的部门主管告诉她，她的新工作可以在阿莫克内部找，也可以在其他公司。如果她在两个月内还没有在阿莫克找到合适的职位，公司就会给她发遣散费。

房间好像在旋转。我仍然是"阿莫克家庭"的一员。他们想要我在阿莫克内部找到职位，但再就业顾问说也可以在阿莫克之外。我到底是*留下了*还是*出局了*？

艾琳表面上在岗位上工作了60%的时间，但感觉像是"110%的婚姻"。既然她所在的部门都被炒了，就不能说她是因为非全职而被裁员。所以她很想搞清楚她的"非全职"和她的"离婚"之间是否存在一丝关联。

我问了一个高层的人，他又帮我问了真正的高层，"艾琳被裁了是因为非全职吗？"。他说跟非全职一点关系也没有。工作狂被炒了，正式员工被炒了，非全职人员被炒了，整个部门都没了。

艾琳在阿莫克的另一个部门找到了职位，几乎所有被裁的人也都找到了。两年后，我第二次访谈艾琳时，她正在新职位上做全职工作。她解释说：

> 我能找到的唯一职位就是系统设计办公室的全职岗位。这里没有什么温情脉脉，就是赚钱，赚钱，赚钱。我午餐时候也工作，直到下午六点。在这里他们会生吞你。这里是一场激烈的马拉松比赛。

重新找到岗位之后，一个前同事跟她打招呼说："欢迎回到阿莫克大家庭。"艾琳评论说："在他眼中我已经离开了阿莫克，现在是又回来了。这话印在我脑子里——'欢迎*回到*阿莫克大家庭'。"

我问艾琳是否仍然觉得阿莫克是一个家，她说："介于是与不是之间。"

> 我的工作现在感觉像是二婚。人们都说第一次结婚是为了爱情，第二次是为了钱。我怀疑这就是我对工作的感受。现在我就像在约会。我维持恰当的表现，但我不爱了，我不知道我还会不会爱了。

艾琳很谨慎，但愿意再试一次去"爱"。她还注意到，系统办公室里那 60 个没有被裁过的人，没有她的这种怀疑。

在这段时间里，艾琳和吉姆有了第二个孩子丹尼。丹尼的出生并不顺利。艾琳重叙了当时的经历：

生第二个孩子我们遇到了大麻烦。他因为肺部发育不良，在加护病房住了十天。他不能自主呼吸，在出生后的头四天里差点死了三次。第一次是刚生出来时，他的手指没有动，眼睛盯着右边。医生担心他有脑损伤。吉姆在那几天一直请假，但孩子脱离险境后，他觉得必须回去工作了。吉姆向老板申请灵活工作时间，老板拒绝了，但吉姆还是这样做了。

最近，丹尼经历了一些状况，从核磁共振来看可能与脑损伤相关。有两次他的腿完全失去了知觉，然后摔倒在地，所以艾琳再一次迫使自己考虑要不要减少工作时间（和薪酬）：

我的新主管偷偷地跟我说："我们可以试一下，但不要透露给别人。"我说："吉，在塑料部门那边他们都为自己的家庭友好政策而自豪。"他说："在这儿不行，我们没有那个时间。"

艾琳觉得好像是做了什么可耻的事。她说：

我不应该惹办公室里的人烦。每个人都投入了40小时、50小时、60小时。人们工作120%—150%的时间。他们定期加班20%—50%。

因为担心丹尼，也许还因为她前一段与工作的“离婚”阴云，艾琳说：“我永远不会再这样工作了，我的家庭才是最长久的。”

在吉姆这一边，他休了一个简短的育儿假，支持艾琳缩短工作时间，对允许男性减少工作时间的政策赞不绝口。但和我见过的每一个阿莫克男人一样，他没有认真考虑过削减他自己的工作时间。他在谈到家庭生活时，说自己是那种可以全职在家的人。（“当然了，这有什么不行的？”）跟艾琳谈话时，他是那种“新好男人”。但当真正需要缩减工作时间的时候，需要面对他的男主管和同事的时候，他就做不到了。那里的文化尚不支持。事实上，吉姆很害怕失去他辛苦获得的这份在阿莫克的工作。在这种文化氛围里，男性专业人士做非全职意味着他缺少进取心——而这足以损害一个人长期的职业稳定。如果对于缩减工作时间存在一些禁忌，那么更深层的禁忌则是针对“男人的首要任务可能并非在职场不断攀升”这样的想法。就算艾琳也希望吉姆有“进取心”，她却没有敦促他缩短工作时间。夫妻双方都接受了这种双重标准。艾琳想要减少工时是“正常的”（尽管她申请和得到批准并不正常）。然而对吉姆来说，甚至想一下都不够“正常”。

奇怪的是，害怕在同事或主管眼中显得缺乏进取心在阿莫克男人中成为一种强大的纽带，这种害怕强化了群体认同。如果说工作给过去居家的女性提供了一种新的职业身份，那么它就给男性提供了一种明显的男性身份。在这个意义上，吉姆要比维姬·金的丈夫更能代表阿莫克的男性。对维姬·金的丈夫凯文来说，他的挑战是在工作时间上赶上妻子，但对吉姆来说，他的挑战是要赶上那些你追我赶、长时间工作的其他男人。

在艾琳看来，这种竞争比那些男性向她投来的邪恶之眼更致命，因为她无法和这种竞争直接对抗。艾琳相信平等，正是这种信念引导她对抗走“妈妈路线”的想法（它为妇女提供了灵活性，但迫使她们放弃事业心）。[1] 艾琳喜欢自己的事业心，吉姆也是。她想要的不是“妈妈路线”，而是可以让女性和男性都兼顾事业心和家庭的时间表。她解释说：

> 对我来说，这样一个实际的解决方案就好像说，看，如果你想要孩子就得要搭上时间。离开一段时间，就像去读研究生或者休长假。打理好事情，面貌一新地回来，重新出发。不用六周后就回来。或者六周后回来，但不用全职工作。然后改变你想要晋升的时间表。你可能失去了一些优势，但你会慢慢赶上。
>
> 实际上，真正的比赛可以晚一些开始。我们不应该想着55岁就退休了。我们可以一直工作到70岁。真正重要的管理上的投入、时间上的投入很大程度上在35岁左右才开始。我们仍然还有25年或30年可以去工作，最有生产力的岁月会在后面。当一众55岁的阿莫克男人已经筋疲力尽了，准备去高尔夫球场上驰骋了，我们还会再次发力。

艾琳所描绘的这幅“带事业心的非全职工作”，在阿莫克的版图上找不到一席之地，所以非全职工作只会跟永久丧失事业心联系在一起。即使对女性来说，拥有事业心是能够进入“阿莫克家庭”的唯一真正的通行证。

那么这就可以理解了——在阿莫克的调查中，有20%的女性和不到2%的男性表示对非全职工作感兴趣，但真的付诸行动的寥寥无几。在那个意义上，他们减少工作时间的遭遇比艾琳更惨。

在另一方面，一小部分中层专业女性在说服老板减少自己的工作时间方面，境遇要比艾琳好一点。简·卡德伯里就是其中之一。她33岁，是阿莫克教育与培训部的一位非常成功的经理。她告诉我：

> 我是这个公司唯一的非全职经理，而我也不是真正的非全职。我现在不再每周工作32小时了——其实以前也不只是32小时。我以前每周三休息，现在不了。一部分是因为我现在负责的事情更多了，还有一部分是因为我的孩子大一点儿了。通常情况下，我每天早晨7:00把孩子送到学校，一周有两天下午1:30接他们回来，其他日子6:15或7:00。我还要在家里做晚饭；我也不想放弃这个。实际上我每周要工作40—45小时。

然而，花在办公室里的时间只是其中一部分。在开车带我去她家游泳和吃晚饭的路上，简让我见识了她如何定期查阅车载语音留言。“有一个小时的工作是在我上下班路上完成的。我的秘书每天早上7:00上班，我会在上班路上给她打电话，让她复印一份备忘录。当我7:45走进办公室，8:00会议的一切都已准备就绪。”

简的情况跟艾琳在很多方面都不同：首先，简在被雇用时掌握着阿莫克急缺的技术，所以她带着议价筹码进入公司。公司给她全职职位，她还价说只能非全职，否则就不干了——阿莫克接受了。其次，她有一个富有同理心和创新精神的老板。第三，她工作部门的男女比例是5∶5（而不是8∶2）。第四，简本人是一个极有时间观念、做事非常有条理、善于转换时间货币的奇才。她一眼就能看出一个项目需要多少步骤来实施，需要花费她多少工作时间，可能牺牲家里的哪些安排。尽管她优雅地隐藏着，但简一直保持着敏锐的洞察力，捕捉每一点可以利用的时间碎片。最后，她通过了比尔·丹顿的终极晋升标准：在漫长的一周工作后，她仍然生动有趣。

但是简在工作中所展现的这些品质，让她的非全职工作充满悖论：要想在不破坏职场潜规则的情况下维持非全职的工作安排，唯一的方式就是实际上全职投入工作。从接受这份工作开始，她就直观地意识到这个事实。那时候她同意将每周*50小时*而不是正常的40小时视为标准的全职工作时长。随即她就在32小时基础上“加码”了，先是离开办公室的时间越来越晚，接着就是在家里做的工作越来越多。“即使在休息日，”她说，“我也在游泳池旁边接电话。”

艾琳和简控制时间的方式也不同——这一点在我们结束访谈的方式上得以体现。下午一点半，艾琳倏然打断了一个她和吉姆正在讲的生动故事，因为她突然想起一件要事。而在简的访谈过程中，她优雅地瞟了一眼表，同时礼貌地提出再次见面的邀约，提醒我说："我必须在十分钟后出发了，还有什么问题我们没谈到吗？"相比之下，比尔·丹顿却似乎并没有在管理他的时间。当我和他预约的时间到了，他的秘书轻轻敲门探进头来，提醒他下一个预约会面。

比尔·丹顿和维姬·金都不想缩短工作时间。他们都深深地被工作之魅所吸引。艾琳·沃森理解那种吸引，但她*的确*想缩短工作时间。那她为什么实现不了呢？她没有因收入削减而动摇，甚至在被裁员后也没有因担心工作稳定性而动摇。她也不是不了解政策，也没有处于不友好的工作环境里。但在她的上司中确实有两个"原始人"，一个对她的处境漠不关心，另一个虽然友善但忧心忡忡——两人都看不到她缩短工时对公司的长期利益的裨益。她还遭遇了和公司文化的冲突，这种文化认为事业心和缩短工时不可并存。那么她的替代选择是什么？她如果想过上自己想要的生活，就只能辞职离开，去找一个对家庭更友好的公司吗？

实际上，她继续蹑手蹑脚地进行了一年的卧底非全职，这份工作逐渐演变成不算加班的、每天八小时的工作。然后，三岁的丹尼突然又病倒了。艾琳这样形容：

> 太糟糕了。丹尼的腿没有知觉了。我们那天在神经科医生办公室一直待到晚上十点。我和丈夫第二天早晨都有一个非常重要的工作汇报。我得在上午十一点给一群新来的工程师做报告，但还有几个地方需要改动。吉姆的报告是上午九点。所以我早晨待在家里，可以让丹尼多睡会儿。

如果他醒了之后仍然站不稳，就还得去一趟医院做一个脑部扫描，看一下是否癫痫发作。我把他叫醒之后，发现他的脚确实还是摇摇晃晃的。

我给吉姆的秘书打电话："告诉吉姆，我要送丹尼去保姆那儿，请他一会儿去接孩子，上午必须送去医院。"我十点把孩子送到了保姆家。吉姆结束了报告，十点半给我打电话说："我已经接到丹尼了，别担心！"我来到办公室，修改了报告内容，然后提交了报告。我发言的那场报告会从十一点持续到下午一点。我问老板，我能不能第一个做报告，然后先走。我很苦恼，不得不跟老板讲我的私人问题。现在我明白，在他心目中，我是一个"妈妈"，不是一个工程师。

我奔到医院的时候丹尼在号叫。他拔掉了头上所有的管子和金属线，然后医生给他用了很多药让他睡着。我和吉姆坐在他的床边。我们都没怎么说话，就在那儿等着他醒过来，然后带他回家。

那时候我们中本可以有一个人回去上班，但是我们都没有走。虽然我们觉得我们应该走。我痛恨当孩子躺在医院病床上时我们还这样想。

我对吉姆说："我得离开一会儿，让我出去走一走，我去伍尔沃斯商店给丹尼买个玩具吧。"然后我走出医院，沿着马路一直走，就那样走啊走。我只想一直走，挥手招停一辆卡车，钻进去，一直往前去。

但一周后，艾琳就回到了她在阿莫克的办公桌前。

第八章

“我还结着婚”：工作作为安全阀

丹妮斯·汉普顿骄傲地宣告，她五岁的儿子克里夫最近对24块拼图产生了浓厚的兴趣。克里夫也是花鹿儿童托管中心的常客——所以大概是托管中心的保育员告诉她的。现在是下午一点，我在丹妮斯的办公室开始和她访谈，克里夫可能在托管中心安静下来午休。他现在过了午睡的年龄，为了配合托管中心缓慢的活动节奏，在午睡时间他看一本他每日携带的关于飞机的书。八岁的姐姐桃乐茜现在已经上三年级了。

丹妮斯是阿莫克最畅销的新产品线上的市场主管助理，每天要接四五十个电话或邮件。她精力充沛，身材娇小，梳着一个俏皮的发型。她飞快地完成一堆工作，换作一个慢条斯理的同事可能需要两倍的时间。赶完每一天的工作，丹妮斯只想瘫倒在家里，来杯白葡萄酒，和丈夫依偎在一起，给孩子们读故事，或许还得拔掉电话答录机。

当我问她，自从两年前我们见面之后，家里和工作有没有发生什么变化，她笑着宣布："我还结着婚，还是同一个老公。"丹妮斯从一个酗酒的家庭中突出重围。她在青少年时期找到一个好心的邻居教导她，大学里又找到一名教授为她指点迷津，最近在阿莫克又找到一个非常成功的年长女性作为导师。在学校时，她是一名优秀的学生，现在她在阿莫克也收获了一系列成绩。在私人生活里她遇到更多困难，但她也积极地寻找帮助，并从心理咨询里受益匪浅。

丹妮斯结婚，生子，离婚，再婚。她和第二任丈夫丹尼尔结婚十年了，却从来没有像她希望的那样幸福。从一开始就困难重重。丹妮斯的儿子狄龙那时刚二十岁出头，激烈地反对她再婚并恶毒地咒骂她的新丈夫，丹妮斯当时感觉除了跟儿子一刀两断之外，别无选择。后来狄龙终于道歉了，但这带来的痛苦仍然挥之不去。她在第二次婚姻中生了两个孩子（孩子的小照片正对着她摆在办公桌上），这两个孩子看起来生机勃勃。她说她把最好的精力都给了他们，她自豪地表示他们的每晚阅读已经读到《纳尼亚传奇》第五卷了。不过孩子们经常需要提醒她读得慢一点。即使在家里，丹妮斯也感觉速度很快。如果说她的事业和母职都完成得不错，但她对自己了无生趣的婚姻倍感困惑。尽管她生性开朗，但说起这个时声音里透露着悲伤。

汉普顿家的木屋离小镇有半小时车程，周边占地一百英亩，紧挨着一个人工湖。从房子本身和周边惊人的占地面积来看，得有人有时间来维护。汉普顿家有自己的花园，还会自己做枫树蜜（主要是丹尼尔的功劳）。丹尼尔射中的雄鹿头就挂在他们客厅的墙上（丹妮斯翻着白眼坚持说，"那不是我的主意"）。夫妻俩热情洋溢地谈论各种活动——制作枫树蜜，修整花园和打猎——让人想起闲暇时光，但他们的日程安排则紧凑忙乱。事实上，丹妮斯经常错过家庭休闲活动。毕竟，在她看来没有别的选择，只能处理没完没了的电话和邮件。

丹尼尔是山谷下一个阿莫克车间的主管，管着二十个工人。他并不想成为另一个比尔·丹顿。他通常上午八点到，下午五点准时走，这让丹尼尔成为老板眼中的时间异见分子。他的老板会讽刺他："又要在十二点开溜去吃午饭了？"而丹尼尔则冷眼看着他的老板正全神贯注地读着一本书《卓越者：超级成就者，突破性策略和高利润结果》，讲的是管理者如何一直发挥巅峰状态。丹尼尔说："工作和家庭平衡的想法在我们车间只是走走过场。"

丹尼尔口才出众、聪明伶俐，散发着深沉而甜蜜的伤感气息，他希望在婚姻、父职和家庭生活中寻求一些东西治愈他不幸的童年。他的父母对待他的方式在随意放纵和严苛管教之间任意摇摆。这给他留下的阴影是，他在需要坚定表达*自己的*想法时都会感到不安。他的一生都在努力摆脱这种阴影。在婚姻里就表现为，他会问丹妮斯晚上想怎么安排，她想让他做什么晚餐，但内心又责备自己为什么要问。他的这种被动，反过来也让丹妮斯想起自己那无助的"夜间父母"——他们常常喝威士忌喝到晕头转向，同样做不了任何决定。这样的行为让她在长时间、高强度的工作之后再陷入一种"我能搞定这些事"的疯狂模式中，让她感到怨恨和孤单。

在他们两个人中，是丹妮斯在运转家庭，但也是丹妮斯在逃离家庭。当我问到她的每日生活时，她说：

快到六点时，闹钟响起来。我的目标是在六点半之前洗完澡，吹完头发。然后我下楼把东西整理好，六点四十五叫孩子们起床。克里夫和桃乐茜需要在八点前到学校，所以时间刚刚好。

五点之前我都不能下班，这我已经接受了。但实际上总是至少要到六点。然后我还要去接孩子，买东西，跑回家，做饭。

一天经常是兵荒马乱的，而我和丹尼尔总是免不了为了谁该做什么而吵架。我试着整理我们的安排。我没落下什么事情吧？我没忘了什么东西吧？今天晚上会有什么事吗？晚上，当我走进家门，丹尼尔和孩子们都在抱怨。我要确保桃乐茜完成学校留的家庭作业，然后我们需要吃点东西。如果他们能给我一些空间……只要我能有十五分钟换下衣服，喝杯酒，也许再看一眼新闻。

丹妮斯在一个“老男人”办公室工作，这么多年来，这个办公室一直不愿意多雇用女性。她回忆说，她怀孕的时候：

办公室里的男人们把钱放在桌子上打赌，说我生完孩子肯定不会再回来上班了。所以我回来的时候，我必须要证明，我和离开的时候一样出色。男人们在等着看我的笑话，“我就说会是这样”。

丹妮斯觉得，一部分是因为年长的男人们看到有人选择不复制他们的生活方式，感到被冒犯。

> 他们不休陪产假，他们觉得自己不欠公司什么了。所以当我请假的时候，他们就用这个当借口，说我没有像他们一样偿还公司，或者说我不是一个像他们一样的好经理。

事实上，丹妮斯的同事似乎对她在工作和家庭方面的选择都感到不适，他们也质疑她没有当好一个妈妈。她还能想起那些冷嘲热讽："一个男人当着我的面，直截了当地对另一个男人说：'让一个房子像家可不只是*还房贷*就够了。'"

在这样的氛围里，男同事如果问她如何平衡工作和家庭，貌似中立的问题对她来说就像是一种攻击。"他们用问题把你*逼到走投无路*。我怀孕的时候，他们问我：'如果你和丹尼尔工作上都有紧急情况，你打算怎么办？'"所以丹妮斯从来没有动过灵活工作安排或缩短工作时间的念头。在这个性别之战里，缩短工时就意味着认输。

在《邪恶之眼：一个民俗学案例集》里，人类学家艾伦·邓迪思认为，在"有限资源"的情形下（比如缺乏社会地位、财富或其他资源的时候），如果有人比其他人更幸运，匮乏者就会被假定嫉妒富有者。在所谓的古代原始社会，匮乏者还会被认为具有造成伤害的魔力。① 人们认为，嫉妒的匮乏者会将"邪恶之眼"投向嫉妒对象——健康的孩子、美丽的妻子、丰收的庄稼。富有者会戴上护身符、重复咒语或象征性地掩盖和歪曲自己的好运来避免伤害。

在外人看来，阿莫克的男人把自己视为匮乏者似乎有点荒谬，因为他们几乎完全控制着公司的高管层，并且在几乎每一个层级都占优势。但阿莫克低调地将女性引入专业领域的做法招来了强烈的抵制。因此，男性和女性面对好运气时会触发不同的反应。当一个男人在“资源有限”——预算缩减、裁员的情况下得到晋升，他会得到“邪恶之眼”的快速一瞥。但当女性获得晋升时，人们会长久地盯着她。例如，当丹妮斯·汉普顿晋升的时候，一个男同事向她表示祝贺，然后来了一句，“现在真是做女人的好时候”。

丹妮斯一直是一个努力的员工，她会说自己是“A 型性格”，“但不是工作狂”。但很快，她就开始戴上“工作狂”护身符，长时间工作。通过延长工作时间，她象征性地减少了她晋升的“好运气”，似乎在说，“是的，我很幸运升职了，但我也因此受苦了”。在漫长的一天里东奔西跑，她就像一个衣衫褴褛的有钱人，她在问：“我在时间上都一贫如洗了，怎么还会有人嫉妒我？”

如果画一幅阿莫克“邪恶之眼”的地图，描述谁是释放者，谁是接收者，那么丹妮斯肯定是在危险区域。在过去全是男性的公司部门里，就如同只属于男性的禁猎地，男性对女性的愤恨往往达到顶峰。相比中层管理层的男性（那里男性在数量和酬劳上优势更少），在中上层管理层和加入工会的高薪生产岗位上（过去一直由男性占绝对优势）的男性有更多的愤恨。1993年，公司调查中邀请“高嫉妒”级别的管理人员匿名写下建议，得到了如下反馈：

> 白人男性应该有机会享有跟女性、少数族裔同样的职业规划。
>
> 我注意到越来越多的女性进入高管行列。我唯一的担忧是，当我们提拔一个女性或少数族裔时，真的是因为这个人是这个岗位的最佳人选吗？
>
> 我得到了期盼已久、当之无愧的部门现金奖励。但是别人告诉我，我能得奖是因为上次把我的晋升机会给了一个女性，而我很好地控制了自己的沮丧和失望。

但阿莫克女性不需要这样的调查就能知道男人在想什么。她们把男同事分成四种类型。第一种类型，会像评价男性一样评价女性，把男性和女性都视为完整的人。和这样的男同事一起工作非常愉快。第二种男同事也会采用同样的评价标准对待男性和女性，但同时也采用了之前用于男性的苛刻和竞争的标准。第三种类型，通常彬彬有礼、乐于助人，没有威胁性，他们把女性看作具有异域风情的外国人。第四种把女性视为外来的竞争对手，都来抢*他的*晋升。正是这第四种愤愤不平的、“被取代”的男同事在真正地投以“邪恶之眼”。

虽然第四种男人通常对这个问题保持缄默，但他们常常怨恨女性的“好运”，认为她们可以利用阿莫克的家庭友好政策，而这个政策却跟男人不相干。在名为“男性和女性作为同事”这种为专业人士或经理举办的集体培训上，这种偏见有时候就会冒出来。例如，一个研发部的工程师忽然惊呼："所有的职场*妈妈*都可以使用这些政策，可是*我们*并没有。为什么公司要把工作和家庭掺和在一起呢？这是对我们这些传统家庭的一种偏见。我们也得过日子，我们就得承受只有一个人上班，没有额外收入的代价。"边说边在小组里寻找支持他的面孔。

为了抵挡工作中"邪恶之眼"的挑战，丹妮斯毫无保留地把全身心都交给了工作。但在家里，她只交付了自己的一部分，并且五味杂陈。在她内心有一种日益强烈的责任和意愿的冲突，比如，她需要去筹备晚餐，但她又并不愿意去做。她不明白为什么这变成了每晚上演的一种奇怪的痛楚：

> 我回到家，倒上一杯酒，打开冰箱，努力去想晚餐该做什么。然后边做边开始哭。从六点哭到七点停不下来。我无法打破这个循环，那变成了一个日常习惯。我为自己感到难过。为什么丹尼尔看不出来我需要帮助呢？他本应照顾我。我指望着他，可是，他的反应只是让我们的距离变得越来越远。这几年就是这样，以后可能还是这样。

丹妮斯怀疑她的问题可能跟童年经历有关。作为一个在酗酒成瘾的家庭中长大的孩子，她从来不敢指望任何人，受这种心态影响，她觉得丹尼尔也指望不上。所以每天晚上她都把一切掌管了，并且把他排除在外。与此同时，她又绝望地期盼他来决策晚上吃什么，然后去做饭，担负起家庭的责任。她想要丈夫承担起第二轮班和照顾孩子的责任，而不是第三轮班。至于丹尼尔，他不敢在没有她的情况下做决定，因为他害怕被粗暴地否定。然而在他的内心深处也有矛盾的欲望冲突，他其实渴望拥有一个坦率的、乐于交流的、照顾人的妻子，尽管在丹妮斯看来，他对待妻子的方式就像等待主管交付她认为合适的任务。

两人都在沉默中备受煎熬——丹妮斯对着冰箱独自哭泣，丹尼尔在上下班的路上忧心忡忡。回看过去几年，丹妮斯反省道：

> 我很自责，我对丹尼尔有点不公平。我直到最近才意识到他有多烦恼，感到被冷落。当然，他自己也从来不说，这让我很内疚。对我的孩子们也是，我好像有很长一段时间都没有陪在他们身边了。他们看到的都是我努力完成家务的压力和焦虑。他们本该记得的是欢笑，而不是妈妈因为不知道晚餐做什么而哭泣。

在某种程度上，丹妮斯处理家庭问题的方式就是把工作带到家庭生活里，只是敷衍地限制工作对她的索取。事实上，她还把她那种疯狂的工作节奏也带回了家。

> 我在家的时候工作电话一直响个不停。我下班后，会在回家之前深吸一口气，然后放松，电话铃一响我就不得不再次“启动”。

因为这种僵局，丹妮斯在丹尼尔不在家时感到更为轻松自在。再也不需要去做任何决策了——标准也可以毫无负罪感地放宽：

丹尼尔出差的时候就完全不一样了。我会点一个比萨，或者说咱们开车去吃麦当劳吧，或者就给孩子们吃个麦片，我吃个沙拉。我让他们看卡通片。我的意思就是，轻松多了。

和丹尼尔在一起，生活变得紧张；工作虽然也紧张，丹妮斯还会享受到充实的友谊。丹妮斯说：

上周我和五个同事在纽约。我们在一间不错的餐厅坐下来吃午饭，也没点什么奢侈的东西，当饭菜上桌的时候，我叹了口气说："在这儿多好啊。"这些家伙都看着我，好像在问："这个女人说这个是什么意思？"

这里面有两个男同事的妻子是家庭主妇，另一个是单身汉，还有一个的妻子曾经上过班，后来辞职做了家庭主妇，所以他两种情形都经历过。唯一的女人也是职业女性，不过她的两个孩子都已长大成人。这个单身汉是他们之中最会关心人的。我们的关系非常好。

这个时候，丹尼尔的家人们开始纷纷维护丹尼尔。丹妮斯说：

丹尼尔告诉他的妹妹，说我要跟他离婚了。然后当然，他们对我的态度立即就变了。他们认定我有酗酒问题。对他们来说，喝两杯酒就是酗酒问题了。

于是，丹妮斯和她那失望的丈夫、虎视眈眈的婆家人、日渐长大的孩子挣扎着继续生活下去，而她的导师、她的朋友、她对“邪恶之眼”的恐惧和她的成就感则把她更深地拉入阿莫克世界。我问她，她花在家庭里的时间是不是跟她希望的一样多了？她脱口而出：“不。”但当我问她，有没有可能在家多花一些时间？她回答说：

不，实际上我觉得家里需要我的时间更少了，因为现在孩子们都开始参与各种活动了，他们有了更多的事情忙活。有时候我女儿晚上有棒球比赛，那些天我就会晚上八点到八点半再下班回家。

我问：“他们几点睡觉呢？”“九点钟，”她回答，“我们可能八点半上床准备开始读故事，但不知不觉就到九点半了。再喝杯水，或者再要一个抱抱，或者，哎呀我忘了上厕所了。”

我问她是不是需要更多在家时间，丹妮斯的回答是，孩子们现在不那么需要她了。实际上，她在继续向工作靠拢。一部分原因可能是她在工作和家庭中可以期待得到不同的支持。例如，凯瑟琳——她在阿莫克的导师——“让我的世界发生翻天覆地的变化。我过去每天去上班的时候都有一点害怕。她指导着我坐稳了这个位置，上班再也不可怕了”。丹妮斯骄傲地描述了她跟同事珍妮特发生的一次艰难但最终取胜的冲突。珍妮特是一个有二十七年工作经验的资深秘书，丹妮斯觉得她滥用了灵活工作时间制度还无视所有的批评。“如果珍妮特要带儿子十一点去看牙或者检查视力，她那天就不回来了。凯瑟琳帮我对付了她。”在工作上，丹妮斯有一个榜样，一个教练，一系列的成功经历。可是在家里，那些重要的事情上，她得到的帮助越来越少，也越来越感到无力处理。丹妮斯有一个发小住在西雅图，她们经常打电话。除此之外她所有的密友都是在工作上结识的。

虽然丹妮斯并不让自己像比尔·丹顿一样经常“迷失”在工作里，但她对自由时间的认知都是工作导向的。她觉得最轻松的时间就是下午五点之后的那几个小时，她还在上班，女儿在参加棒球比赛，儿子和爸爸在家。但最自由、最无忧无虑的时间就是她去其他城市参加会议，可以和同事一起放松下来，彼此聊聊在家的生活。

虽然丹妮斯·汉普顿认为自己百分之百支持家庭友好改革，但她自己对缩短工作时间却毫无兴趣。全家对她是否应该多投入时间在家进行了一次“投票”，结果是六个“赞成票”（包括两个孩子、丹尼尔、丹尼尔的妈妈和两个姐姐）和一个反对票（丹妮斯自己）。没有人为丹尼尔是否应该在家多投入时间而投票。这个话题甚至从来没有在夫妻谈话中出现过，尽管事实上，和妻子相比，丹尼尔是一个在情感上更以家庭为中心的人。

丹妮斯想要拥有更多的时间，但她并不想拥有更多的时间在家。她在家的生活充满了张力，而职场的生活却充满了盼头——以及“邪恶之眼”。丹妮斯晚回家的频率越高，丹尼尔就会越紧张，越是什么也不做；丹妮斯就越会对着冰箱哭泣，越期待第二天早晨去上班。婚姻多多少少还在原地维持，但如果没有工作做安全阀，丹妮斯无法想象这段婚姻能维系下去。在她看来，事情似乎奇怪地颠倒了——但谁会有时间和机会来解决这些问题呢？

丹尼尔在开车送我回去的路上，和我分享了他的想法——该如何摆脱他的婚姻目前所陷入的无望的恶性循环：

> 没有什么简单的办法可以实现家庭和工作之间的平衡，这是一个深刻的问题，家庭的合作是至关重要的。我们需要把在运动场上和在生产上的团队的理念转换到家庭中。

但我好奇的是，运动团队和公司最初是从哪里借来的合作理念？难道不是家庭吗？家庭当然是最初的“团队”了。如今，团队的概念已经被比尔·丹顿这样的高层管理者所推崇，也被维姬·金等人采纳，用以作为从传统工作场所跨越到新工作场所的桥梁——可以容纳汉普顿这样的双薪家庭。合作的家庭模式已经变成了公司的模式。但是留给家庭的模式是什么呢？丹尼尔·汉普顿打开车门，热情地和我握手，总结说：“我仍然希望我和丹妮斯能把我们家变成一个良好的生产团队。”

第九章

“追上了肥皂剧”：时间文化中的男性先锋

阿莉·霍克希尔德：“我刚刚跟两个休陪产假的爸爸聊过天。”

艾米·楚特：“哦？另一个是谁？”

山姆·海特是一个很有天赋的工程师，在公司工作七年了，还有一个刚满三个月的儿子。1990年，阿莫克公司有两名男员工申请并获批了正式陪产假，他是其中之一。和全国很多公司一样，阿莫克给女性提供六个星期的带薪产假。除此之外，还提供二十周的无薪假期，可以在夫妻之间任意分配。山姆和妻子雷特莎决定雷特莎休十八周，山姆休两周。

孩子出生之后，阿莫克的许多男性员工都会和老板进行一些非正式的安排，用平时积攒的病假请无薪假期，因为据说填写陪产假的表格“太麻烦”。山姆发现自己居然是公司里第一个正式申请陪产假的男人，这令他惊愕不已。我请他给我讲讲，他如何成为阿莫克的“开荒者”。

山姆是一个33岁的非裔美国人，性格温和，总是带着微笑。他回答说：“我来自克利夫兰，家里有六个孩子，我的妈妈是单亲母亲，要打好几份工来养活我们。我是老三，所以有责任照顾更小的弟弟妹妹。我们度过艰难的时光，不只是经济上，也包括情感上。”他讲述了自己如何在一所公立学校上大学预科课程，之后被加州州立理工学院录取，然后在三年之内取得了机械工程学位。在大学期间，他了解到阿莫克公司有一个暑期奖学金/实习项目。公司给了他一个实习机会，并对他的暑期表现很满意，所以在毕业之后给他提供了一个职位。在这个过程中，他和同样在阿莫克工作的化学工程师雷特莎相遇并结婚了。

阿莫克是一个白人主导的公司，它所在的花鹿镇及其周边社区也是如此。但为了追求多样性，阿莫克从20世纪80年代末开始积极地从技术学院和大学录用有才华的少数族裔学生，先是聘用他们做暑期实习生，如果进展顺利还会在他们毕业之后提供全职岗位。

这样一条通往阿莫克的路径使山姆·海特置身于一个奇怪的复杂环境中。公司渴望从每个种族和族裔中选拔出最佳人才，并急于让少数族裔新来者感到自己被接纳。比如，阿莫克要求一个当地电台播放非裔美国人可能会喜欢的音乐。公司还雇用了当地唯一一个擅长剪黑人发型的理发师。然而，非裔、墨西哥裔和亚裔加在一起也仍然只占阿莫克员工总数的很小一部分。而且这个社区缺乏那种种族混融的氛围，无论有什么问题，人们都期待着他去代表“黑人立场”，这让山姆偶尔会产生一种不适感。

实际上，生活在周围乡村里的白人工人阶级对非裔美国人的了解，几乎主要来自电视节目里看到的暴力犯罪。当山姆第一次来花鹿镇的时候，他开车在一条山路上迷路了。他在一家酒吧餐厅前停下来想换点零钱打个电话。迎接他的是一张张带着冷峻眼神的面孔，让他想起了20世纪50年代密西西比小镇的警长。他一下子僵住了，然后退了出去。那样的场景只需要发生一次，就能让他刻骨铭心地感受到自己作为黑人在这个白色山谷里的脆弱。

不过，这里的生活都还不错，无论是在阿莫克还是在家。事业蒸蒸日上，妻子爱意绵绵，新房子也为了迎接儿子的出生做好了准备。雷特莎计划休四个半月的产假，而山姆作为准爸爸的第一个正式举措就是向公司提出休陪产假。

离雷特莎的预产期还有两个月的时候，我去找了上司，有点拿不准他会做何反应。阿莫克在1988年刚刚发布了陪产假政策。当我着手申请的时候，我还没意识到我是第一个休这个假的人，不知道到现在我还是不是唯一一个了。我填好了表格，然后拿给我的上司。我们相处得不错。一般来说我面对他时都不紧张，但是不知道为什么那次我有点紧张。他感觉到了我的紧张，然后说：“别担心，这挺好的。”大约几天或一周之后，我的经理就签字了。这份表格是我可以休两周无薪陪产假的同意证明。

山姆的工作做得不错。他的上司在他的职业发展报告中记录着，他“能够让客户的满意度超出预期，他很短的时间里就出色地胜任了部门主管的角色”。在他妻子快要生产的时候，山姆说：

> 当时我正在推进一个大项目，已经完成了设计、装配和测试，到了准备安装的环节了——这不是一个离开岗位的好时候。但我想到了我自己的父亲，他错过了我的出生，又错过了我的童年，所以我想要从我孩子出生的那一刻起就陪伴在他身边。

在医院度过了八个小时之后，山姆家迎来了新成员——一个哭声嘹亮的八磅重的男孩儿，山姆用一条蓝色的毯子把他裹起来放在摇篮里。他一边照顾妻子恢复，一边照顾着家，还要花时间让自己适应这个新生命——他们给他起名叫亚当。

两周过后，他回到了每天九小时的工作，然后遭遇了各种各样的反应：

> 对于办公室里的女性们来说，我是一个伟大的英雄。山姆*做饭*！山姆*洗衣服*！山姆*休陪产假*！但大多数和我不太亲近的男人只字不提。他们都知道，但表现得好像他们不该知道。他们在想：“你去哪儿了？度假去了吗？”我的好朋友打趣我：“一定很有意思吧，你都做了些啥？你换尿布吗？少来了，你肯定过得挺*逍遥*，就坐着看电视。”他们

认为我只是找了个借口不来上班。

他们把山姆的陪产假看作是他不上班去放松和游手好闲的时间。他们并不把陪产假和父职联系起来。

山姆面临着一个选择。他可以把那些说他在家“追肥皂剧”的调侃不当回事，接受这种显而易见的暗示：因为是女人生孩子，所以孩子就是女人的事。在孩子出生前后，男人都没什么作用，所以陪产假没必要，也很傻。或者他也可以辩驳，但他觉得自己应该谨慎。他不能太“政治正确”了，因为对许多同事来说，陪产假这个话题充满了未被公开承认的张力。他们中的许多人都感受到了来自自己妻子的压力，这些妻子在职业起步阶段牺牲了时间，这样的牺牲渴望得到认可，渴望一些相应的承诺，无论多么微不足道。

山姆坚守着自己的立场，同时轻巧地回避了那些嘲笑：

> 我让他们知道我确实做了事情。我告诉他们这对我来说很有意义。他们回答说：“哦，那不适合我，但如果你愿意这么做，那也不错。”诸如此类的话。我试着传达一个理念——这是一个对男人来说很好的机会。我告诉他们，如果我能重新来过，我会再多请一点时间的陪产假。

一些年轻男性向山姆表达赞同，他们可能梦想着将来有一天自己也要请陪产假。还有几个年长的男人也表示，假如当初有这样的机会，他们可能也会请假。

在家里，山姆的假期虽然短暂，但却形成了一种模式：

> 我每天早晨给亚当梳头，穿衣服。我听见有人说，“我要回家当保姆去了”，或是“我必须去扮演奶爸先生了”，好像“爸爸”或“父亲”是不存在的。我没有说什么，但我鄙视这样的言论。
>
> 当他们说“你必须照看孩子吗”，或问我“你回家都做什么”时，我试着纠正他们，回答说“我回家是做一个爸爸”，或“我回家是跟我的家人在一起”。老实说，我不知道他们能否感觉到“保姆”和“爸爸”之间的差别。

四个半月之后，雷特莎重拾以往的日程安排。他们俩都开始早晨五点半起床，以便可以和亚当多待一会儿。七点半，他们把亚当送到保姆家。“我们很少有机会能在午餐时看到他，”山姆继续说，“我们抽不出时间，只能下午五点半去接亚当回家。”一年之后，雷特莎决定改做非全职工作，把每天的工作时间缩减到六个小时。山姆解释说：

> 我们把雷特莎作为首要看护人。我的角色仍然不只是帮助，而是参与。我们总是讨论谁该做什么。我们仍然在想办法应对。雷特莎想要平等的伴侣关系。但如果我变成非全职的话，我会觉得不舒服。首先是因为我的工作，其次是因为她比我更有条理。

实际上，山姆已经感觉到他在逐渐挑战阿莫克的接受极限。因为他很少把工作带回家做，也很少周末加班，所以他觉得他的上司正在密切注视他。正如他所说：

> 我对时间的使用并没有向我的上司们靠拢。我不知道是我要改变，还是最终他们会改变。我爱我的这份工作，我只是不喜欢当工作狂。高管们都告诉你，家庭是“第一位”的。一有机会他们就会说起自己的孩子赢了50码短跑比赛，然后给你看照片。那就是他们所谓的“第一位”，但你看看他们的生活方式你就会不解。对我来说，家庭生活真的是第一位的。

尽管如此，山姆发现在下午五点走出办公室的大门无比艰难：

> 通常，我在四五点钟有一个会议。然后我必须处理完手头要做的事情、回复几个电话。如果轮到我去接亚当，我就只能给保姆打个电话，问一下她能不能多待二十分钟左右。要在五点钟离开，我得需要一个好理由。亚当不是一个好理由。

山姆和雷特莎仍然在抵抗工作的压力，但没有多少盟友。他们的家庭生活没有一群亲友——能时常打打电话、过来看看、管管闲事和帮帮他们。他们两人都远离了家乡。雷特莎尤其想念她的妈妈和姐妹们。即使阿莫克的大多数人都友善开朗，但他们与她交往时都半自觉地带着一种谨慎，避免表现出不欢迎的表情或发表令她不快的言论，所以她觉得和山姆独自在家时是一种解脱。她不愿意放弃他们的家庭时间，就像山姆不愿意放弃做一个“真正的爸爸”的想法。

当听说公司里只有两个男人正式申请过陪产假之后，一位白人经理问我另外一个人是谁。我提到山姆·海特，他若有所思地说：“他要休这个假可能因为他是黑人。”这让我好奇：那些取笑山姆在家“追肥皂剧”的男人，是不是也觉得这是为他开的特例？他们不申请陪产假是因为*白人*根本不会被批准？很难知道山姆是怎么获得批准的。

当然，如果一个老板不想在他的部门里开休陪产假的先例，当准爸爸们来申请时，他总可以当坏人。一个员工曾提出申请一周陪产假，然后和老板陷入激烈的争执。

“就当休年假吧。”他的老板建议说。

“我是想休年假之外的陪产假，”员工说，“你可以从我的工资里扣除这部分吗？”

“那就免费休假。”他的老板生气地回答。

“我不是在要免费的东西。”他回答。

“我不能给你陪产假，需要填太多表格了。你怎么就不能非正式地休这个假呢？”第二年夏天，这位员工失望地发现老板把他休的陪产假从他的年假时间里扣掉了。当这个老板调离了岗位，他不得不和新老板再次斗争，来恢复他因陪产假而失去的一周休假。这就是男性时间先驱者们的孤独尝试。

然而，如果这个员工和山姆·海特是在瑞典成为父亲，他们就会和 50% 的瑞典父亲一样享受六周带薪陪产假。[①] 这在中产阶级瑞典家庭里司空见惯，即使在工人阶级家庭里也不会遭到非议。但在阿莫克，休陪产假的先驱者寥寥无几，他们基本隐形，相互之间一无所知。

比如，山姆·海特从来没有听说过，约翰·韦斯特和他一样，想要在孩子出生时陪在旁边，有意识地努力补偿父亲（以及母亲）的缺席。约翰 32 岁，是一个瘦瘦的、羞怯的金发男人，最开始似乎更愿意讲妻子的原生家庭，而不是他自己的。"我妻子的父亲是一个工作狂，他做兽医，每天工作 10—16 个小时。她不希望我像她父亲一样。"正是在妻子的强烈要求下，他申请了陪产假。

至于他自己的故事，他很快就补充了很多细节，描述这个南加州家庭的缓慢瓦解——他整个童年都没有过过圣诞节、感恩节或其他任何能够代表家庭时间或联系的节日。到了 16 岁，他发现自己置身"无父无母的"家庭：

> 我哥哥和我在上小学的时候，经常有好几天无人照看，真的有十年吧。这让我们对人缺乏信任，更加依靠自己。我哥哥做饭，我打扫。我们俩结婚之后在家里也仍然这么做。

尽管约翰起初把申请陪产假看作只是代为执行妻子的意愿（"这对她*真的*很重要！"），但他自己对陪产假的渴望很快也表露出来了：

塔玛拉一怀孕我就去找我的上司申请了。所以我提前给了他六到七个月去做准备。我的上司刚到阿莫克，他说："哦？好的。"我把公司手册拿给他，把陪产假那页指给他看，他说："等时间快到了我们再看是不是适合我们的工作安排吧。"我追着他最后得到了两周的陪产假。

我问约翰在家休陪产假过得怎么样，他说：

我打扫卫生、做饭，在塔玛拉恢复身体期间做了所有的事。我尽量让她在床上躺着，越久越好，我照顾宝宝。真的还不错。

男同事们都很惊讶地发现公司还有陪产假项目，随即从经济的角度来评估它的价值：

最开始他们有点嫉妒我，但我指出这是无薪的，他们的嫉妒就消失了。他们说："天呐，我可不会这么做，我会破产的。"不过我不觉得他们会破产。

对约翰来说，这关系着比钱重要得多的东西：

在我的家庭里，什么都没有了。我妈妈住在一个公寓里，我爸爸住另一间公寓。我不知道小时候的那些玩具、衣服，还有那些充满回忆的东西都去哪儿了。我也找不到我出生时候的婴儿床了。

当我们到塔玛拉家拜访时，我才意识到一个亲密的家庭是什么样的。塔玛拉回到家，她的房间里所有的家具和照片都原封不动地在那儿。她能把她小时候的玩具传给我们的女儿。我们女儿现在就穿着塔玛拉小时候的裙子。你不知道我多么喜欢这样。

约翰也试探性地考虑过缩减工作时间：

塔玛拉1月就要恢复全职工作了。我提出来："嘿，也许我可以非全职。"我们可以轮流，这样我在家的时候她不在，她在家的时候我不在。

在我工作的研发部，已经有几对年轻的夫妇在用非全职工作来打破僵局。所以我想，如果我也要求每周工作20—30小时，也许是可能的。

但最终约翰没有提出这样的申请，他如此合理化他的决定：

我是一个隐藏的工作狂。好多次我的妻子都必须把我拽回到家庭生活中。每到工作的最后一小时我就开始紧张，担心我是不是工作得太久了。回家的车上我担心她会发脾气。我的家庭是第一位的，但有时候我会问自己，我真的*有必要*待在家吗？或者无关紧要？如果我一个小时之内没有到家，塔玛拉会死吗？可能不会吧。但如果我在截止日期前不能完成工作，后果就会很严重。

塔玛拉休产假在家的那段时间，约翰很高兴地任由她做家庭时间的监督员。她那时候宣布下午六点半是他们正式的晚餐时间。

> 塔玛拉一直告诉我，如果我开足马力工作八小时，我完全可以把事情都干完。我可以回到家，把工作抛在脑后。所以我试着这样调整自己。但有时候我也想磨蹭一会儿，和同事们聊聊，而不是每次都急匆匆地回家。

约翰不想让塔玛拉把自己限制在被他叫作“安分守己”的生活里，但他喜欢被等候他的妻子叫回家。

有趣的是，当塔玛拉休完产假回去工作时，约翰发现自己也扮演了同样的角色，帮助塔玛拉限制她的工作时间：

> 我的妻子对工作非常自觉。她说，“我必须赶在这个截止时间前完成”，还有“我的天哪，我做不完了，我已经落后太多了”。我问她：“如果你推迟截止日期会怎么样？会出什么问题？”她觉得不能如期完成工作是很危险的。但工作不是学校，没有人给你打分。即使是项目日程也不是板上钉钉的，“你可以和给你设了截止时间的人谈，看看能不能改一下”。

尽管约翰和塔玛拉都严肃地谈到他们需要更多时间在家——并且每个人都采取了行动，为了家庭生活和孩子从工作中夺回了少量时间——但他们试图去控制彼此的日程安排，这道出一个别样的故事。不管他们认为自己最渴望的时间是什么，两人都用实际行动投了票。对两个人来说，工作显然要比回家更有吸引力，只有不断地实施自我控制（或者也实施了对对方的控制）才能恢复平衡。其他像他们一样的双薪夫妻，无论是在公司、家里还是邻里间，都没有人能够加入支持家庭的队伍。

对于约翰在家的状况，他的同事们的反应耐人寻味。他开始付出一些努力帮助同事鼓起勇气申请灵活工作时间。他讲了这样一个故事：

> 我的同事贝蒂告诉我，她的女儿在学校里表现得很糟，但她没法早点下班回家帮她。贝蒂告诉我："我工作得这么努力，我不可能上半天班。"所以我们讨论说，她可以早一点来，下午三点回家，并且带电脑回去。她说："如果老板不同意呢？"我说："那又怎样？""他会对我的印象不好，"她说。我回应说："那也就两天，然后他就忘了。"最终贝蒂去找了她的上司并达成了协议。她变成下午三点回家然后在家里工作两个小时。

约翰还乐此不疲地鼓励其他男人赶上申请陪产假的潮流：

> 我们公司垒球队里有一个家伙，他妻子快生产了，我们

聊过。他说："哦，我绝对不能申请陪产假。我的老板不会同意的。"我说："你怎么知道？你问过吗？""不不，他肯定不会让的。"所以我告诉他："问才是最难的部分。*问*他！"

约翰成为人们尝试缩减工作时间的非正式记录者。他还讲述了一个女性的故事，她在生完孩子之后想要回来做非全职工作：

她的老板讨厌这个想法，但也知道自己无权讨厌，所以他通过用过度的善意来蓄意破坏。他免除了她的一切责任，但还让她继续领工资。她极度不安。她是一个进取心十足的人，她想要做好这份工作，而不仅仅是领工资。最后，她的老板离开了公司，她现在也恢复全职了。

约翰表现得就像一个自学成才的"监狱律师"，其他的"狱友"都跑来咨询他，使得他几乎相信自己的日程安排也发生了改变。但事实上，他只是一个纸上谈兵的改革家，是无形的职场父亲大军中的一员，他们一边假想着自己在分担着第二轮班，和孩子们一起玩耍，很少推迟家庭时间，一边像疯了一样在工作。

不去问的男性

在儿子出生五年之后，吉米·韦兰德才发现他完全错失了机会。吉米一头黑发，长相英俊，是海外销售顾问。在儿子出生时，他完全没有考虑过陪产假。事实上，他觉得妻子想要获得拥有新生婴儿的全部体验，但令他困惑的是，她又对自己被独自留下感到不满。吉米说：“我不知道她脑子里装的到底是什么。”他的妈妈和岳母都在照顾和操心着这个孩子。吉米感觉自己被排除在外了，所以他把自己淹没在工作里。

吉米讲述了他的家庭故事：

> 我妻子急切地希望我们能达到她所认为的成功。她是一个好人，只是比我更期待进度快一些。她认为我太“闲散”了。她总是梦想着下一个房子，下一份工作，下一个阶段的生活。我的人生哲学是享受当下。她下班回来就开始打扫卫生。如果我手里正拿着一个三明治，她会在我吃完之前就把蛋黄酱收拾了。也许她只是紧张，但表现为让一切都变得“完美”，比如厨房、房子，还有我。
>
> 面对着又要养小孩子，两个人又都要工作的压力，我妻子觉得她在做所有的事。她觉得自己有太多事情要处理。我对她为何那么生气毫无概念。到了她原计划要开始非全职工作的那一天，她离开了我和孩子。
>
> 她一直都很出色。在家里，她很乖；在社区大学，她平均成绩4.0。然后，当她对我不满的时候，她和一个乱七八糟的男人跑掉了，留下了我和一岁半的约书亚。我们为了监护权而大战，每个人都站在我这边，我赢了。

我第一次见到吉米的时候，他32岁。在很长一段时间里，他觉得自己的个人生活“一团糟”，但他的职场生涯却蒸蒸日上。在监护权大战后，他居然奇迹般地和妻子重新建立了友谊，还及时地把自己合法赢来的监护权分给她一半。不久，他们就“商量一切”，并且在假期分别带孩子。在一个人要出远门的时候，另一个就负责带孩子。

如果吉米必须工作到很晚或者晚饭后还要回去工作的话，他的父母就会去保姆那儿把约书亚接回家。但即使有了这样新的、有人合作的安排，吉米觉得还是有问题。“和我一样，约书亚也像是在朝八晚五地上着班，”吉米说，“这对他来说很不容易，因为他喜欢和我待在家里。他的生活已经够难的了，所以我觉得他需要所有我能给的时间。”吉米详述道：

> 约书亚永远也不知道一个不用早起、被打发到别处的夏天是什么样的。他也没机会跟着我体验四处闲逛的闲暇时光。所以我在家里多给他一些自由，宠着他。如果他不想马上吃晚餐，我不会强迫他。有时候他睡得很晚，超过了他应该上床的时间。虽然他可能只是在拖延时间，但他讲过的最好笑的事情都是在晚上九点半。那时候我们聊得最开心。

在工作上，吉米描述自己“不是一个60小时男人”：

> 在车间里，我们对工作时间的看法有点大男子主义。男人们会说：“我是个80小时男人！”就像在炫耀他们的

胸肌一样。我自己每周工作44小时到48小时。我老板是个不错的人。我老板或我老板的老板没有拒绝过我的休假申请。我倒是希望他们会拒绝，那样我就可以好好跟他们说说我的想法。

吉米认为他在阿莫克花了太多的时间，却没有做“真正的工作”，这意味着他需要在一天工作结束后加一点时间才能把事情做好：

工作从早晨七点开始，因为我们那时就开始接到海外的电话了。在九点到九点半之间，会有三个人抓我过去讨论销售的事情。然后我在十点半到十一点之间开一个会，在十一点半到十二点之间有人会叫我一起去吃午餐。我靠着高浓度咖啡因一个接一个地开会。开会就是工作里的旋风。整个工作就是龙卷风。

我真的很喜欢我的同事，但我现在要花不少时间说，“不，我不能再加一个任务了，或我不能再帮忙了”，所以有些关系变得紧张。每一天都有这么多的事情要做，如果我有几个小时不在，回来电脑里就有二十封邮件。从邮件的时间上可以看出人们周末也在工作；周五晚上十点，周六早晨九点，周日晚上九点，他们都在发邮件。二十个邮件里有十二个是我必须要处理的。我的头都开始晕了。工作结束后，我还要写出一个备忘录。那是我真正的工作，这就不可能早点去接约书亚。

在吉米的内心深处，他想要在阿莫克的阶梯上继续攀登。但他也希望阿莫克能够至少理解——如果不是赞誉的话，像他这样困在工作和家庭之间的男人。他解释说：

> 你让高升的人攫取了他们能攫取的一切，你让下层的员工充满了不满。然后还有像我这样困惑的中间层。我每天都在讨论超负荷，这样的谈话是秘密进行的，你不能大声说出来。我们都在这个旋流里；我们超额工作到死。我们死了：我们到底实现了什么目标？这个目标值得吗？但我们都害怕从这个过山车上被甩下来，因为害怕甩下来后就再也坐不上去了。

吉米若有所思地说，像他这样的职场父母所面临的艰辛都是因为缺乏一个“体面的中间层”。他继续说：

> 如何将人们的赚钱机会或职位与他们的家庭价值相匹配？阿莫克在这方面做得不够好。如果你不想要往上爬到高层，但也不想被淘汰该怎么办？需要有人跟我们保证，如果我们做出中间的选择也没问题。需要有人告诉我们：“你也许会损失一些钱，或错失一次晋升，但我们仍然看重你。”我们中有很多人即使不成为高层管理者，也可以成长，也应该得到奖励。我不担心自己看起来像一个失败者，或游手好闲，朽木一块。我担心自己看起来不像一个认真的参赛者。我们需要改变对认真参赛者的定义。现在，一

个认真的参赛者意味着这个人有进取心去追逐尽可能高的高度，意味着要投入多到难以置信的工作时间，通常要以牺牲家庭作为代价。阿莫克需要承认那些拥有“真正”家庭的认真参赛者。

三年之后，我再次拜访了吉米。他似乎已经变成了前妻曾经期待的那样——一个匆忙的、蒸蒸日上的高管，把“体面的中间层”抛在了身后。就像在1990年，他认为经理们基本上“不可能拥有生活”一样，他现在也是一个没有多少生活的经理。他声称自己只是把进取的目标向上提了一格。他也找到了一个稳定的女朋友。这个女朋友已经辞去了工作，准备做约书亚的“完美继母”。结果就是他和约书亚在一起的时间更少了。“约书亚可以在地板上和小玩具们玩上几小时，然后自己一个人出去投篮，”吉米充满渴望地说，“现在，我必须邀请自己才能和他一起做点什么。”

在1990年，和大多数我采访过的中间层男性专业人士相比，吉米更为公开地为自己的处境感到痛苦。其他人虽然沉默，但也发现了自己身陷同样的困境。这些人包括中层管理人员、技术人员、数据录入员和行政支持人员。像吉米一样，这些中间层常常暗地里梦想着一个更缓和的工作节奏和生活方式。从事这些岗位的男性通常既没有完全沉浸在对职业工作狂的崇拜里，也没有遭受极端经济需求的压力。他们努力工作。他们想要做吉米所说的那种认真的参赛者。但有一半的阿莫克中层经理的妻子也工作，有三分之二家中有13岁以下的孩子。在没有家庭主妇或亲属帮忙的情况下，他们有投入家庭更多时间的需求和压力。因此，他们中的许多人似乎倾向于抵制过长的工作时间。

这些中间层的男性看起来似乎准备抵制这个颠倒家庭和工作的进程，但他们夹在两难之中，一面是在家里投入更多的压力，一面是受公司推崇的长时间工作的认真参赛者的形象。即使是为了家庭做一个实施起来微不足道的工作时间的调整，在他们脑海中也是一个里程碑式的决定。山姆·海特为了儿子的出生请了两周陪产假，还试图守住不再增加工作时间的底线，但当他被升职并调往外州时，这种最小限度的抵抗也瓦解了。约翰·韦斯特和吉米·韦兰德言之凿凿说需要更多在家的时间，但都没有做到“言行一致”，最终都成了长时间工作的男人。

社会学家威廉·古德观察到，中上阶层的父亲普遍主张男性在家庭中扮演更重要的角色，尽管事业上的压力常常阻碍他们按自己的信念生活。与之相对，工人阶级的男性在家里实际完成的家务常常比自认为应该承担的更多。[②] 今天，在这两者之间可能涌现出一群困惑的男人，他们甚至比中上阶层的父亲更强烈地认同自己*应该*承担更多，却也更难以实现自己的信念。

阿莫克的调查显示，阿莫克女性对增加家庭时间的兴趣和对公司家庭友好政策的知晓程度都远远高于阿莫克男性，也更愿意表示她们看重这些政策。更令人惊讶的是，上层和中层男性之间的差异。例如，有孩子需要照顾的中层的男性，要比上层的男性更多地支持陪产假。在 1990 年的调查中，13% 的高层男性员工认为照顾孩子的陪产假对新手爸爸来说“很有价值”，这个比例在下一级别的男性员工中是 26%，在男性行政及技术人员中是 43%。[3]（小时工没有参加调查。）在女性中，43% 的高层员工支持新手爸爸休陪产假，在下一级别的员工和行政及技术人员中分别是 38% 和 27%。

我能想出两个可能的原因来解释这些差异。低层管理者的男性比高层管理者更年轻，也许会更赞同参与家庭的想法。在行政层，男性更可能与女性群体一起工作。事实上，有超过一半的行政工作人员都是女性，这意味着他们每天都会和女性交谈，所以他们或许更容易从女性的角度看待世界。但不管他们为何想要更多的家庭时间，他们中的绝大多数都没有争取过。他们为自己的不作为给出的原因和经济情况、工作保障无关，也不是因为他们缺乏陪产假和工作分摊政策的相关信息，或者因为他们想躲避“邪恶之眼”。他们只是根本无法想象去反抗阿莫克、反抗公司对他们的全身心付出所承诺给予的认可。阿莫克的官方文化和非正式的男性职场文化具有绝对强势的影响力，以至于形成了一个默许长时间工作的无声协议。男人们屈服于此，到底是因为他们“不得不”——因为其他人都如此，因为他们喜欢工作，还是因为家庭生活的吸引力太弱？

吉米·韦兰德说出了很多人的心声，“我不会把成功定义为事业上的成功，但我过的生活却好像我就是这么想的”。最终，对于这些男性，以及越来越多的女性来说，工作胜出了。发生在阿莫克乃至整个社会的是精妙而彻底地重塑了“顾家男人”的概念。传统意义上，“顾家男人”意味着一个称职的养家人，在公司或工厂里挥汗如雨、辛勤工作是他们爱护妻儿的方式，但在现代职场里“顾家男人”已经染上一层消极的意味，暗示这不是一个认真工作的员工。这个词含蓄而有力地质疑着员工的男子气概。为了避免被归类为“顾家男人”，包括吉米和约翰在内的大多数阿莫克男性都和家庭友好政策划清了界限，而这些政策本以为会深受“顾家男人”的拥戴。

第十章
如果老板说“不”怎么办？

> 我无法想象再来一次了，这对他们太残忍了。寒冷的冬天早晨，我必须把肯尼从酣睡中叫醒，给他整理好，喂饭，把他扔进车里。七点二十前就得把他送到别的地方，这样我才能在八点到公司。我再也不想那样做了。我再也不会那样做了。
>
> ——康妮·帕克，秘书兼一位母亲
>
> 两个孩子分别十岁和十六岁

康妮·帕克的老板阿尼·斯托尔茨是前海军陆战队队员，性格强硬，脾气火暴。为了请假，康妮跟他摊牌大吵一架，之后就冲出了门，告诉了同事。那个同事又告诉了艾米·楚特的秘书，不久艾米就听说了这事，只不过有点儿添油加醋。在人力资源部，这个故事被演绎成了同情康妮的版本，而在高尔夫球场上、配件生产部门管理人员的邮件聊天组里，甚至在男浴室里，流传的又是同情阿尼的版本。

像康妮这样的秘书，为用金钱换时间的权利而抗争，但通常缺乏推动这一议题的影响力。打字员、客服员、电话接线员、前台、档案文员和收款员都很难对公司说出口：“我们的职位培训成本很高，很难被取代，所以在我们需要的时候请给我们时间。”他们中的很多人在阿莫克被称为“行政人员”或“支持人员”，每天从事着接电话、打字、发传真或和客户打交道的工作。对他们来说，可及性，或者说“在岗时间”是工作的一个重要方面。

康妮三十六岁，是两个孩子的妈妈，精力充沛，说话直接。她的丈夫是冰箱修理工。她在阿莫克配件部门工作，是销售人员的秘书。她曾抗议部门安排自己清洗办公室的咖啡壶，所以在管理层中她有“麻烦制造者”的名声。她和老板之间也时不时发生小冲突。访谈一开始，她就细数了自己为保住这份工作所做的牺牲：

> 我为阿莫克公司工作了十四年。经济上，我一直得工作，我别无选择。但我已经无法想象再经历一次过去的一切了，我边全职工作，边养两个孩子。那真的是太难了。有太多的事情桃乐丝和肯尼不能去做或不曾拥有。桃乐丝不能去上芭蕾课，因为我要工作不能接送她，而且我也没法找其他妈妈帮忙接送——妈妈们总是期待能跟你轮流接送，但我一次也做不到。肯尼不能去童子军。他两年前参加过童子军，那时候他们下午五点集会。但今年童子军改

成下午三点开始，四点半结束，所以他去不了了。这些事情让你感觉很难过。我只是很高兴他们现在终于长大了。

但他们现在也只有十岁和十六岁，并没有真的长大，康妮仍然在寻找解决办法：

今年夏天，他俩整天待在家里，无聊死了。他们俩打架，然后打电话到我公司。肯尼从上午十点到下午两点参加一个街上的公园项目，我们是附近乡村俱乐部的会员，所以我们有时候中午接上他，把他送到那里的游泳池，在那儿他还能吃午饭。在我下班路上再把他接回家。桃乐丝在准备她的驾照考试，等她考下来就好了。他们就可以跑去购物中心。镇上并没有多少适合孩子的东西，但去购物中心至少可以给他们找点儿事情做，省得整天坐在家里看电视。

我请拿月薪的康妮描述一下理想中的工作安排，她回答说：

如果你能承受缩减工时带来的收入减少，理想的情况就是当他们从学校回家时你也已经到家了，下午三点，所以你可以带他们去上芭蕾课或参加童子军。或者我可以一周工作四天，这样至少有一天我在家，这样可以把周六解放出来，我得花一天做清洁。

康妮不想像维姬·金和其他女性高管那样，雇别人来帮她接孩子。她想*做*接孩子的那个人。这不是因为她找不到人来帮她。她说她找的保姆就“像妈妈一样”，并且“比我还有耐心”，而她的丈夫也是“很棒，谢天谢地”。但是那对康妮来说并不足够。“我认为自己是个好妈妈，但我的孩子们没有享受到优质的童年。”

在阿莫克公司，职位级别越高的人越乐意把自己的父母角色从各个方面委派给其他人——妻子、保姆、儿童托管中心。康妮的钱没有那么多，外包部分母职的意愿也更低。她甚至没有强烈的意愿少做点家务。“我丈夫艾伦提议雇用清洁服务，但我不想。我非常热衷打扫卫生，他们打扫完了我还要再打扫一遍。我可能是个太活跃的人，我会列个单子然后一件一件做下去。”

康妮没有雇用保姆帮她照看孩子，部分原因是孩子们不希望她这样做。对康妮来说，让他们独自在家也是保持自己作为传统母亲身份的方式，即使在她无法满足这个身份的时候。很多职场母亲会将自己的母职活动压缩到更短时间里，或者把喜欢的活动推迟到周末或夏季再进行。康妮任何时候都是家庭的总接线员。孩子们遇到麻烦时给在办公室的她打电话，而不是打给她的丈夫或保姆。

康妮想要掌控育儿的过程，但却是一个有限的育儿版本。她没想过和肯尼一起搭个狗窝，或帮桃乐丝写校报专栏，也没有想过发起一个家庭摄影比赛，或组织一个邻里蔬果花园。从早晨八点工作到下午五点，她工作那么久，以至于如果有了时间她也想不出来可以做什么。她没有把自己看作是一个消遣娱乐型、教育培养型或有公民精神的妈妈。她想要的是能够开车带桃乐丝上芭蕾课，送肯尼去童子军。她的梦想很卑微：做一个郊区的司机妈妈。

但这对她来说并非易事。肯尼患有严重的哮喘，许多晚上无法入睡，经常在医院里进进出出。因此，康妮想要请假，开车带他去医院，陪着他打一堆可怕的哮喘针。她边说边抿了一口咖啡，然后抱起双臂，开始讲她如何争取到这个时间：

> 两年前，我开始在每周三下午 3:40 去接儿子，他要每周打一次针。打完针后我们还得在那儿等着，确保他没有不良反应。这些做完就到 4:45 了，所以我就直接回家不回办公室了。我有六个周三都是这样。

康妮的老板阿尼是一个精力充沛的上司，他相信在办公室维护一个清晰有力的等级制度是帮助公司打赢市场战的最佳途径。当手下的员工似乎在挑战这个规则时，就会和他发生冲突，其中包括康妮。康妮第一次提出请假时，他可能已经在担忧，他的规则和指挥感如何与阿莫克基于信念、忠诚和“珍视内在客户”的新秩序相适应。在家里，阿尼要抚养两个喧闹的女儿，还要应付一个不安分的妻子，她最近越来越想找一份兼职工作。在他底下工作的秘书们猜测他也感受到了四面楚歌。秘书们和阿尼是小镇上彼此知根知底的对手，每个人都知道对方的很多私事，但秘书们知道的更多。

这也许就是为什么，当自己部门最直言直语的打字员提出每周下午的请假申请时，阿尼带着特别怀疑的眼光。康妮第一次离开办公室带肯尼去看医生之前，匆匆地跟阿尼说了请假的事情，但阿尼当时正在打电话，没有认真听，当然也就没有说可以。康妮第二次离开的时候，他不在办公室，但从一个给康妮替班并想要邀功的同事那儿听说了。康妮第三次离开后的次日，就发生了第一次冲突：

> 阿尼把我叫进他的办公室，关上了门，然后说："我知道你带肯尼去看医生了……"当时我就僵住了，因为我知道他接下来要说什么。他说："我希望你把这个事情另外安排一下。"我紧张起来，告诉他："我没有办法做其他安排了。"他说："你*确定*没有办法做其他安排了吗？"我告诉他："我不知道你想让我怎么做，肯尼必须去打针。"

康妮一根筋地强调着她带儿子就诊的*医学*意义。耳朵疼、阑尾炎、哮喘——这些都是"真正的"人类需求。她不想承认肯尼*害怕*打针，她也无法想象其他人能像她一样把肯尼安抚好。

阿尼向她施压，让她求助"后援系统"。"肯尼身边不是还有保姆、祖母，还有你丈夫吗？他们不能带肯尼去吗？"阿尼要求她理解，作为职场母亲的职责就是配置和维护一个稳定的、运转良好的替代品。康妮仍然坚持立场："我不知道还能有什么其他安排。"

听到这句话，阿尼爆发了。康妮回忆当时的情形：

> 他大喊："*我*也不知道，但我肯定*你*可以找个人！首

先，我不明白为什么你要离开这么早，打个针怎么会需要这么长时间？”于是我说：“听着，阿尼，我要带我的儿子去打针。如果你不想给我去打针的这段时间发工资，没问题，但*我就是*要去。”然后我就起身走了出去。[1]

第二天，康妮给医生办公室打了一个电话：

我太生气了！我告诉护士发生了什么，然后说：“我想让医生写一个书面通知，给这个小丑解释下为什么我的儿子需要打针，为什么我必须待在那里观察他有没有不良反应，为什么我要花一个小时。”我给阿尼写了一个便条并附上了我医生的姓名和电话。“摩尔医生很愿意和你讨论肯尼打针过敏的问题，如果你想要了解可以打电话给他，或者他也可以给你写个说明解释这一切的必要性。”我把它粘在他的桌子上，然后走回我的办公室。

不一会儿，阿尼来到我的办公室说：“我看到你的留言了。我不是说肯尼*不需要*打针。我也不需要让人解释他为什么要打针。我是让你做一些*别的安排*。”

我抬起头看着他说：“阿尼，我*没有*别的安排。”为了这件事，我永远不会原谅他。当事关我儿子的健康时，我会说，来吧，尽管开除我。

事实上，康妮本来可以做些别的安排。她的妈妈和丈夫都提出带肯尼去打针，但康妮想要自己去，而且她也想把这当成一种

“犒赏”，毕竟为了坚持工作她曾经做了那么多“其他安排”。

我敢说一年里我只请了三天假。阿尼不去看那些日子——肯尼生病了我把他送到我妈那里去，艾伦替我在家照看孩子。我曾做了很多其他的安排。如果我真的把孩子生病需要请假的日子都请了假的话，阿尼早就疯了。如果我能换成非全职工作，我会把打针安排在每周五。那些销售人员经常下午三点就下班去打高尔夫了。他们打着高尔夫也能领工资。我不是说他们不应该打高尔夫，但是你也别告诉我说，我不能带我的儿子去打哮喘针！

当维姬·金走出办公室时，人们会假设她是去开一个重要的会议。当康妮，一个秘书离开办公桌去复印，阿尼怀疑她去剪头发了。这种信任的双重标准使得秘书更难去做非全职工作。康妮观察，“据我所知，唯一能得到非全职岗位的就是那些女经理了”：

她们休完产假回来，如果想要非全职工作就可以去申请。据我所知，行政和技术人员中这么做的非常少。但在行政和技术人员中我能说出来至少35个想要做非全职工作的。大约50%到60%的人都想。

这种双重标准也是康妮极为痛恨的更大的阶级制度的一部分：

> 我们是隐形的。我们以前常开玩笑说应该在额头上贴上“A&T”(“行政和技术人员”的英文缩写);然后他们就会立马知道不用和我们说话了。有些女经理经常和我们一起吃饭,结果被告知要注意一点:“与行政和技术人员交往过密。”
>
> 我们大多数的行政和技术人员都没有四年制的学位,所以我猜他们觉得我们不够聪明。然后,一眨眼他们又说想“赋权”给我们。这就是新的流行词。好吧,太好了,这些人甚至连半小时都不信任我们,但他们还想赋权给我们做重大决策?好吧,爱赋不赋。在家里,我是一个有孩子的成年人,但我一上班就变成了回到学校的小孩子。

阿尼·斯托尔茨把康妮·帕克的情况看作是“一个观念问题”。阿尼在我们访谈一开始就耐心地从他的角度来展开这个问题:“如果我让康妮每周三下午都请假,接着我就会遇到劳拉来请假。她有一对三岁的双胞胎。瑞娜就坐在康妮办公桌对面,她爸爸刚刚中风。我们怎么做*生意*?”

阿尼对办公室里的女性的判断很正确。秘书金米·隆巴多想要利用午餐时间去她儿子的学校教钢琴。瑞娜·索琪确实需要去探望她中风的父亲,他正无助地坐在轮椅上打发时间。这张家庭责任的清单长得足以让阿尼害怕。

这场拉锯战的核心就是对时间的理解。阿尼认为康妮和“所有的秘书一样”,“看表等下班”。他的理由是,你付给一个人的钱越少,他就越不喜欢自己的工作,就越有可能不想上班。

事实上，人们大大夸大了他们的工作时间，他尖锐地说：“四点半或五点我打电话过去就已经是语音留言了。五点的时候到一些车间，就算拿把枪扫射，一个人你也射不到。”阿尼是一个认真的参赛者。他相信，认真的参赛者要比看表等下班的人拥有更高的地位，所以他们应该为那些看表等下班的人盯着表，这很有道理。

但是阿尼反对非全职工作还有另外一个原因。阿尼最害怕的是，如果他被迫接受了非全职工作或灵活工作时间这种运行规则，“女孩们”有可能用这些政策当作复仇工具，反击在他手下遭受的小小的屈辱。我问阿尼，当康妮提出可以减薪时，他是怎么说的。他回答说：“什么也没说。”钱并不是决定性问题。“这里来一个哮喘针，那里来一个牙医预约，还有人的孩子从家里疯狂往公司打电话。阿莫克公司不能天天应付这些事情。”实际上，在阿尼的眼中，经理工作的很大一部分就是管理来自家庭的压力。在岗的时间奠定了道德核算的基础。他的职责就是守护公司时间不受敌人的侵犯，就像在海军时守护国家领土不受敌人侵犯一样。一个经理需要守护工作时间，尤其是在这个商业危机四起的时期，刚刚过去的 1991 年在他看来就充满了一长串的危机。

阿尼认为自己就是那种“你在遇到麻烦时就想让他在你身边”的人。他给我讲了一个故事来说明这一点。有一次，他发现自己开在一辆肇事逃逸的车后面，他就跟上那辆车，把它逼到路旁，行使了“公民逮捕”。法律就是法律，有时候必须有人采取英雄主义行为来执行法律。海军陆战队让他真诚地敬仰一种能力，就是在紧急情况下把普通人变成英雄的能力。虽然每周三都消失的康妮不会遭遇高速追捕，但阿尼却把她看成是一个肇事逃逸的时间窃贼，而他自己则是逼停她的英雄。在办公室里当"坏人"不是一个好玩的事，但有时候男人必须这样做，必须持守公司的法律，不管他自己喜不喜欢。公司 CEO 发表了一篇关于"家庭友好的阿莫克"的感人演讲，阿尼想，演讲确实是不错，但那之后发生了什么呢？做管理的人，就是处在中间的经理，怎么在满足部门预算的前提下，把那些必须完成的工作分派给底下的人？

当康妮和其他女性用带着民主化色彩的办公室嘲讽来对抗他的军事权威风格，情况变得更为糟糕。她们低声议论着他的火暴脾气，用一种夸张的语气管他叫"阿——诺德"，就像他是一个傻气的小男孩。她们还通过表现得极度高效来武装自己，建立起一个道德区域，在这个区域里她们可以自由地讽刺他和公开表达对他的蔑视。康妮一次低声跟同事们说："你们听说过'新好男人'吗？那么，阿尼就是'老旧男人'。"

如果说 CEO 的使命宣言构成了阿莫克公司文化的基石，那么正是在执行工作坊和小组讨论会上，这些口号被转化成了可操作的行为指导准则。在阿莫克文化里，任何一个管理者的第一规则就是留意原则调整，并要衡量出这种调整能走多远。就像"灵活管理"或"赋权"这样的新理念一经宣布，经理们就要决定是否"操作"或在多大程度上"操作"它。这样的文化变革如同疾风骤雨，随之而来一波接一波为期一两天的工作坊或小型会议，所以一个经理的转变状况就变成了人们密切审视的对象，因为他是否真心转变对他手下的人而言利益攸关。如果阿尼走进一个“重视多样性”工作坊，出来的时候是摇身一变成了新好男人，还是变成对新理念滔滔不绝，但换汤不换药的“阿——诺德”呢？

这个阿尼·斯托尔茨，前海军陆战队队员，参加了一个培训课程，观看了一段名为“巧妙管理”的视频。这段视频涉及部门如何实施家庭友好政策。阿尼被期待在下周开始实施灵活管理原则和“参与式寻求解决方案”。他承受着巨大的压力去让手下的人相信，他真的开始相信家庭友好政策是公司文化的核心。

预料到了会有来自员工的审查，阿尼努力摆出一些应景的表情，但他不擅长装模作样。打字组的女士们很快就得出了结论，阿尼甚至根本没有尝试去表现真诚。他有异议。他不认为阿莫克应该对家庭友好。他觉得CEO在这个议题上有点刚愎自用。然而，作为一个工作47小时——而不是60小时——的男人，他并不指望在公司里职位会升得有多高，所以他也不怎么在意被发现他对此的异议。然而他不想找太大的麻烦，最终还是签下了康妮每周三下午的请假条，并警告她下次注意。

但康妮仍然想要有更多的时间在家。三年之后的1993年，第二次关于时间的小冲突发生了，她提交了缩减工作时间到一周30小时的申请。在公司手册上写着，只要上司或部门领导同意，就可以进行这样的安排。收入会按比例缩减，但仍会缴纳全额医疗保险。在孩子还小的时候，康妮和她的丈夫承受不起这样的收入损失，但现在对康妮来说，时间似乎比金钱更宝贵；所以她打电话给人力资源部，艾米·楚特安排阿尼一起来开会。康妮讲了这段经历：

我们开了一个会——艾米、阿尼和我。艾米和我提议我可以每天下午三点离开，或者周五休假一天，试行六个月。如果行不通，我们就回到以前的工作方式上，或者再找一个女人工作十个小时。阿尼似乎很惊讶。他平时也笑得不多，所以很难读懂他。

从阿尼的角度来看，康妮果然践行了他最坏的预期。那十个小时只是消失了。她想象中的“另外一个女人”在哪儿呢？很明显康妮只是不想负责任。更糟糕的是，现在办公室里其他的秘书也想要非全职工作了。

接着，康妮用接近耳语的声音描述了别人告诉她的情形：

阿尼说他从没有像那天那样差点儿要打一个女人了。他想打的人是艾米，干涉了他的工作的艾米。那就是他的原话。他当着某个人的面说了，然后那个人告诉了我。

阿尼的老板，杰克·克拉克很生气，还有杰克的老板保罗也很生气。但是他对阿尼的话轻描淡写：“那只是一种发泄。”他告诉我，是我们让阿尼很惊讶。已经做了那么多的准备，你能想象是这样吗？

在阿莫克全体行政人员中，只有26%说他们“愿意为了有更多的时间陪伴家人而缩短工作时间，减少收入”。在照顾老人的员工里，29%给出了同样的答案；在那些使用儿童照料服务的员工里，比例是39%。康妮是个少数派，体现在以下两个方面。首先，她更想要时间而不是金钱。第二，她顺应想法并采取了行动。在这个过程中，她的经历说明，即使在对家庭友好的公司里也可能存在数不清的障碍。要给家庭争取时间，一个人首先必须做好工作安排，而这并非像公司手册里宣传的那样简单。高层管理者们用时间来展现自己的忠诚，而底层的生产工人往往更需要钱。正是在公司的中间层——他们处于工厂车间之上，又在公司管理层之下，相对来说有更多的员工想要家庭时间；也是在这里，时间的争夺战是最明显的。在这里，阿莫克的时间警察在巡逻把守，而不是“言行一致”。

康妮输掉了争取非全职工作的斗争，但她还是体面地下了台阶。她狡猾地笑着对我说：

> 整个夏天我都安排了每周用一天我的年假。所以我不仅一周工作四天，还能领到工资。我做的正是他们不同意的事情，而且他们还要付我钱。我本来是不要这份薪水的。周五没人来顶替我的工作，而阿莫克也没有倒闭。

尽管康妮带着胜利的语气，她的“安排”并不算是胜利。她没有迫使公司变得更灵活，最终只是以一种略微不同的方式重新安排了自己的自由时间。康妮等于是偷了自己的时间，这是很典型的阿莫克员工的方式，通过挪用病假或私人事假去处理家庭紧急情况。然后，早在年底前，他们就会发现自己透支了自由时间的储备，别无选择，然后再出现紧急情况时，只能从自己的年假、节假日和睡眠里偷时间。所以就像经理阿尼所担心的，在阿莫克里满是时间窃贼，但受害者正是这些“窃贼”自己。

第十一章

“我希望她们长大后做好单亲妈妈”

> 我还没把我的结婚照撕碎，我把婚礼相册放在咖啡桌上给埃丝特翻看。她会问：“你那时候幸福吗？”我会说：“是的。”我想让她们知道，婚姻里也有“好的”一面。
>
> ——贝基·温特斯，轮班的工厂工人

贝基·温特斯从她上夜班的工作台上，甩了甩头示意我过去。31岁的她是一位迷人的女性，长长的金发从后往前高高梳起，这种发型现在在工厂“女孩”中正流行。在高高的发冠下，她的眼睛藏在大大的塑料护目镜后，耳朵上戴着小巧雅致的耳钉。粉色的卡通运动衫和白色的牛仔裤勾勒出她匀称的身材。她的工作是从传送带上取下配件，把它们放在天平上，测量它们的重量和尺寸，然后再判断是把它们放回传送带还是扔掉。在天平旁边是一本《大都会》杂志，封面是一个优雅的金发女郎。贝基休息的时候都会随身携带。

"钱是不错，但我的脑袋不再转了。"贝基告诉我。这让我有点惊讶，因为她有机会参加一个名叫"矩阵计划"的二十步创新项目，在这个项目中她可以在车间的各种机器上交叉训练。在二十个月后，参训工人就可以阅读几十种型号的仪表，评估多种不同机器的优缺点。当我访谈她的车间经理时，我注意到在他桌子上放着一沓装裱好的矩阵项目的结业证书，但贝基却并不贪图这些。她告诉我，她工作不是为了去开阔视野，而只是为了攒钱、见朋友，在某种程度上逃离家庭生活。

她每小时赚 11.2 美元，每周工作 40 小时，还有 4 小时是要求的加班时间，加班的时薪会更多，所以她参加所有的加班。根据劳工统计局的数据，工厂工人现在平均每周加班 4 小时 42 分钟，这创下了该机构在过去的 38 年里所追踪到的最长加班时间纪录。① 对贝基来说，阿莫克从来不是高层"10 小时参赛者"眼中的那种激动人心的广阔天地，但也不像家庭生活那样需要忍受痛苦。

阿莫克有一半的员工是按小时计薪的，时薪员工中又有三分之一是女性。在女性时薪员工中，23% 像贝基一样是单亲母亲；9% 的男性时薪员工是单亲父亲。这两组数字和全国平均水平相当。② 和其他大多数领时薪的单亲母亲一样，贝基来到阿莫克并不久，所以她的资历等级低，不能排到最理想的工作轮班——固定的白班。按照理想的程度排序，依次是固定的白班、固定的晚班、固定的夜班和每周都会变化的轮班。阿莫克全体员工中的 13%、时薪员工中的 36% 上这种轮班，其中包括了车间里超过一半的单亲母亲。就像贝基所说："在所有关于家庭友好政策的讨论里，我们是被遗忘的人。”

在过去的五年，贝基一直上着七天轮班。这意味着每周她都有不同的工作时间表。她有五天是从早晨七点工作到下午三点，休息一天；接着五天从下午三点工作到晚上十一点，休息两天；然后再有五天全部是夜班，从晚上十一点工作到第二天早晨七点，然后休息五天——这是她的“长周末”。每个周日，她都可以得到平时的1.5倍工资。我在车间里访谈她时，她临近这个周期的第三“周”尾声，她正盼望着过个长周末。

在我们谈话时，她的两个女儿正和她七十岁的妈妈依偎在床上。她的妈妈玛丽会在她上夜班的时候来她家过夜；贝基上前两个班时自己带孩子，第三个班时她的前夫德里克来接管（他还会在周末带孩子）。[③] 妈妈玛丽会在许多个下午和第四个“放假的”星期来帮忙。贝基的妈妈，是一个不知疲倦的工人，是贝基生命里最重要的人。贝基小时候，她的父亲做两份工作来养活一家，而玛丽把家里收拾得一尘不染，并且抚育贝基和她的两个兄弟。贝基记得父亲在家大部分时间都在睡觉，并且每周随着时间推移，酒喝得越来越多。到了周六的下午，她经常看到爸爸开着电视，躺在起居室的地板上打呼噜。在贝基的记忆里，那些周六她在走廊里和芭比娃娃玩儿。（“芭比每隔一天就会结一次婚。”）全家人几乎没在一起吃过饭，也没有一起度过假期。直到贝基的妈妈发现了来自其他女人的神秘电话和消失不见的度假费，开始怀疑丈夫“长时间的”工作里还包括了其他活动。在贝基高中毕业的那一天，玛丽提出了离婚。[④] 结婚三十四年后，贝基的爸爸独享了自己的退休金，这就是为什么玛丽在七十岁高龄、养育了三个孩子之后，还要在儿童托管中心做全职工作，领接近最低标准的工资。

“那时候很难，”贝基告诉我，“我独自一人把两岁和三岁的女儿养大。”

> 除了我的妈妈，我没有家人可以帮我。我的哥哥在一月去世了。我还有一个弟弟住在俄克拉荷马。我的父亲就住在这条街上，但他对我来说就是空气。妈妈是我最大的支持。

后来，在她整洁的三居室家里，我访谈了玛丽。她解释说：“我在尽我所能地帮助贝基，摆脱困境，但我已经七十岁了，我不知道自己还能撑多久。”在整个美国，有四分之一的单亲妈妈的子女（14%的已婚女性的子女）由祖父母照顾。[5]但随着越来越多的祖母开始从事有偿工作或者退休搬到其他地方，她们所能提供的帮助也日渐减少。

家庭提供的帮助是从前一代又一代人所依赖的儿童照料的蓄水池。然而，随着越来越多的美国人加入劳动大军，这个蓄水池正在迅速地消失。[6]根据人口普查局的数据，在1977年，在所有母亲参与工作的五岁以下儿童中，13%由祖父母或其他亲戚到儿童家中提供照料。到了1991年，这个数字下降到10%。[7]比如，在某天深夜两点，我和贝基坐在休息室里喝咖啡，她的同事萨拉乔加入了我们，就事论事地评论说，“每个人都在工作”：

我的妈妈在万豪酒店上班，白班和夜班。我的兄弟在喜互惠超市上班，大部分是白班，有时候也有夜班。我的妹妹卡洛在食品超市上班，主要是白班，但一周有一次夜班。我妈妈的妹妹大部分傍晚和一些下午要工作。这就是为什么我和丈夫要排刚好错开的班，这样我们才能照顾到家里的双胞胎。

此外，随着老年人平均寿命的延长，他们自己也越来越需要被照料。在这方面贝基算是幸运的，因为她的妈妈身体还不错，而且愿意对她伸出援手。然而她的父亲又是另外一回事了。尽管父亲乔“就住在这条街上”，但贝基十几岁开始就和他很疏远了。“他和我女儿们没有任何关系”，贝基告诉我，勉强地压抑住声音里的愤怒。

如果我把她们带过去，他很高兴看到她们，他现在也尽力多了。他还去看了埃丝特的舞蹈表演。我们在圣诞节和复活节也会见到他。我会在他生日那天跟他还有他的新妻子一起出去庆祝。

她的父亲今年六十七岁了。在他的大儿子，也就是贝基的哥哥，因为脑部肿瘤处于弥留之际，他拒绝参与照顾。这让贝基和她的母亲感到愤怒和难以置信。玛丽不得不拿出自己在儿童托管中心的工资支付了儿子的全部丧葬费用，而乔却拿着退休金和新妻子到处旅游。更糟糕的是，乔在第二段婚姻里成了一位好丈夫和好父亲，这正是玛丽和贝基求而不得的。“他的第二个妻子有四个孩子和十四个孙子女，我爸爸的钱包里装满了他们的照片，”贝基用一种勉强的声音说，“他会参加那些孩子和孙辈所有的球赛和活动，但你在他家连一张我们的照片都看不到。”

贝基的前夫德里克似乎也经历了类似的蜕变。“我看见德里克和他的新妻子带着孩子们一起到处玩儿，”贝基评价说，“当他的新宝宝一出生，他就变成了一个好爸爸。为什么他对我还有女儿们就不是这样的？”如果说贝基和妈妈感觉像外人般旁观各自前夫的第二次“幸福”婚姻，她们自己的生活则是相当充实。贝基家的门铃响个不停，街对面的一个单亲妈妈和两个女儿塔尼亚、雷妮常常跑过来做客，留下来吃饭，电话答录机也一直在接收着来自车间朋友们的消息。

对贝基来说，她前夫照顾女儿所付出的时间，是他负担起对她和孩子们更大责任的一种象征。而德里克则认为既然他在贝基上白班（白班的时候女孩们是醒着的，需要有人认真地看着）还有周末的时候都带了孩子，他已经完成了对孩子的那一半责任，所以他不应该再支付孩子的抚养费了。贝基反驳的是（对我来说很合理，不过德里克拒绝了我的访谈，所以我没有听到来自他角度的讲述），四周里只照顾一周孩子不能算是一半的时间，而且即使是他承担了一半的孩子照顾时间，也不能免除他需要付孩子抚养费的责任。但他当时失业了，他第二个妻子的孩子也要出生了，所以这个争论也只是象征性的，没有实质意义。真正具有实质意义的是，贝基要不停地加班来偿还每月

573 美元的房屋贷款，房子是她当时和德里克一起买的，宽敞的后院可以安放一个滑梯和秋千，让孩子们在那里玩儿。但现在德里克告诉她，孩子们根本不需要一个后院。

对德里克来说，花在女儿们身上的时间就是他的付出的证明，也是他作为一个体贴的父亲的证明（这只是提高了他在第二任妻子眼中的地位）。对贝基来说，德里克给女儿投入时间对女儿来说是件好事，但若因此不付抚养费就变成了“对付她的武器”。她曾经用十一年的时间照顾家，用六年的时间作为首席家长来照顾孩子们的衣食住行，所以他的这点时间对她来说也只算是装点门面了。这就相当于德里克对她的又一次背叛。但现在他就是拥有的时间比钱多，所以她的争论最终也无的放矢。

和德里克一样，贝基也希望自己因为花时间陪伴女儿而得到认可。在这个意义上，回家的吸引力要大于工作。但是她在家里的生活充满了巨大的张力，也充满了一种无法充分表达的对逝去的（也许从未拥有过的）生活的遗憾。所以，贝基害怕给德里克打电话，害怕为了孩子的抚养费而争吵，害怕她对他依然有着强烈的依恋。贝基的大女儿埃丝特性格急躁、聪明活泼，也有点儿任性。有一天我们一起散步，埃丝特觉得自己的鞋带系得太紧了，于是坐下来重新系鞋带，然后突然开始哭起来，“我不会系鞋带！”她抱怨着。贝基温和而耐心地听着，但并不过度热心。半个小时后，我们回到家，埃丝特又绝望地扑到妈妈的膝盖上，抱怨她的好朋友、住在隔壁的塔尼亚带走了她一套闪闪发亮的亮片、星星和胶水。贝基认为埃丝特是因为听到了她和前夫在电话上因为抚养费争吵，所以变得很懊恼。

小女儿蒂芙尼似乎更内敛、井井有条和坚韧。“蒂芙尼是爸爸的好姑娘，”贝基观察到，“埃丝特是没人爱的姑娘，因为她让德里克想起了我。”

相较而言，工作中的紧张关系只是强化了贝基·温特斯的自我意识。在她的描述里，在阿莫克的生活像是高中舞会、当地酒吧和街区的延伸——一个让她感到有吸引力和备受喜爱的世界。她告诉我，在工厂里，她的男性朋友比女性朋友多：

> 我刚到工厂，我那条生产线上之前唯一的一个年轻女人就很讨厌我，因为她觉得我把男人的注意力从她身上抢走了。男人们管我叫“甜心”“宝贝”“美女”。这些家伙和你说话时总有言外之意。比如，工厂里有一台电脑，你可以在上面选不同的工作任务。有一天我正在电脑上操作，有一个非常帅的家伙走过来说：“你打算做什么？”我告诉他：“我想试试不一样的。”他使劲地盯着我然后说：“是的，我也想试试*不一样的*。”我的脸立刻红了。

贝基知道车间里有些年纪大的女人热衷观察车间里的调情，在私下里说她的闲话。虽然她表面上不赞成她们议论她，但是她也似乎有一点高兴。在这种职业流动几乎不可能的环境里，也许在婚姻之外的性吸引力本身也成了进取心的焦点。虽然贝基对那些抱怨她在性方面“太过成功”的女人避而远之，但她在车间里还是交到了一些要好的女性朋友。贝基告诉我，她们中有五个人正计划去外州周末旅行，参加一场西部乡村狂欢活动。还有一个同事，两个孩子刚好跟埃丝特和蒂芙尼一般大，贝基的车坏在路上时就是她的丈夫帮忙修好的。[⑧]

八卦在车间里传来传去，就像在村子里传来传去一样，而且大部分都是家长里短。贝基的小姑子和她在同一个车间里工作，和同事发生了婚外情而离开了自己的丈夫，被抛弃的丈夫给当地的报纸写文章，讲述一个自私的女人为了更好的生活抛弃家庭，还把这篇文章打印出来贴得车间里到处都是。贝基在上面贴了一个回复，然后又有人把它钉在储物柜和布告栏上。贝基的小姑子也很快写了一个回复。这里面没有提到任何名字，但大家都知道指的是谁。在某种程度上，工作场所是人们了解和评论工作之外发生之事的地方。

对贝基和朋友们来说，工作场所是比家更可预见、更安全、更有情感支持和更轻松的地方。这并不是那么因为公司文化工程增加了车间工作的乐趣。生产线上的工作仍然是生产线上的工作。

在工作场所的生活要更愉快，至少没有那么痛苦和令人失望，这在很大程度上是因为现在的家庭生活是一种折磨。那并不是因为贝基为和德里克离婚而遗憾。她其实还对自己摆脱了不幸福的婚姻有某种程度的满足——她实现了妈妈未实现的愿望，还有足够的时间去度过一个充实的人生。不过，她从孩提时代开始就对婚姻寄予厚望，离婚使她开始怀疑，这些希望是否现实。即使是在现在，分手两年了，她仍然保留着画着“温特斯之家”的标牌，那是德里克刻了挂在前廊的。客厅墙上挂着一排盘子，每个都画着一个《飘》里的场景。有一天我们在那里正吃午饭，我一个盘子一个盘子地看过去：第一个盘子上，克拉克·盖博扮演的白瑞德拥抱着费雯·丽扮演的斯嘉丽；下一个盘子上，白瑞德抱着斯嘉丽走上塔拉庄园的宏伟楼梯；第三个盘子上，白瑞德和斯嘉丽幸福地结了婚，生了两个孩子；第四个盘子上，白瑞德骄傲地置身女儿们身边；最后一个盘子上，斯嘉丽独自伫立风中，在她的庄园旁。也许贝基在这场暴风骤雨一般却最终悲剧收场的爱情故事里看到了自己的生活。然而，这些盘子却奇特地歪曲了电影故事，把白瑞德塑造成了一个坚定的、幸福的父亲。

放在咖啡桌上的婚礼相册、绘制的盘子和“温特斯之家”的标牌，所有这些都在描述对美满婚姻的固执梦想，然而在这片土地上离婚已经司空见惯。所有这些都在提示着，贝基曾经多么渴望婚姻，那些梦想曾经多么强大，德里克曾经多么偶然地实现了它们。它们折射了“白手起家”的家庭版神话——尽管情感工资在日益缩减，偶尔还要遭遇家庭“裁员”，但这个神话依然流传。毕竟，她所有的家具都是在和德里克订婚之前买的。这所新粉刷的房子坐落在小镇上一条绿树成荫的街道旁，也是她在一直存钱付了首付。她把婚礼的相册横放在了我俩的膝头，我看到了数不清的照片，照片拍下了光彩照人的贝基和略显沉闷的德里克。新娘和新郎都是二十岁。在一张照片里，德里克和六个兄弟站成一排，他脸颊红润、眼神模糊——她现在才发现，他当时已经醉了。实际上，德里克即使在结婚之后也定期和兄弟们在晚上出去喝一杯。兄弟们取笑他在家里“受尽折磨”，怂恿他藐视贝基让他回家吃晚饭的要求，贝基连连让步，怒火中烧——“六点，好吧；七点；得了得了；不许晚于八点”。

他酗酒越来越严重，直到丢了工作；然后为了维护自己的面子，他隐瞒了被解雇的事情。贝基发现时非常愤怒，也正是那时候德里克第一次动手打了她。愤怒的她渴望打破对德里克的依赖感，贝基和工作中认识的一个有魅力的男人发生了婚外情，而那人也正因升职不成而寻找安慰。贝基还鼓励小姑子德纳结束她那摇摇欲坠的婚姻。所以这两个女人“一起离婚了”，为此德里克的家人都很责备她。

对于贝基和德里克乃至全国至少一半的夫妇来说，婚姻都不是一个安稳的避风港。在贝基相册里那些笑意盈盈的年轻亲戚和朋友中，有一半都已经离婚了——正好达到全国平均水平。德里克的小弟弟萨姆在拍照时只有十二岁，现在已经结了婚又离了，还给社会保障机构打电话，让他们阻止前妻继续使用她的婚后姓氏。杰那时候十七岁，现在已经结婚，离婚，又和前妻巴布复婚了，巴布也在相册里。每一次离婚都会给相关扩展家庭带来涟漪效应。对于贝基和德里克一家以及很多被失业大潮重创的中下社会阶级的家庭来说，婚姻恒久远似乎是一个注定无望的艰巨任务。

相反，贝基和她的朋友们会讨论“好聚好散的”离婚、“马马虎虎的”离婚和“糟糕透顶的”离婚。德纳的丈夫把她告上了法庭，控诉她是个不称职的母亲，并争夺监护权，还新娶了一个煽风点火的妻子。所以德纳经历了“糟糕透顶的”离婚。因为德里克的新妻子没那么恶劣，贝基认为她的离婚“马马虎虎”。贝基现在还没有再婚的打算。她解释说：

> 我不想再重复“你去哪儿了？”“洗好的衣服在哪儿？”和“晚上吃什么？”这样的日常了。一旦你和另一个人扯上关系，不管你愿不愿意，你都变成了一个母亲。我不想再照顾别人了。因为，到最后，他们会了解你的方方面面，然后离开的时候把这一切都带走。

在贝基的生活里，婚姻不再是经济和情感上的保障。现在她所能够得到的微弱的安全感来自她的妈妈、孩子和工作。

但在她的世界里，工作和婚姻一样，也是靠不住的。贝基反思道：

> 我不知道我们车间有没有实施家庭友好政策。你总是能够感觉到，自己随时可以被取代。公司不会跟你这么说，他们不需要说。我们听到很多传言，说阿莫克可能要把车间转移到国外，一个小时付55美分就可以雇用墨西哥工人来做我们的工作。那意味着老资历的人会把我们这样的人赶出车间。

这份工作也可以和你“离婚”。但就算贝基放弃了婚姻，她还没放弃工作。

吉卜赛生活

从阿莫克公司总部出发，驾车沿着一条高速公路行驶，穿过绵延数英里的丘陵，有一个极不显眼的写着“特里蒙特村”的路牌。拐进岔路后是一条狭窄、蜿蜒的柏油路，通往山顶的房车营地。这个村的警司正在和一个居民亲切聊天。得知我在找苏·卡朋特，他简洁地说：“她在这儿，*他*已经走了。我不知道问题出在了哪里。”

苏迟到了。我坐在通往她家前门的台阶上休息，看见老人和孩子们从整洁的房车里进进出出，在马路两边大概各有十几辆房车。在遮阳棚下，一个胖女人双腿交叉坐在折叠椅上，怀里抱着一个孩子。在某处有婴儿的哭声响起，一个女人在大声喊叫。一辆老福特车慢慢驶入，小心留意着蹒跚学步的孩子和骑三轮车的人。不一会儿，一个标着“弗兰克搬运”的卡车拉来了一间崭新的蓝白相间的活动房，车的后保险杠上还挂着一个写着“特宽”的标志。十几个壮硕的中年人围观着，穿着短衣短裤，戴着太阳镜，嘴里叼着香烟，看起来对此饶有兴致。

在那些小小的、被精心照料的草坪中间，每一辆家庭房车都有自己独一无二的展示。一辆挂着两篮子粉蓝两色的塑料花，另一辆在房车拖杆上挂着一大盆红色的天竺兰，还有一辆装饰着怒放的蓝色羽扇豆和黄色三色堇，旁边还带着一个小温室。每辆房车前面都有一小块草坪，其中一家在草坪上摆着一排塑料鸭子，另一家放着一个风车模型和一面巨大的美国国旗。在这些房子前面有一排金属信箱，上面插了差不多半打美国国旗，排成一排，像是游行队伍。如果说工厂里单调的工作没有提供多少自由表达的空间，房车营地似乎提供了广袤的天地。

苏·卡朋特家的院子没有被拾掇得如此悦目。两辆塑料自行车斜靠在她家门廊的栏杆上，挨着一个坏掉的椅子，还有一个露出了里面填充物的沙发。苏开着一辆棕色的大雪佛兰回来，后排坐着孩子们。像贝基一样，苏把长长的金色卷发高高地翻起。她身材矮小，漂亮而略带沉默。她和贝基一起在工厂上轮班，也是单亲妈妈，两个女儿一个五岁，一个两岁。我们在客厅里坐下聊天，屋子里被装饰成粉色和蓝色。莉莲是一个充满好奇心的两岁小女孩，在苏的腿上、卧室、前门纱门上的小洞之间跑来跑去，从那个小洞里可以看得到马路对面保姆家的房车。五岁的米歇尔出现在我们面前，手里拿着一封信，骄傲地大声读着这份套路化的广告："苏·卡朋特，祝贺你！你刚刚获得了一个大奖……"

苏的十九岁的同父异母的弟弟布莱恩正四仰八叉地躺在沙发上看电视里的摔跤比赛，他身材高大，肌肉发达，一个受伤的膝盖高高抬起。三个月前他被解雇了，之后就一直住在这里。苏下午三点去上班，他帮她看孩子。布莱恩的头旁边是一只巴尼熊，还有一只粉色恐龙，无论在阿莫克哪一层级员工的家里，孩子们都会拥有这样一只粉色恐龙。在纱门的门缝里，一个小孩儿探出头来问："米歇尔可以出来跟我玩儿吗？"在答复了这个小拜访者之后，苏转身对我说："她总来。"

客厅的沙发正对着一个大大的电视柜。旁边放着苏的真人大小的相框，照片里的苏穿着一身火红的露肩褶边裙，站在一个玫瑰花瓶前，散发迷人的光彩。"商场照相馆有这种'吉卜赛'款，"她解释说，"他们给你做头发、化妆，还有选衣服，然后照相。"苏把自己想象成吉卜赛人，在异域世界里独自探险。她斜靠在客厅的沙发上，开始给我讲述一个复杂悲伤的家庭解体的故事。

和我访谈过的大多数经理或专业人员不同，苏·卡朋特觉得自己被一个庞大又支离破碎的亲戚网络包围着。她的妈妈在第一次婚姻中生下了八个孩子，她的父亲也带来了两个孩子。父母再婚后又生了四个孩子，苏就是这其中之一。然而，与对工人阶级家庭的常见刻板印象不同，苏的庞大家庭并没有提供太多的社会支持或情感支持。实际上，她得到的最多的支持来自一位年长的女性——她在工作中遇到的一个非亲非故的人。

我让苏谈谈自己的情况，她并不想谈现在的生活或是在阿莫克的工作。相反，她很快提起了那些见不到也很少打电话，并且大体上也不怎么信任的亲戚，就好像她还被困在那个让人失望的童年世界里：

> 我的妈妈就是把一切都维系起来的那个人。但我十九岁的时候她去世了。直到她去世前一年，她和我都不怎么亲近。我们的家里有那么多人，我们没有像其他母女那样的亲密感。
>
> 我妈妈以前是餐厅服务员，每天下午五点工作到夜里一点半。我的爸爸是做承包的，他总是一个人。活儿没那么多，而独立的承包人也竞争不过大公司。所以我的爸爸工作很长时间，我的姐姐照看我。我的父母都喜欢在周末喝酒，然后就会吵架。我爸爸是个火暴脾气，喝醉了之后就会变得很暴力。除此之外，他是一个很棒的人。他从不

羞于告诉我们他爱我们，这和很多男人都不同。

在二十七年的生命历程里，苏的大家庭渐渐分崩离析了。她给它们编了清单：

> 我的两个同母异父的兄弟和一个亲兄弟就住在这个镇子上，但我跟他们不太亲近。我的大哥，我真正的哥哥，我想现在应该是失业了。我的弟弟我上一次听说是他在佛罗里达做木匠。他是一个浪子。他和他的妻子分开了，然后他跑回来在我这里住过四个月，但我不能再收留他了，因为他从来不帮我照看孩子。我觉得他只是在利用我。他只是索取，不愿给予。我的姐姐和我也不像姐妹应该的那样亲近。妈妈去世后她想要代替妈妈的位置，但她太专横了。至于我爸，我不会去找他寻求建议。我和布莱恩更亲近些，就是现在跟我住了一阵子的这个弟弟。

苏在描述家人时，提到的大部分都是他们多么不亲近，多久没有聚在一起了，她忘记了兄弟姐妹们的生日，他们本该有什么样的关系，但事实上却没有。“我们不在一起过圣诞，不在一起过感恩节或生日，”她说，“只有我和我的孩子。”

苏·卡朋特说这些的时候，布莱恩的目光从电视上看过来，俏皮地评论说：“所以我猜，咱们来自一个功能障碍的家庭啊，对吧？”他们充满爱意地相视一笑，他接着说：“没有家庭观念。”实际上，他们似乎都准备把他们的家庭比作一个准医学概念的“功能性”家庭，这个家庭社会学概念经过电视的日间脱口秀的循环播放，已经被普及到房车营地和工薪阶层的郊区住宅里。

在高三时，苏在一个理发店做兼职洗头工。那年她遇到了一个叫迈克尔·卡朋特的害羞男孩，同样也是混乱家庭生活的逃亡者。苏和迈克尔开始约会，不久之后就同居了。他们俩都不相信婚姻，但在迈克尔继母的坚持下，他们在某年十一月的雨天在一个小教堂举行了婚礼。他们生了两个孩子，并在离婚之前共同生活了七年，他们对离婚都有点后悔（苏在某种程度上有点犹豫）。他们仍把对方称为“最好的朋友”。

迈克尔的公寓距离特里蒙特村几英里，公寓的露台上散落着五六个娃娃。在他住的那片有十几个公寓露台上都散落着五颜六色的玩具，像是一面拼图。蹒跚学步的孩子们从半开着的门里跌跌撞撞地走出去，走进了炎热的早晨。迈克尔的公寓简朴整洁，起居室里挂着一个雄鹿头，心不在焉地注视着这里发生的一切。他骄傲地说：“我分给了苏三分之二的鹿肉。”在雄鹿头和一条二十英寸长的北梭子鱼（一个苍蝇卡在了它张着的嘴里）中间，挂着一组两个女儿的近照。

迈克尔·卡朋特，二十六岁，是一个体格健壮、皮肤经过美黑、金发碧眼的男人，身手矫健地取来咖啡。他为阿莫克修建、美化草坪和庭院，和同父异母的哥哥共同拥有一辆改装赛车。他以这样的方式开始讲述：

我在一个农场长大。到十八岁时我就觉得该退休了。

我们的工作就是那样艰苦。有时候我的爸爸很和蔼，但四分之三的时间他都很凶。他以赶牛为生，会从他的卡车前座底下掏出白兰地和啤酒从早喝到晚。他朝着我们咒骂："愚蠢的小杂种，你们知道个屁！"那就是我们在整个成长过程中听到的话。他的爸爸对他也很凶，但那不是他这样对待我们的借口。我没有这么对待*我的*孩子。我扭过来了。

我的亲生父母在我三岁时分手了，我妈妈带着我一起搬到了佛罗里达。我爸爸跑过来绑架了我，把我藏在姑姑家。我妈妈来找我，我爸爸威胁说要杀了她，所以她放弃了。我后来再也没有见到过她，一直到我十七岁开车去了佛罗里达。她也没有打过电话，没有写过信。她没费这个事儿。我五岁时她来看过我一次，但是没有认出我来。那让我很伤心。

迈克尔的爸爸后来跟伊丽莎白结婚了。伊丽莎白养育了他，把他当亲生儿子一样抚养。伊丽莎白开公交车，打扫房屋，变成了"一个超级妈妈，*我的*妈妈"。然而随着时间的流逝，迈克尔的父亲开始控诉妻子拿走了他的钱。他朝她大喊大叫，扯她的头发。最终，在迈克尔十三岁时他们离婚了。不久，迈克尔就被诊断出得了胃溃疡。而且，他们之间那些令人恐惧的拳脚相加的场景反复在他的脑海中浮现，为此他开始出现睡眠障碍。离婚之后，伊丽莎白带走了迈克尔的两个小弟弟，迈克尔说："她不敢带着我——她听说了我爸爸第一次离婚时的所作所为。在那之后，我就说，有任何坏事发生我也无所谓了。"他的父亲第三次结婚时，对方带来了几个女儿，"差不多等于把我赶出了那个家”。现在已是一个成年男人和一名父亲的迈克尔说：“我有五年没见过我的父亲了。”[9]

作为后现代家庭生活的逃亡者，苏和迈克尔似乎默默地跟随父母的脚步走向了离婚的道路。但和他们的父母不同的是，他们仍然是好朋友。迈克尔告诉我：“我再也不会爱一个人像爱苏那么多。我不确定我到底知不知道什么是爱，但真的很强烈。我甚至不能想象我还会遇到另一个女孩，然后有同样的感情。”

虽然都在和别人约会，但这并没有影响他们之间强大的“友谊”。迈克尔最近和一个“想要插在我和苏之间”的女孩分了手。尽管苏要比迈克尔更想再发展一段认真的感情，但苏也不想让女儿们对她现在的男朋友太依赖，“以免他甩了我，让我的女儿们难过”。（她形容她现在的男朋友是“在没什么其他事情做的时候就找我”的人。）

结婚对于迈克尔来说就像一个空洞的公共仪式，那么离婚也是：

> 如果我去苏那边接孩子，她可能会给我们弄点东西吃。我可以在沙发上坐下来，我们半个小时都不用跟对方说什么。我们就是很放松。

他们会互相提醒对方即将进行的活动，轮流带孩子让对方休假，还花了一部分珍贵的休闲时间聚在一起。

我问迈克尔：“你觉得谁的婚姻是幸福的？”

他停顿许久，然后回答说：

我的很多同事来工作就是为了逃离家庭。我想那是因为丈夫和妻子都不允许对方有足够的时间离开彼此去逛个街什么的，他们总是必须一直待在一起。还有，当婚姻中性的那一部分减弱了，许多家伙就开始约会工作上的其他女人，蠢蠢欲动了，因为他们在家里缺乏激情和性生活。我认识的男人里没有背叛妻子的，但我不是说他们不会这样做。如果他们可以免于惩罚，我觉得他们就会那样调情，这会让他们后悔的。

“所以，环顾四周，谁看起来有一个还不错的婚姻呢？”我又问了一遍。迈克尔笑了，回答：“我。”迈克尔，一个失去了两个母亲、和妻子离了婚的男人，但仍然拥有一个生机勃勃的家庭图景——由亲属关系组成的小小避风港，无情世界里“好聚好散”的离婚：

我曾经想要拥有的就只是家庭和孩子。我爱我的孩子，她们就是我的生命。我花了所有我能花的时间陪伴她们。我的小女儿就像胶水一样黏着我。她们就是我生活里最重要的。

相反，他不怎么在乎工作：

对我来说，工作就是工作。如果我明天失去了它，那就失去了。如果我有足够的钱付账单，那么我具体干什么一点儿也不重要。但只要回家还有家人，那就是最好的感觉。

苏的想法并不完全相同。我问她对女儿们有什么期待，她回答说："我希望她们都独立，去上大学，也能够养活她们自己。我希望她们能够成为优秀的、坚强的单亲母亲。"

贝基·温特斯的母亲拥有一场惨痛的离婚经历。贝基经历了一个相对"好一点"的离婚，她的孩子们也许就可以期待一个最好的离婚了。尽管她仍然觉得在婚姻里有"好的"一面，但她在给女儿们传递的文化资本却是一个女孩应该对离婚有所预期。鉴于离婚率如此之高，且随着社会阶层的下降而上升，这份遗产，虽然悲伤，却不无道理。

不论下一代的女孩们是如贝基·温特斯所盼走进婚姻，还是如苏·卡朋特所期成为坚强的单亲妈妈，她们在家中都面对着一个全新的情感经济。因为"关爱"现在似乎像金融资本一样到处流动，四处寻找新的投资机会。这种流动性使那些失去者对生活心怀恐惧，即使他们还在别处创造新的可能。一些男人，就像贝基的父亲和丈夫一样，在自己的孩子身上投资了爱和关怀，然后又把这种投资转移到新的家庭，因为那里的条件似乎更好。即使苏·卡朋特的丈夫没有从他们家中转移任何的情感投资，苏也会觉得家庭生活风雨飘摇。当下，在家庭中有一种对情感"放松管制"的氛围，这正在创造着一种安全感的根本危机。人们不禁要问：我们在哪里感到最安全？即使在干着垃圾工作的人中，答案有时候也是"在工作中"。

第十二章
过度扩展的家庭

工作有时候是人们逃避烦恼重重的家庭生活的避风港，同时也是一个意见集散地，人们在这里讨论、争论家庭冲突，接受他人同情的审视，并且设计和试验潜在的解决办法。薇薇安·古德曼正是一例。她是一个说话慢条斯理、稳重端庄的四十二岁女性。一天晚上，我在休息室里访谈了她。她坐进正对我的椅子里，就像面对法官进行陈词一般，旋即讲述她为何不上上午十一点到下午七点的轮班，而是选择上午七点到下午三点那班。这关系到她和阿莫克同事艾曼纽重燃的爱火，艾曼纽一直上的是早晨五点半到下午一点半的班。他们两人每周都要加班十到十五小时。

一开始，她所说的每件事都与时间相关：

> 这真的不容易。艾曼纽下午两点半回到家，而我已经去上班了。如果我要加班，那就意味着我要一直工作到第

二天上午十点，然后我回家的时候他又已经走了。

薇薇安在十年前和丈夫离婚，艾曼纽最近才离婚，他们两个人的新生活刚刚开始十个月。“他就是我的生命，”她简单地说，“他很宽容，我们很少吵架。”但就在几周前，她的计划遭到了灾难性打击。艾曼纽搬了出去，她的解释是：“我的孩子们让他很难住在我家里。我前一次婚姻里有两个孩子，我和他们一起住。他们应该靠自己的，但是他们并没有。”

尽管薇薇安在儿子蒂姆很小的时候就跟前夫分开了，而现在蒂姆已经十九岁了，但他仍然坚守着关于父亲的记忆，还有那些已被薇薇安抛诸脑后的、全家一起度假的欢乐时刻。薇薇安和丈夫和好过几次，每次都给儿子带来希望。“当然，蒂姆不知道他爸爸和其他女人的风流韵事，也不知道我们之间那些可怕的争吵。我没法说服蒂姆，我们不可能再变成一家人了。”蒂姆拒绝接受妈妈后面交的男朋友，最新的一个就是艾曼纽了。每次艾曼纽过来，蒂姆就会变得情绪化和好斗。艾曼纽能理解，但这个男孩持续的无理取闹最终将他消耗殆尽。

薇薇安二十一岁的女儿翠西，逐渐接受了艾曼纽。他们甚至一起在薇薇安的房车后面开垦了一个菜园。艾曼纽还送了一件她梦寐以求的蓝色夹克作为生日礼物。翠西不反对艾曼纽搬进来，直到她知道艾曼纽想让他的亲生女儿艾莫拉尔也一起住进来。薇薇安描述当时的情景：

在亲生父亲离开后，她希望艾曼纽成为自己的新爸爸，一个属于她自己的爸爸。她很嫉妒。她觉得艾曼纽把艾莫拉尔当作女王一样宠爱。我们在房车上又加了两个新房间，翠西对我说："你加建房间就是想让*艾莫拉尔*也来。"

薇薇安一直小心呵护艾曼纽父女之间的关系，并拼命地想把艾莫拉尔也囊括进这个混合家庭。"艾曼纽每两周才能在周末见到艾莫拉尔，所以我做安排时尽量避开这个时间。"有一次，她、艾曼纽和艾莫拉尔一起去餐厅吃饭，艾曼纽和她坐在了同一边，艾莫拉尔并没有感觉自己被排除在外，但薇薇安还是提醒艾曼纽，"去坐到艾莫拉尔旁边吧"。

在同样的温柔善意下，薇薇安试图继续融合自己这边七零八碎的扩展"家庭"。她接纳了翠西失业的男朋友，据努力工作的艾曼纽描述，那是一个在家里四处晃悠"什么也不做的"小伙子。她还收留了前夫父母的养女，那个女孩曾被前夫父亲性侵。她还让两个侄子借宿了六个月，因为他们要躲避自己酗酒的父亲。在那之后不久，她保护了翠西的闺蜜，一个被她妈妈的男朋友虐待的年轻女性。实际上，薇薇安就像在运营着一个庇护所，保护年轻人免受年长者的伤害，保护孩子免受父母或代理父母的伤害。她带着沉重的破碎心灵向那些需要安全之地的人打开家门，提供一张床，一顿饭，或是充满同情的倾听。她在车间里上第一轮班，然后加班；在家里作为家庭主妇和母亲上第二轮班，然后"加班"给不断陷入困境的家人和朋友们，充当特蕾莎修女。

艾曼纽爱薇薇安的这种博爱，也表示愿意和她一起完成她对家的愿景——为所爱之人在需要帮助时提供庇护。但很多时候他会失去耐心，比如在忙碌的早晨排很长的队才用上洗手间，在电视上看球赛时发现冰箱里的啤酒消失不见了，还有在他稀少的闲暇时间，想做点自己喜欢的东西时找不到工作台上的工具。但最关键的是，缺少和薇薇安在一起的时间。

他觉得自己无法胜任与薇薇安分担待办事务。他钦佩她这样做，但也越来越想要维护自己的需要，想要在她的待助关系社群里跻身首位——或至少是第二位。身处家中疯狂拥挤的“难民”中，加上薇薇安在阿莫克的时间越来越长，艾曼纽感到薇薇安留给他的时间所剩无几。

所以他开始在下班后在附近的酒吧里多待一会儿——那仅仅是开始。“我以为他跟他的兄弟姐妹在一起，”薇薇安告诉我，“他们有时候是会在那儿，但还有其他人也在那儿。”

> 最终，他有了外遇。有一次，他的情妇给我打电话，试图给自己辩护说：“*你*从来都不在家。”是的，我从来*都*不在家。我把所有能加的班都加了。我不在家是因为我不想在家。问题就是我想努力照顾我们所有的人，但我做不到。

从童年开始，艾曼纽的家里就有一大堆的亲戚，他已经习惯了。他说，他接受不了的是看到那些薇薇安带回家的“迷途羔羊”在家里占她的便宜，但他却无能为力。“艾曼纽说那些孩子对我不好。好吧，”薇薇安说，“他们确实有一些抱怨和脾气，但我已经学会和他们共处了。”当艾曼纽最终搬出去时，他对她说的最后一句话是："我再也无法忍受看你给翠西的男朋友洗脏袜子了。"

这个问题似乎是三重的。第一，包括艾曼纽在内的许多人，来薇薇安这里寻求帮助。第二，当生活过于繁重之时，家里并没有任何人给薇薇安提供帮助。第三，艾曼纽的长时间工作让他也置身于家庭场景之外，虽然没有人认为这是一个问题。没有艾曼纽可以依靠，薇薇安转而求助工作上的朋友。而艾曼纽也最终默默出轨了。薇薇安崩溃了，她说：

> 我从没有跟艾曼纽谈论过他的婚外情，我觉得我不会说了。如果它发生了一次，它就会再次发生，一切就结束了。艾曼纽告诉我，再也不会发生了，那就和我前夫跟我说的一样。但这一次，我再也无法承受了。我一下子瘦了36磅。医生给我开了管神经的药片。我吃了药，上班的时候走进浴室，一口气昏昏沉沉地睡了两个小时。我错过了加班。我的同事们知道艾曼纽在和别人约会，他们看见了，他们知道。有些女孩过来告诉我："整个部门都在担心你。"
>
> 我的孩子们意识到了他的离开对我的伤害有多大。我感觉自己无法控制这一切。孩子们在做决定，艾曼纽在做决定，阿莫克在给我们所有人做决定。我觉得我被掩埋了。在这一切的夹缝中，我必须来工作，我必须运转。你懂的，来工作是有用的。

工作是薇薇安在痛苦之中唯一能够感受到支持的地方。她被一群同事包围，他们给予了同情、提醒，还有他们自己的故事——他们给予，而非索取。同事们告诉她多吃点，给她换药，斥责艾曼纽，鼓励（或阻止）她去纵情放纵一番。午餐、休息、下班后的啤酒时间，同事们互相谈论，一个像艾曼纽那样寻欢作乐的卑鄙之流是否配得上薇薇安这样的好心女人，或者薇薇安是不是把太多的注意力放到了其他人身上而把艾曼纽推走了。有人说，这太不公平了，男人造成了这么多的伤害，当一些像薇薇安这样的好女人来努力修补时，他们自顾不暇拍屁股走人。不管是什么角度，这些对话帮助薇薇安度过了她的家庭危机，这些对话曾经大概会发生在邻居的厨房里或后院的篱笆旁。

女性社群和公司政策

我访谈过的很多男性都以助人为荣，但没有人讲过类似薇薇安的故事。无论在公司里还是在家里，大多数阿莫克男性都把自己首先看作是挣工资的人，他们对别人的照顾似乎是“额外的”事。总的来说，女性比男性更普遍地在办公室内外提供或接受个人帮助，编织友谊纽带，或建立社群。随着阿莫克雇用了越来越多的女性，女性带到工作场所中的女性文化已在这里生根发芽。就像薇薇安·古德曼在家里收留有困难的人一样，维姬·金也自然而然地觉得应该在工作上接纳需要帮助的人。维姬手里的“非正式受助案件”的对象包括管理实习生、她办公室的秘书，还有其他遇到麻烦的员工。家庭正在被“男性化”，越来越按照讲究效率的“工作场所”的规则来运转，个人需求被取代、压制或耽延，而工作场所却在被“女性化”，推行强调信任、团队建设和周到对待“内在客户”的管理哲学。

然而，在最高薪资层级的员工和工厂时薪劳工之间，工作场所的“女性化”程度有一个关键差别。当被问及家庭生活时，高层管理者，不论男女，几乎都不会提到祖父母、叔叔阿姨或者表兄妹。“家庭”对他们来说就是*核心*家庭——母亲、父亲和孩子。在和工厂工人的访谈中，各种亲戚的名字会不停蹦出来，远远超过了核心家庭的范围。一部分是因为，阿莫克的工厂工人一般来说都来自花鹿镇区域，而管理者大多从其他地方搬来。另一部分原因是工人阶级的家庭纽带似乎连接到了更广阔的亲属圈子。①

如果把家人和朋友看作非正式的家庭“福利系统”，那么工厂工人中的福利工作者要比管理者中的多。在高层，“家庭需要”很可能是由家庭主妇或者付费服务满足的——保姆、夏令营、退休社区。在工厂层面，家庭需要则更可能由家庭成员来满足，并且通常是由像薇薇安这样的职场女性来满足。所以在阿莫克，由不断加长的工作时间所引起的家庭时间“缩减”，给底层造成的痛苦要比高层更明显。

阿莫克近年来发生的变化加剧了这种情形。强调在工作场所的合作互助的全面质量管理理念也被推广到了工厂车间；但强调在家庭里合作互助的家庭友好政策，却没有相应推广。这些公司决策，再加上越来越多的要求的（常常还是想要的）加班，创造了一种框架，薇薇安的困境正在其中上演。

在工厂车间提出“改善工作－家庭平衡”的议题并非易事。

毕竟，面对强大的公司，工人形单影只地质疑所谓“正常”工作日的规定不太可行，也几乎没有人这样做。即使是最严苛的政策也从没受到过挑战。阿莫克车间的旷工纪律规定，一个工人无论出于家庭原因还是其他什么原因迟到，他的工作档案中都将留下这个记录。如果他再次迟到，惩罚就是让其无薪休假。对于这些本来就需要时间的工人，阿莫克的惩罚方式是给他们提供更多时间，这似乎很矛盾，但惩罚性的停职将是最终导致开除的三个步骤的第一步。一个员工如果一年之内被这样停职三次，就会被开除。

许多子女尚小的女工在孩子突然生病时就面临这些旷工规定的惩罚。一个女工这样描述：

> 孩子们整个冬天都在生病。陶德现在得了水痘。两周前，泰迪得了肺炎住院了。我给主管打电话请假，好陪着泰迪，但他说不行。我请了三天病假又用了一些年假，然后他们就在我的工作档案里留了一次记录。但我不能每次孩子生病都把他们推给我妈妈或婆婆，她们也有工作。而且泰迪生病的时候就只想找我，不要其他人。

在另一个例子里，一个单亲妈妈的儿子需要做手术，但由于她已经用完了病假和年假，就只能把手术推到六个月后才能符合条件请一天假。因为耽误了这么长时间，她儿子的医生威胁要起诉她虐待儿童。还有一个例子，一个单亲父亲每天晚上请同事帮他打掩护，好让他在三十分钟的休息时间之余多溜出去十五分钟，开车回家陪独自在家的十岁女儿入睡。但他的主管发现了，就立即制止了这种行为。这个主管还曾威胁要开除一个离开岗位的女工，因为她去照顾发高烧、情况危急的女儿。

一个在工厂里工作的母亲也曾因为旷工而被记录在案，她的理由相当不一样：

> 我必须请一天假去家事法庭，帮我丈夫取得两个女儿的抚养权（是他前一次婚姻的孩子）。家事法庭就像领补助的救济站，你要等上一整天。我们出来时已经下午两点半了。我每次迟到都是因为要去法庭，我的老板都要把我记录在案。我失去了三天工资。我从车间内外的行政管理系统上诉到总部产业关系部门的总管。他们都告诉我："我们很抱歉，但是你确实旷工了。"

在我访谈过的时薪制父母中，出现工作－家庭平衡危机的十之八九是因为孩子生病。紧急医疗事件显而易见，但还有一些可被称为"半慢性病"的棘手议题却很少能被提出——孩子们的抑郁、学业退步、孤独，或交友不慎，这些问题都需要父母付出更多的时间和关注。

然而，除了这些紧急情况外，职场父母们并没有特别抱怨工作时间对他们的侵占。一方面，父母们需要钱。但对于贝基·温特斯来说，工作也是逃避争吵的一种方式。[②] 对薇薇安来说，工作是远离家里难缠的"待办事务"的一种方式。而对他们的同事，德洛丽丝·杰来说，工作是躲避家庭暴力的方式。

有一次，我们在车间小办公室里访谈，她指着办公室的木墙说：

> 看到墙边的那些木板了吗？在家的话我的丈夫会检查上面有没有灰尘，如果没打扫干净他就会打我。他还会量咖啡桌和墙之间的距离，如果不是每边都是准确的二十一英尺，他就会打我。有一次，他从海军部队请假回家，没看到我和一岁的孩子。我当时正在洗澡，我的丈夫走进浴室，掀开浴帘，把孩子交到我手上。他打了孩子。我把孩子放到床上，他几个小时也不哭一声。我的丈夫不让我出门。他坐在前门，所以我没法求救。我只能在孩子旁边坐着，因为我没有电话，也不知道该打给谁。我哪里也去不了！几个小时之后，我儿子开始动了。我猜他可能以为是我打了他。从那时开始我儿子就跟我不对付了。

对德洛丽丝的帮助来自她丈夫的工作场所。他的一个同事知会了海军部队的牧师，牧师给德洛丽丝的父亲打了电话。父亲给德洛丽丝寄来了一张回家的单程票。

对德洛丽丝·杰来说，工作可以是一个从创伤经历中走出和恢复的地方，而家是创伤发生的地方。这个车间里还有一个女人，发现她丈夫的婚外情，而她的闺蜜们早就知晓。她说："这就是我整天工作的原因，这些事在我的脑海里来回上演。他怎么可以这样？她们为什么不告诉我？"在这些情况里，工作变成了"康复室"，让人可以治愈或至少平静地思考在外遭受的生活创伤。在另外一些情况里，工作还可以是尽力避免心理创伤的方式。例如，某人的妻子被带去医院，她因为生下死胎而大出血，生死未卜。悲痛欲绝的丈夫在医院给他妻子最好的朋友打电话，告诉她这个消息，然后开车回去工作。妻子的朋友冲到他上班的地方，拍打他的肩膀说："她*需要*你，快去医院！"虽然尴尬，后来他还是谦卑地感谢了妻子的朋友，感谢她在重要的时刻帮助他做了正确的事情。

有着轮班和加班安排的工作时间结构恰恰加剧了那些人试图离家逃避的问题。在阿莫克的帮助下，成千上万的个体陷入了不停运转的"时间匮乏"的循环。比如，薇薇安·古德曼加班越多，她的孩子要求得就越多，艾曼纽就撤离得越远。而孩子们要求得越多，艾曼纽撤离得越远，回家对薇薇安来说就变得越发困难，她就加越多的班。只有当艾曼纽搬走了，危机爆发，薇薇安才开始意识到这里有一个循环需要被打破，她需要找到出路。

乔安·瑞德曼是薇薇安的另一个同事，经历了这个循环的更极端版本。她是一个四岁孩子的妈妈，每天工作九小时，每周工作六天，以支付七十七英亩的土地、一辆露营卡车，以及一艘价值四万美元的船的费用——全家整个夏天只出航了一次。乔安解释说：

> 我的父亲有时候在车间工作二十小时，休息四小时继续回去工作。我的妈妈也加了很多班。所以我得做饭和照顾弟弟，我非常讨厌这样。现在，我也在做同样的事情。过去一年里，我连续八个月每天工作十二小时，轮班。

她的丈夫保罗常常感到这些时间难以应对。因为他们能在一起的时间如此之少，她不愿意把它浪费在做饭上。

我们带孩子去汉堡王、麦当劳、友好餐厅。我的姐妹们来镇子上了，所以我们昨天晚上出去吃了。我们喝了一些酒，吃了晚饭。那是一年多来我们第一次没有带孩子一起出去。保罗真的完全放松了。他很惊喜，他说，“我，现在，太高兴了！”

最严重的是，长时间的工作对她四岁的儿子里维斯来说太残酷了。鉴于她的工作安排，她每周只有一天能见到里维斯，时间长度不等，这改变了她对待孩子的方式。

我不想把那一天花在当坏人上，所以我让里维斯胡作非为。我正在为此付出代价，因为他已经变成了一个粗鲁的家伙。不是对保罗，只是对我。

乔安自己也是一个被工作狂父母时而忽略时而放纵的孩子。就像她总是得到玩具和冰淇淋，而不是父母的时间，她也总给里维斯买礼物来弥补她缺失的陪伴。保罗自己的两个孩子，一个十一岁，一个九岁，每两周会来他们家过周末，这让情况更加复杂了。

有些时候我怨恨为保罗的两个孩子做补偿。我不愿意做一个长时间工作的“爸爸”。我在里维斯六周大时就回公司工作了，一天十二小时，一周六天，我为此非常内疚，就像我爸爸当年一样，他错过了我成长的大部分时间。但也许那是值得的，我想要给里维斯还有我的继子们留下这片七十七英亩的土地。

乔安对自己过度工作而烦恼，也为自己成为“爸爸”一样的人而苦恼，她不明白自己为什么要这么做。没有一个解释能让她满意。“钱不错，但当你已经以公司为家了，它也就不值当了。”她总结说。但同时，她也并没有改变时间安排。有一段时间，为此烦恼变成了她下班后的私人仪式：

如果我上下午三点到晚上十一点的那个轮班，回到家时保罗和里维斯就已经睡着了。有一段时间，我每天在商店停下来买半打啤酒，放到车里，在乡间老路上开车转上一个小时，停在离家半英里的地方，坐下来喝上两瓶。我问自己：“这真的就是我想要的吗？我想要带着里维斯离开变成一个单亲妈妈吗？我想要自由吗？”保罗不知道我做的这些，我一个人在那些乡间路上很害怕。但下次我又会忘记这些，然后又去了。很长一段时间，我都觉得自己疯了。

在工作中，贝基·温特斯为自己离婚的累累伤痕找到一些安慰，薇薇安·古德曼从家里的救援任务中得以喘息。但乔安·瑞德曼虽然工作的时间更久，却并没有想清楚自己为何如此。这让我好奇，到底有多少人会在午夜的“乡间路上”徘徊，扪心自问生活何以至此，却尚未领悟在他们逃避现实的渴望和公司追逐利益的渴望之间的关联。

第十三章
狂热的加班狗

我爱这个工作，因为我可以在圣诞节还上班。

——工厂某工人

登可装配生产线的男男女女在午餐时间互相开玩笑，我注意到有两个话题会不断出现——长时间工作和性别平等。德布·埃斯特拉是三个孩子的妈妈，也是五号生产线上的质量控制人员，她崇尚性别平等。她的丈夫马里奥则以一种温和的方式表示不认同。他是一个喜欢玩乐的潇洒的加班狗，这似乎是男人的某种特权。

一个慵懒的工作日早晨，我开车穿过一片朴素的住宅区，周围环绕着被太阳烤得无精打采的小草坪，终于来到了埃斯特拉家的两层木屋外。我看见两个男孩在一辆生锈的大型皮卡引擎盖下东张西望，还有一个上了年纪的男人在外面散步，除此之外人迹寥寥。我按响了埃斯特拉家的门铃，随即有三个嬉闹的孩子来迎接我——五岁的吉娜在做指挥，一岁半的戈登绕着我们转了一圈，假装用隐形绳子把我们捆住，三岁的汉特是一个迷人的小女孩，她想知道我是不是来陪她玩儿的。

二十七岁的德布·埃斯特拉把我带到楼下的家庭活动室里一张老旧的沙发上，我们的目光全被闪烁不停的巨大的电视屏幕吸引了。吉娜在电视机前玩任天堂游戏，小宝宝戈登入迷地盯着任天堂的教学手册上花哨的插图，汉特踮着脚想要把她喜爱的《匹诺曹》放进录像机里，不过已经有一盘《小飞象》在里面了，这让她很挫败。房间里没有书。

孩子们像一群鱼一样四处乱窜。他们还不会分享玩具，经常争抢着同一个玩具，所以德布就得反反复复地给他们维护公正，决定玩具该由谁来玩。他们都想要玩煎蛋游戏；他们都想要对着我的录音设备唱巴尼熊的歌；他们都想要汉特的瓶子。戈登跌跌撞撞地从沙发上走到塑料玩具厨房，再走到录像机的控制箱，然后再走回来。他们家名叫“蛋糕”的狗跳到我的大腿上用背蹭来蹭去，眼巴巴地看着我。

贝基·温特斯和苏·卡朋特各自都对自己的家庭生活感到失望。埃斯特拉夫妇没有失望，他们只是应接不暇了。两个人都转向工作，以逃避忙乱幸福的家庭生活带来的精疲力竭感。美丽的、黑发棕眼的德布用低沉而单调的声音开始描述她家里人的工作时间：

> 我上一个七天的轮班。马里奥的上班时间固定从上午九点到下午五点，我爸爸是固定的下午两点到十点。我妈

妈从上午八点到下午五点。

她也回忆了她的父母如何一边在工厂里上班，一边养大了三个孩子。然后，她用充满爱意的细节描述了自己的七天轮班——和贝基·温特斯的轮班一样。除此之外，她每周大约加班五小时。马里奥上常规的日班，但把所有能加的班都加了，有几个月甚至一周平均加班二十小时。

家被分割为睡觉的地方和醒着的地方。尽管德布总体的闲暇时间要比马里奥更少，但埃斯特拉家的日常节奏似乎更多地围绕着马里奥运转，因为他工作的时间更长。五岁的吉娜解释说："有时候爸爸起来了，有时候爸爸睡着了，还有些时候爸爸是起来了，但是很累。"

只有德布了解全家错综复杂的日程安排。仿佛一个铁路扳道工，她描述着每个孩子的时间分配，前提是配合七个轮流照顾孩子的大人以及时不时来帮忙照顾的其他人的工作时间安排：

如果我上早晨七点到下午三点这个班，我们的一天从四点四十五就开始了。一直到六点半我才能把孩子带到保姆那儿，但我六点四十五就得在车间打卡，所以我要冲刺。平时的工作日，我有两个保姆，因为我们主要的保姆麦乐迪带不了三个孩子。周末的时候我把他们送到我妈妈那里，带到马里奥的表兄那里，或者带到我婆婆那里。通常我把一个孩子送去一家，因为吉娜和汉特在一起就会变成小恶魔。我和马里奥的轮班如果赶上在同一个时间段，孩子们那一周每天晚上就得在他们的祖父母家里过夜。

德布上夜班的时候，孩子们的安排就取决于马里奥的加班时间。如果马里奥要上晚上的双班（相当于两个八小时的日班），孩子们就要去奶奶家过夜，然后第二天一早去保姆家。连续上五晚十一点到第二天七点的夜班后，德布可以休息五天，那个时候她就会照顾孩子。如果有一个孩子生病了，德布实在应付不来，她就会叫妈妈过来。她的妈妈在阿莫克公司做秘书，平时会攒着带薪病假留给德布需要时来帮忙。在休息的五天里，有三天德布在调整自己的时间感来适应这个世界的正常时间。剩下的两天，她调整好了，然后又要开始新一轮的循环了。

时薪制的阿莫克员工有半数都在周末定期加班。65%的女性和73%的男性都定期加班。最近，时薪工人首次被允许不按全职工作时长要求到岗，那是一个打扫自助餐厅的女性员工，她需要照顾生病的父母。但无论是德布还是马里奥都对缩短工作时间不感兴趣。

马里奥·埃斯特拉，三十二岁，是一个友善的意大利裔美国人。我们第一次见面时，他穿着匹兹堡海盗队的棒球服，反戴着棒球帽，正坐在餐厅里吃早饭，还邀请我一起享用。他以讲述自己的生活哲学开始了我们的访谈，而不是他们家复杂而精准的兼顾工作和照顾孩子的系统。他讲着讲着，才提到他的时间安排。访谈一结束，他就跑出了门，拿着球棒和手套准备去训练了。他在棒球队打一垒，球队由镇上的蓝点酒吧赞助。

这个每周上五十到六十小时固定白班的工人说：

> 我是这么看的。如果除了上班就是看孩子，其他什么事也不做，我太悲惨了。我痛恨这样，所以我必须得做点其他的事。我少睡点儿觉也要找点儿别的事做。有时候我上完双班回到家，喝一壶咖啡，然后出去打棒球。

对马里奥来说，在家也是一种工作，他在别处找乐子。为了得到乐子，他要偷自己的时间。五个小时给身体，三个小时给自己：成交。

马里奥跟自己的父亲一样，对自己成为一个工作“六十小时的男人”感到相当自豪。他说起长时间工作的习惯，就好像是代代传承的家族遗产：

> 我把所有能加的班都加了，把所能承受的双班都上了，我是一个加班狗。有规定说不允许连续工作超过十五小时，但时不时我会一次工作二十或二十五小时。我曾经在加完班的回家路上把车开下了路，还有一次我走着直接撞上了工厂的储物柜。有一次我连续上了七个双班，我想要跟德布一起一周上班一百个小时。我曾经睡醒了不知道那天是周几，还有几次我从床上跳起来说：“等等，现在是半夜。”也许我是一个工作狂，但和这儿的很多工作狂不太一样。

德布说起丈夫时，叹了口气：

马里奥热爱加班，他想要一周至少工作六十小时，他说自己是一台机器。有时候我觉得他是喜欢这样，还有的时候我猜他也许觉得自己必须这么做。他说如果他拒绝加班会有负罪感。

事实上，马里奥是一个热情而充满活力的男人，绝不是一个机器。他的工作是装卸堆放箱子，几乎没有什么技术含量。他很乐意承认工作让他感到无聊，工作时长才是他骄傲的源泉：

我身边的伙计们通常只能忍受工作四十小时然后说："回头见了。"但他们都是没有孩子的家伙。如果我没有孩子，我也只工作四十小时。

人们看到我的工作时间会说："什么，你疯了吗？"去年我赚了四万美元，德布一般赚两万三千美元。我们部门有一个上了年纪的女人加了所有能加的班，为了退休后去旅行。我跟她开玩笑说："那些加班本来是*我的*，你从我孩子嘴里抢饭吃。"但是我工作并不只是为了钱，我们也可以靠一个人的工资生活。实际上我曾让德布辞职。我工作有50%是为了需要，有25%是因为贪婪。其中很大一部分是因为贪婪，还有25%是为了从家里躲出去。

马里奥喜欢有余钱，这样就不至于捉襟见肘。"如果我们没有孩子，两人都有每周四十小时工作的收入，那我就差不多有个金矿了。但情况并不是这样。所以我想要未雨绸缪，以防我的货车或者热水器坏了，我要做好准备。我还想能够去匹兹堡看海盗队比赛，而不挪用家庭存款。”①

“你需要多少钱才能过上你想要的生活？”我问。他好像之前就思考过这个问题，很快回答说：“一百万也不够。如果我只有一百万，我也仍然要工作，我只是不会加班了。如果要彻底辞职，我得需要两倍这么多。”但当我问他打算怎么使用这笔钱时，他的答案也算不上夸张。“我想要有两辆车，一艘船，然后改装。”这就是他所能想到的。

驱动马里奥对无限金钱的渴望的似乎不是消费欲望，而是失去工作的恐惧。1982年，他被阿莫克裁员，长达八个月，这是一段充满创伤的经历。“我为了五美元洗盘子，我还去修剪草坪，帮我表兄改建卧室。”但如果说马里奥渴望加班都是出于对不确定的未来做出了过于现实的评估，那也不全如此。他有点不安地承认，他也想逃离这个家：

> 我说过很多次，如果我知道会是这样，我就不会生孩子。一个也不生！我还是会和德布结婚。但三个孩子？也许一个吧。但我们得有个男孩，这就是我们为什么最后生了三个的原因。我们原计划是生两个，所以当我发现老二汉特是女孩的时候，我很失望。但现在我们都很高兴有了他们三个。

马里奥长时间工作的大男子主义意味着，无论他何时花时间跟孩子们在一起，都是附加在他漫长的工作日之外：

我回到家，孩子们都想见我，他们都很想我。所以虽然我已经筋疲力尽了，我还是会到楼下，躺在地板上。他们喜欢爬到我身上，在我身上跳。他们要我扮大象给他们骑。所以我会在上床之前跟他们玩半小时。

我的爸爸从来没有参加过我的学校活动，我现在也没兴趣把它变成我的习惯。但我可以想象自己在未来这样做——上完双班然后去看孩子们的球赛。我会挪用我的睡觉时间去看他们比赛。

即使不是在筋疲力尽的状态下，马里奥也会发现陪伴孩子是一个苦差，一些时候尤其明显。他解释说：

不仅仅是混乱，还有尖叫，太吵了。我的耳朵很敏感，尤其是我没睡好的时候，而戈登总是发出叫声："哇哇哇！！！"你知道面包干吗？……

他从桌子旁站起来，大步走进厨房，打开壁橱，愤愤不平地拿来一盒面包干：

这个据说是对长牙的孩子很好，对吧？可是，汉特把它塞到喉咙里，觉得很好玩，然后就卡住了。她发出"咳，咳，咳"的声音，我一下就慌了。我拍她的后背，抓着胃的位置把她提起来，面包干出来了。然后我坐下抽了十二根烟。

马里奥觉得自己是在给德布“照看”孩子，但他描述孩子的时候又好像自己是一个高度参与的父亲。和阿莫克的男经理们不同，他没有聊孩子们未来可能的职业道路，或者评价他们在学校“表现得”如何，他聊起了养孩子的日常过程。“说到规矩，”他解释说，“我会大声喊，我不打人，除非是打屁股。”他非常详细地给我描绘养孩子时他喜欢做什么，不喜欢做什么：

> 我一开始不换尿布，但我现在没的选了，我不喜欢做这事。汉特是我见过的最恶心的家伙。她能拉到后背上，不可思议。吉娜没有那么糟糕，因为当时我和德布两个人来回弄。那时我们只有一个孩子，还算容易。但戈登会踢他的腿把便便搞得你满身都是。

养孩子当然让德布和马里奥更紧密地联系在一起，但也会让两人之间的小矛盾加剧扩大：

> 有时候孩子会让你们争吵大吼。我俩吵架80%是因为他们。我和戈登一起被外面的洒水喷头绊倒了，他脸朝下摔到地上，大哭起来，然后她说：“哦，干得好！”我们彼此冷嘲热讽，就像在看《拖家带口》《蜜月伴侣》和《阿奇·邦克》。

尽管如此，马里奥和德布似乎已经适应了这种欢喜冤家的婚姻生活：

我刚跟德布结婚时，她很害羞。两年之后，她明白了我想要出去找点儿乐子。其实我只是觉得上了双班然后回家做家务这样太悲惨了，我想去酒吧消遣一下。到了婚后第三年，我变成了一个真正的酒鬼，即使在上班我也喝。小公寓里一下子挤进来两个孩子，对我来说是破天荒。下了班我就不想回家，所以我去参加聚会了，交了一些不好的朋友。我会去脱衣舞俱乐部。等我回到家，她已经和孩子待了一整天没有休息。我真的应该被骂，但不管怎么样，她都坚持下来了。我对自己说，这个女人就是能忍受你这些毛病的那个人。她一次也没有威胁我，虽然确实有一次她把我的东西都打包了。

然后她也开始反击我，去上班！我意识到她也有意大利人的倔脾气。现在我去放体育比赛的酒吧，我再也不去不正经的地方了。她知道在哪儿可以找到我。实际上，如果她不想听到我大喊大叫了，她会说："去蓝点酒吧吧，玩球去吧。"

如同先前的男性兵团，马里奥伙同其他男人要要把戏从家里旷工。但这个闲暇时间并不是德布赠予的，而是他自己*擅取*的。他从她那里偷来了时间，就像他从自己的睡眠时间里偷时间一样。所以德布警告了马里奥。在生完第三个孩子后，德布回去工作了，并且采取了一个新方式——一个接一个地加班。她也因此找到了从马里奥那儿把时间偷回来、把马里奥推回家的办法。

如果按马里奥的意愿，他和德布会像他的父母一样，一个加班的男人和一个家庭主妇。但按德布的意愿，她和马里奥会每个人都有常规的工作时间，*并且*照顾孩子。马里奥无法像父亲或祖父那样比妻子拥有更高的时薪，所以为了比德布赚得更多，他只能用更长的*时间*工作。他所创造的收入差距（实际上是工作时间差距）给了马里奥一个经济上的理由要求德布缩减工作时间，专注于照顾家庭。这却正是德布拒绝的理由。

马里奥解释他为什么一个星期要加班二十小时——“有 50% 是为了需要，有 25% 是因为贪婪，还有 25% 是为了从家里躲出去”——这里没有提及他们关于德布工作的斗争。但通过一周工作六十小时，他似乎在对德布说：“我可以赚够钱，让你像我妈妈那样待在家，我们就能有个真正的家。”而通过坚持加班，德布似乎回答说：“我们刚结婚的时候，你和别的男人一起出去喝酒，谁知道你还干了些什么。在这个时代，我要想得到同样的尊重和同等的时间，唯一方式就是去上班赚钱，上很多很多班。”

我在花鹿镇的那段时间里，这样的“对话”一直在他们彼此脑海中萦绕。一次，我和德布约好第二天和她一起叫孩子们起床，带他们去保姆那儿，再开车去车间。但是在前一天的夜里十一点她打电话给我，说她得到了一个上“双班”的机会，她已经在上班了。所以，我在下午一点到车间等她，正好马里奥也在休息，就加入了我们。德布要到下午三点才能下班。她似乎闷闷不乐——还是只是累了？我们仨外加德布的一个朋友围着四罐可乐坐在车间的休息室里，我还没来得及提问，德布和马里奥之间的对话就打破了沉寂。

“你为什么要上这个双班？”马里奥情绪激动地问德布，“你不*需要*上这个班。”德布平淡地反问了他：“那么，你也不需要加班吧，你需要吗？”

然后德布对我解释说：“无论谁加班，另一个都会抱怨。我们都不想让对方上双班。”然后德布轻笑了一声，细说道：

> 马里奥想让我辞职，我说我不可能辞职。他想让我像他妈妈那样待在家里。有时候我真的以为他喜欢加班，所以我把家务全包了，然后他回到家就可以想做什么就做什么。但我爸爸在家里一直会帮忙做事，而我也宁愿工作。

对德布来说，事情很清楚。马里奥在推诿自己的第二轮班。社会学家哈里特·普雷瑟发现，在妻子外出工作的家庭里，三分之一的丈夫在家里承担更多家务和儿童照料事务来弥补；三分之一不会改变；还有三分之一反倒做得更少了。[②]照现实来看，马里奥碰巧是那些在家里做得更多的男人之一，这也是德布要工作那么长时间的一个重要原因。

但德布通常会告诉马里奥，她工作主要是钱的问题，而不是时间问题，是她出于防备某天不能再依靠马里奥而必须自给自足的现实考虑：

> 如果我们分开了，或他发生了什么事情，我不工作的话我们去哪儿拿钱花？他告诉我：“你可以从阿莫克领到钱。”他说的是他的保险，如果他因公死亡的话我可以领到

保险，但我想要有固定的收入。

第二天下午，我和德布一起开车回家时我问她是不是真的觉得他们会分开，她理所当然地回答说：“不，那只是我为了保住工作拿出来的一个理由。”

像很多我访谈过的时薪制妈妈员工一样，德布没有缩减工作时间的念头。她知道，她加班不在家的时候，马里奥会在家给孩子们做意式牛肉卷、意大利面或金枪鱼砂锅面。如果她少上班多在家，他就走开了。尽管她没有直接对他这么说，但她认为自己上班可以把他留在家。

马里奥在跟随他父亲的脚步，但德布并没有追随她母亲或婆婆的身影。德布的母亲在最小的孩子上了一年级后才去工作，即便如此，她也极不情愿。马里奥的妈妈则一直在家里照顾六个孩子，在他们成年后才工作。德布在三个孩子出生后分别休了三个月、四个月和六个月的产假。但这些休假都没有让她燃起辞职做家庭主妇的兴趣。她解释说：“我想过和孩子们在家，但他们快把我搞疯了。”

也许只是我的孩子是这样，他们真是一帮野蛮人。吉娜总是哭哭啼啼，汉特是个固执的犟丫头。我还是宁愿去上班，我休假几个月在家就觉得我必须得逃开。如果逃开就必须得上班，那就上班吧。更何况还有人付钱给我。

马里奥理解她的感受：

德布不想下半辈子都被当成在家看孩子的保姆。她看到了她妈妈和我妈妈做家庭主妇都经历了什么，她不想那样生活。这就是她不辞职的原因。照顾三个孩子要比在工厂里上班难上三倍。我也知道，所以我理解她不想辞职，我不怪她。我也不能跟三个孩子一直在家里待着，那样精神压力太大了，听到自己一直大吼大叫我都快要吐了。我不想这样。“离那个玻璃柜远一点！离那个火炉远一点！”孩子们就像水一样，看到一个破口就想钻进去。

我问德布，她和马里奥愿不愿意缩短工作时间。“不，”她回答，“因为我喜欢赚钱，钱是好东西。”这个答案足够真实了。德布甚至比马里奥对偿还债务的日期更上心：“我们还有十五年还完房贷；还有两年还完车贷……”

但当我问她我的常规问题——“如果你有了足够多的钱，你想做什么？”，她坚持说：“我可能还会为了更多的钱上班。”但如果她已经有了更多的钱呢？

我可能会做兼职。我不想被困在家里，我丈夫也不想。有一段时间，我固定地上每天下午四点到晚上十二点的那班。我的婆婆帮马里奥带孩子睡觉。那时候挺棒的：我不需要带孩子睡觉了，我不需要喂他们吃晚饭。我知道我听起来挺糟糕的。

还有一次，德布、我，还有她的几个朋友一起在休息室里，她说：

> 我总是跟这儿的人说，我上班是来放松的。我知道有的人听着觉得，好刻薄啊，但对我来说这就是八个小时的放松。我可以去上班，还没有孩子在我眼前烦我。马里奥也会说上班是放松的。上班的时候我可以做更多我想做的事情，在家的时候我必须做孩子们想做的。

她的朋友们会意地点头。

如果家对德布和马里奥来说都像工作，那么从任何角度想象，工厂工作会像家吗？我可以理解比尔·丹顿说工作场所令人愉快，甚至像家一样，因为在铺着地毯的办公室里，他坐在橡木桌子后面，身后的墙上挂着家庭照片。但流水线上的工作也可以吗？工作环境会很脏、光线不佳、不安全，噪音和生产线上的高速生产也让人无法聊天。

无疑，恶劣的工作环境在美国仍然存在。但在像阿莫克这样的世界五百强公司，人们看到的更多是像德布这里的车间：光线充足、相当安静、相对舒适。工人们戴着护目镜，每三个小时有一刻钟的休息时间。非熟练工和半熟练工可以每小时赚十一或十二美元，他们享受健康福利，可以获取广泛的心理健康服务，包括心理咨询和酒精滥用的咨询。此外，阿莫克还通过物质或非物质激励鼓励工人们参加交叉培训，有助于他们提高技能，同时也帮助他们了解整个生产过程。在德布和马里奥的车间，八百名员工被重组为独立管理的生产小组，每个小组二十七人，可以自己安排决定如何完成生产任务。

也许正是这种“主人翁”的感觉让马里奥在午夜的车间门口迎接我时，带着大使般的自豪，生机勃勃地挥手。他告诉我，他已经提前装好了箱子，留下了空余时间可以带我在车间里转一转。他带我走过了生产线上的很多生产流程，一路上给我介绍车间里不同工作站上的伙伴，还为我在休息室里安排了一组访谈。工人们得知我是马里奥和德布的朋友，互相替班来接受我的访谈。

带着我四处转时，马里奥边走边发表评论。他指着一个五十多岁的清瘦的男人说：“恰克一周工作 119 个小时，一年赚 6 万美元，但他十年前就没有家了，他*住*在这儿。”走向一个开铲车的二十多岁的男人时，马里奥说：“那是乔伊。小心着点儿他。他一晚上要喝两打啤酒，但是慢慢地喝也看不出来。工间休息时他会到街对面的酒吧里猛喝一气。”实际上，在街对面的酒吧里，每个工人坐在自己喜欢的高脚凳上，仿佛就坐在自己家的餐桌边，酒保知道每个常客的喜好：给汉克来双份威士忌，给里克上一杯多瑟瑰（Dos Equis，一种墨西哥啤酒），给麦克端一杯百威。

马里奥指给我一个正在车床上工作的年轻女性，继续评论道：

> 她是个婚姻克星。我们都这么叫这些人，“婚姻克星”。她们让男人们为她们着迷，然后抛弃家庭，以此为乐。离她们远点儿。

（他特别强调这一点，尽管他也告诉我，休息室里的男人们时不时地打赌，赌和一个“婚姻克星”上床需要花多长时间。）

> 很多单身女孩都会主动找你，她们不在乎你结没结婚。这儿足足有五个姑娘热衷于此，她们很讨厌。我也会打情骂俏，但我一直和她们保持距离，这也没那么难，因为我知道德布下一班就来了。我打情骂俏过去，她们打情骂俏回来，但这代表不了什么。有一次我在圣诞派对上喝大了，一个女同事不得不开车送我回家，德布到现在还拿这事儿念叨我。

在公司的时薪工人中，四分之一的女性和 18% 的男性是离异或未婚的。通常，年纪大些的女人们会早早来上班，八卦年轻姑娘的新衣服、新发色——或者像男人们一样讨论“婚姻克星”的前线最新消息。

对于马里奥、德布以及他们的同事来说，牢固的社会纽带在“生产线上”发展着。这里有可以开玩笑和吐露心声的朋友。同事们常常会一起逛街、喝酒，或者钓鱼、打猎。在车间里还有各种亲戚——配偶、父亲、母亲、兄弟姐妹、妯娌、前妯娌，前妻或前夫的兄弟姐妹和父母。③

工作人员的稳定性（64% 的男性和 59% 的女性都在这个车间工作二十年以上）和轮班的特殊时间都无疑强化了这些纽带。不间断地轮班使车间保持着一天 24 小时运转，这意味着和他们拥有同样时间节奏的——一天、一周或一个月——是他们的同事，而不是车间之外的邻居、亲戚或朋友，甚至配偶。当其他人从学校回到家，吃晚饭或看电视时，下午三点到晚上十一点轮班的人还在辛苦地工作。当其他人睡觉时，晚上十一点到早晨七点轮班的人还清醒得很。当其他人周五下午五点回家准备过周末时，车间里许多人的工作日只过完一半。这样的轮班也让工厂外的友谊备受挑战，对已婚的女性来说尤其如此。马里奥还有一起打棒球的兄弟，但德布忙于第二轮班的家务和看孩子无法脱身，不能像过去一样跟邻居“女孩们”一起去炸鸡店吃鸡翅了。

通常，出门共度一晚对德布和马里奥来说似乎也很难。他们在家的重合时间太少了。他们有时候会讨论工作时间如何影响了他们的婚姻，但很少询问对方这样的时间匮乏对孩子产生什么影响。被问到时，他们都说孩子们和他们自己小时候一样棒。但马里奥觉得孩子们更需要德布在家。德布说：

> 他觉得孩子们一直需要我。我觉得他们可以从每个人身上得到足够的时间。他们有阿姨、祖父母。有时候不和我在一起对他们也有好处。

埃斯特拉家的孩子们是朝气蓬勃的。他们善于自娱自乐，也似乎温和地期待着大人的关注。汉特有一点儿口吃，这源于被误诊的中耳炎使她有点轻微耳聋，也让她有时候很暴躁。父母对她比对其他两个孩子都要更严厉一点。（“哦，汉特这个爱哭鬼。”）但德布和马里奥对汉特的态度与其说是由于他们的轮班和长时间工作，不如说是因为马里奥当时无比期待第二胎是个男孩。这种错位的父母责备并不少见。更难解答的问题是除此之外，德布和马里奥的长时间工作是否（如果是，是以何种方式）影响了他们的孩子。马里奥可能在无意间提供了一些线索：

孩子们完全不知道他们接下来要去哪儿。他们喜欢奶奶家，他们去麦乐迪家也可以。他们不害羞。他们能自娱自乐。但等他们到了七八岁，他们会意识到，“我不想从奶奶家去麦乐迪那儿”。

德布和马里奥都是慈爱的父母，德布建构起来的照顾三个孩子的扩展家庭大部分时候也是慈爱的。然而，事实上，孩子们在一个精心设置的育儿流水线上，不断地从一个“工作台”被送到下一个“工作台”。他们的生活充满了来去往返。“现在该走了，穿上你们的外套”，“我们到了，脱掉外套吧”。在所到的每个地方孩子们都存放着喜爱的玩具和毯子。但孩子们很快就发现，要让这一系列的育儿工人高兴，就意味着他们要在一些事情上“输得起”：比如在辗转往返中落下了一两个他们最爱的宝贝——戈登的毯子或吉娜的纸娃娃，在游戏或电视节目中间被打断，在不想离开的时候离开，等待很久才能见到他们最想在一起的人。汉特要比爱抱怨的吉娜更难适应辗转往返，她开始有了一种意识——时间是她自己的，或者应该是她自己的。她正在学习如何反抗这条育儿传送带和一个事实，即她的父母每多加班一小时，她就要在“临时的家”里多“加班”一个小时。

德布和马里奥的情况并不罕见。阿莫克的工厂里到处都有长时间加班的父母，把孩子长时间地放在托管中心。到处都有父母要应对环环相扣的时间安排，创造一个像埃斯特拉家的育儿传送带。到处都有孩子要用自己的方式与公司时间共存，尽管对他们来说，他们并没有关于照料的全面质量管理系统，也没有嘉奖仪式，更没有赋权活动。

没有人向德布和马里奥这样的工人承诺未来会提供家庭友好政策，公司也没有给他们的孩子提供全天候的儿童托管中心。没有人向他们分发关于灵活工作时间的宣传手册。他们所能得到的非全职工作安排或灵活工作时间只能依靠榨取他们自己的私人安排，并且以牺牲家庭和孩子的利益为代价。

一项阿莫克 1990 年的调查显示，在无法得到公司帮助的情况下，四分之三的时薪父母同意这一观点："我很难处理好我的工作和家庭 / 个人责任。"女性比男性感受到的压力更大，可能是因为她们像德布一样是家庭时间的守护者——她们要修理育儿传送带出现的每一次故障。有一半的时薪母亲和三分之一的时薪父亲表示他们"非常难"监管孩子们独自在家时的活动。71% 的女性和 51% 的男性表示他们非常难找到适合他们工作时间的儿童托管服务。

但即便有了工作场所的儿童托管、灵活工作时间安排和缩短工时的职位，即便钱不是问题，埃斯特拉家依然没有兴趣减少工作时间。德布说她"有点喜欢"这种七天循环的轮班；马里奥承认自己是一个"加班狗"——在他们之间，一场关于时间的性别之战正在进行，而真正的受害者是他们的孩子。

在这场战争中隐含着的是养育孩子这项工作的贬值。如果养育孩子的工作更有价值，那么德布和马里奥·埃斯特拉就不会如此挣扎着从孩子们身边逃开。那么汉特被面包干卡住、戈登的脏尿布和孩子们的大喊大叫就不会成为逃避亲职的理由，就如同难解的方程式不是逃避数学的理由。“女人的活儿”一直被贬值，然而，在企业化的美国，在新的时间计算压力下，它的价值进一步下滑。这种贬值就是埃斯特拉家夫妻战争的根源。

近几十年来，时间政治已经几乎完全个人化了。一个重大的公共议题以成万上亿个个人问题的面目出现，每个人在家里独自解决。[④] 公司对家庭施加的影响远大于家庭对公司的影响。所以工作中的时间要求似乎刻不容缓，而家庭中的时间则任人宰割。工人们聚焦整个图景中自己可控的那一块——不断调整，再调整支离破碎的家庭时间，而车间的漫长工时和轮班工作的结构却坚如磐石。马里奥没有向阿莫克要求时间，他要的是德布的时间。父母也不会向公司质疑，他们从孩子那里偷时间。

我问马里奥和德布，公司做什么可以改善他们的家庭生活，马里奥想不出来。德布憧憬的是职场母亲可以拥有固定的白班，或者可以建立一种制度，让人可以在家庭需要时跟同事交换轮班。我也问其他工人，有人想要在工作场所建立儿童托管中心，也有人含糊地提到了“放慢速度”或者“像乡村一样的”生活方式。

如果说工人们低估了他们马拉松般的工作对孩子的影响，那么他们完全忽略了其对自身的影响。一个六十岁的前“加班狗”，曾经连续十五年上“七天循环轮班”，加了所有能加的班，他已经“几乎失去了家庭”，他带着强烈的情感向我描述：“那时候你不知道，循环轮班会让你变老。我加班时没觉得那是坏事，现在我知道了。”

与此同时，马里奥发现了一个逃避没完没了的时间冲突的经典方式，至少在他的幻想里。他沉浸于幻想拥有未来的美好岁月。“我已经迫不及待地想到四十五岁，”他解释说，“那时候孩子们都长大了，我的房贷也还完了。”然而，在从现在到四十五岁之间的这十三年，他所有能想到的只有这些——更多大喊大叫的孩子，更多的加班，从德布身上和自己的睡眠里偷更多时间去做自己想做的事情。

然而，现在，他只能等待，因为汉特刚刚在厨房里撞倒了不知道什么东西，而德布不见踪影。她还在车间里上她的双班。

第三部分
影响和替代方案

第十四章
第三轮班

作为一家利润丰厚、勇于创新的公司，阿莫克有充分的预算和意愿来实验一些新方式，调整员工的生活。工作－家庭平衡项目本可成为一种新的模式，向其他公司证明，有效率地使用人才不一定非得耗尽员工和他们的家庭。但这没有实现。我提出的问题是：为什么不能实现呢？答案，就像我们看到的，很复杂。一些职场父母，尤其是在工厂工作的，不愿意缩短工作时间，因为他们需要钱或害怕失去工作。尽管阿莫克并非如此，但在其他一些公司，人们还担心缩短工作时间的“好事儿”会随时变成“坏事儿”，比如取消福利或工作不保。即使这些担忧都不存在，同事或上司期待“认真的参赛者”的同伴压力也会把削减工作时间的想法扼杀在摇篮里。一小部分决心减少工作时间的员工要冒着与公司里的“原始人”对峙的风险。但是，所有的这些抑制因素都不能完全解释，当工作时间侵占家庭生活时，阿莫克的职场父母为何不抵抗。

许多解决工作－家庭平衡问题的方法在阿莫克都可以找到——零部件都在那儿，但没有组装起来。这些零部件大多掌握在位居公司高层的男性手里，他们有权力和技术来构建一种新的家庭友好型职场文化，但却缺乏深层的兴趣。另一些零部件掌握在家庭友好政策的倡导者们手中，他们在公司的等级稍低，对这种改变有着强烈的兴趣但却没有实施的权力。而部门主管和经理们的支持本是解决这个问题的关键，但他们有时候会公然敌视任何带有工作－家庭平衡意味的改变。所以，即使原本能从这些项目中受益的员工提出了要求，来自上层的抗拒也会阻挠他们的努力。

但是为什么阿莫克的职场父母，既然大多数都表示需要更多家庭时间，却*没有*进行更大的抗争，去争取更多时间呢？可能很多人都在应对着一个无比强大的进程，在这个进程中，过去被视为家庭生活核心的东西正在被贬低。几乎可以确定的是，女人和男人对交换金钱的活动投入越多，他们在公共领域里的工作越受到重视和尊重，私人生活就越被贬低，私人生活的边界就越会收缩。对女性和男性来说，在职场工作不仅仅是简单的经济事实，更具有复杂的文化价值。如果说在20世纪早期，女性必须去工作被视为不幸，那么现在女性不工作才会令人惊讶。

人们都有冲动把时间花在他们最看重的以及他们最被看重的地方。这种倾向也许有助于解释用于私人社会关系上的时间的历史性缩减[①]，这种缩减在阿莫克呈现出一种独特的文化形式。被看重的工作领域融入了家庭中最好的一面来获得加分。

与此同时，被贬低的家庭领域却吸纳了工作中曾经被认为最为“异化”的特质。无论对于阿莫克工作－家庭平衡项目的失败给出何种解释，事实就是，在一场工作和家庭之间的文化较量中，职场父母用脚投票，导向了工作场所。

我们可能想问，在这个问题上，阿莫克的职场父母是异数，还是代表了全国的职场父母？为了寻找答案，我联系了一家叫作光明地平线的公司，这家公司旗下运营了125个以公司为基础的儿童托管中心，服务对象涵盖19个州的企业、医院、房地产开发公司和联邦机构。[2]光明地平线向7000个接受服务的父母发放问卷，并同意在问卷后面附上我的一组问题。收到问卷的父母中有三分之一做了回答。有1446份回复来自年龄在30岁出头的中产阶级或中上阶层父母。[3]他们中的许多人都在世界五百强公司工作，包括IBM、捷运、西尔斯百货、罗巴克、柯达、施乐、博士伦和唐恩都乐甜甜圈。因此，这个研究给我们提供了一个非常具有参照意义的图景，让我们了解在美国其他地方，那些和阿莫克的职场父母一样为人父母的经理和专业人士正在经历什么。

和阿莫克的职场父母一样，这些父母报告了同样的时间压力。跟阿莫克一样，受教育程度最高的专业人士和经理投入了最长的工作时间，他们中有60%平均每周工作超过40小时。有约三分之一的父母让他们的孩子接受每周超过40小时的托管服务。[4]跟阿莫克一样，父母的收入越高，孩子在儿童托管中心的时间越长。

当被问到“你认为自己是一个工作狂吗？”，三分之一的父亲和五分之一的母亲回答“是的”。三分之一认为他们的*伴侣*是工作狂。在问到“你经历过‘时间匮乏’吗？”时，89% 回答“是的”。有一半的人表示他们通常都把工作带回家做。[5] 在那些抱怨经历了时间匮乏的人中，有一半同意“我没有花足够的时间和孩子在一起，为此感到内疚”。43% 同意他们“经常”觉得“陪伴孩子时，有太多时候我已经很累了”。当被问到“总体上，你觉得自己在工作和家庭需求之间平衡得如何？”，只有 9% 的人回答“很好”。

如果光明地平线公司所服务的这些职场父母都经历着阿莫克员工同样的时间困境，他们忍受是因为觉得工作比家庭生活更有意义吗？为了寻找答案，我继续问“是否有时候对你来说家像是一个‘工作场所’？”，85% 回答“是的”（57% 回答“经常”，28% 回答“比较经常”）。女性比男性更倾向认同这一点。我也反过来问“是否有时候工作带给你像家一样的感觉？”，25% 回答“经常”或“比较经常”，33% 回答“偶尔”，只有 37% 回答“很少”。

一些员工觉得工作更“像家”的一个原因是，他们觉得在工作中更被赏识和更胜任。我访谈的阿莫克员工也是如此，这不足为奇，因为阿莫克付出很大的努力去让员工感到被赏识。在一项大规模的全国性研究中，社会学家戴安娜·博登和布兰德利·古金思发现，59% 的员工给自己的家庭表现评分为“好或通常很好”，而给自己的工作表现评分如此的人达到 86%——这意味着，和家庭相比，员工更赏识自己在工作中的表现。[6] 在光明地平线的全国调查里，只有 29%“主要在家中”感到受赏识，有 52% 感觉在家和在工作中“同样”受赏识。令人惊讶的是，女性并没有比男性更有可能认为自己在家中更受赏识。

通常，职场父母在工作中感觉更像在家，因为他们在工作中更能得到所期待的情感支持。跟阿莫克一样，工作场所有他们最亲密的朋友，光明地平线的调查中也反映了同样的情况。当被问到“你在何处拥有的朋友最多？”，47% 回答“在工作中”，16% 回答“在社区邻里”，只有 6% 回答“在教堂或寺院”。女性在工作中拥有最多朋友的可能性要远远高于男性。[7]

许多阿莫克员工在工作中感觉更像在家，是因为在工作中他们感觉最放松。在回答“你在哪里觉得最放松？”时，光明地平线的调查中只有略占多数的人（51%）回答“家”。在回答“你觉得在工作中还是在家里，你的生活环境或人际关系更有安全感？”时，同样略占多数的人回答“家”。我还问了：“工作以来，你一共换过多少次工作？”平均数是一至两次。虽然我没有问曾换过几次爱人，但全国数据显示，在三十出头的年纪，换一到两次爱人的比例并不少见。工作对员工来说也许不是“矢志不渝的”，但家可能也同样不是。

我应该问一问，人生的哪个舞台——工作还是家庭——是最吸引人的？阿莫克的父母们爱他们的孩子，但也常常觉得工作生活要比家庭生活更有趣。毕竟工作场所提供了一个天然的舞台，上演人生百态，让人体会酸甜苦辣。而在家里，舞台日益狭小，演员寥寥无几。有时候，在家里主要的、没有压力的“振奋人心”的事件就发生在人们看电视的时候。（根据一项调查，美国人花在电视机前的时间大概占空闲时间的 30%。）[8]

通过这个样本，我们发现一些证据显示，工作和家庭的文化逆转已经初见雏形。调研中，相比于认为“工作像家”，更多人认为“家像工作”，这不足为奇。仍然有将近一半的人认为家是放松和安全感的主要来源。对许多人来说，工作更像是一个应对不稳定的家庭的备用系统。尤其对女性来说，工作在今天往往是为家庭生活的不确定性上一份情感保险。

光明地平线的父母们——将孩子放在了托管中心的、大型企业里的中产阶级或中上阶层雇员——很好地匹配了阿莫克的父母们。而这个调查的结果也证实了，在花鹿托管中心看到的许多情况确实在全国范围内发生。然而，很明显，并不是所有的职场父母都能够和光明地平线的父母们归为一类。这个样本中没有包含哪些类型的家庭呢？*他们*在工作和家庭中有哪些经验，两者之间有什么关系？我们首先需要识别至少四种其他的工作—家庭生活模式，每一种都基于家庭和工作的相对情感磁性。当然，大多数真实的家庭是几种不同模式的融合。

比如，有一种“避风港”模式，在这种模式下工作是一个无情的世界，而家庭仍然是一个避风港。在一定程度上符合这种传统模式的多为工厂工人，他们从事的工作相对来说更不令人愉快，而且缺乏在职的社群。对于很多蓝领男性以及女性来说，家仍然比工作更像一个避风港——尽管德布和马里奥的故事表明并不总是如此。当我问女人们，如果不需要钱她们是否还会继续工作时，回答“不”的比例随着职业等级的下降而上升。这一定程度上反映了一个事实：在过去的十年里，富人越富，穷人越穷，那些拥有“理想”工作的人通常发现工作越来越有吸引力（拥有更加精心设置的职场文化和更加吸引人的福利待遇)。而同时，那些“不理想的”工作却变得更加不友好(几乎没有职场文化的设置，越发面临技术替代的风险，更加不稳定，薪资下降)。许多这样的“缺乏者”仍然视家庭为“避风港”，不管他们的家庭生活现实如何。

比尔和艾米丽·丹顿一家符合另一种“传统”模式，在这种模式下家庭和工作各自展现了对特定性别的吸引力。像比尔这样处于企业高层的男性，既不逃避沉闷的工作场所，也不逃离充满压力的家庭生活。他们把大部分醒着的时间都献给了办公室，给自己建造了一个令人舒适的“家”；同时他们真正的家变得如同夏季的度假别墅一般。像艾米丽那样的妻子被留在家里料理家庭和照顾孩子。对她们来说，家庭并不是一个逃离工作世界的避风港，而是自成一体的充实的世界。在这种老式的工作和家庭平衡模式里，每种性别都被赋予某个特定生活范围。但即使是在大公司的高层管理者中，这种模式也日趋式微。工作的磁力也将这些管理者的妻子拉出家门；同时，对于那些留守家中的人来说，主妇和母亲的职责与乐趣也在渐渐熄灭。

还有一种是“无工作—弱家庭”模式，在这种模式下，无论是工作还是家庭对个体都没有太大的吸引力。符合这种模式的，是找不到工作的穷人，而找到工作可能是他们拥有合理的家庭生活的经济和情感前提。社会学家威廉·朱利叶斯在《当工作消失时》一书中，聚焦非裔美国人的困境。他评论说如果没有罗斯福新政式的全国性公共工作计划，许多黑人将会置身一个日益扩大的经济荒漠中。⑨ 在地下经济的推动下，内城的街头巷尾和黑帮生活越来越成为受赏识、放松和安全感的替代来源，同时毒品又提供了一种临时的幻觉，让人觉得这些理想生活都是唾手可及的。

最终，还有一种“工作－家庭平衡”模式，在这种模式下父母选择使用工作中的家庭友好项目，不渴求在工作上花那么多时间，所以也不会占用本应分配给孩子们的时间。这些父母有可能开始打破时间匮乏的循环，因此也没必要在家里上第三轮班。这个模式在阿莫克是少数人的现实，也许在全国范围还有更多这样的少数人。

如果说符合“避风港”和“传统”模式的家庭正在消减，符合“无工作—弱家庭”模式的家庭随着经济变化而波动，那么在过去的三十年里，陷入了“家变工作，工作变家”的颠倒模式的家庭一直在增加。但是，什么样的社会条件促成了这样的变化呢？在不断变动的文化景观中，工作场所对家庭的接管无疑是尚未广为人知却根本性的一环。

在颠倒世界的背后

诚然，工作可以补充甚至改善家庭生活，但在最近几十年里，工作开始跟家庭形成激烈竞争，并最终获胜。大众媒体常常把全球竞争视为当代经济社会的主旋律，却很容易忽视一个事实：美国公司最激烈的竞争是与本土对手——家庭之间的竞争。阿莫克的管理人员担心他们和亚洲公司、欧洲公司争夺市场份额的战争，但他们把公司日益侵占家庭时间视作理所当然。因为像阿莫克这样的工作场所往往善于在员工身上投资，所以它们常常能够赢得员工情感上的忠贞——从而也赢得他们更多的时间。

在企业与家庭的争夺中，企业的优势地位得益于近年来公司文化经营的兴起，特别是从弗雷德里克·泰勒的科学管理体系到起源于威廉·戴明的全面质量管理体系的潮流转向。[10]根据泰勒主义者的世界观，经理的工作就是强制员工的头脑和身体，而不是俘获心灵。泰勒化的工人是去技能的、可替代的和廉价的，也因此会感到无聊、被贬低和不受赏识。

通过使用更现代的参与式管理技术，公司现在投资于培训员工参与“决策”，然后在刚被“赋权”的员工面前设置道德激励和经济激励。在泰勒体系里，经理假设员工缺乏把工作做好的基本动力。在全面质量管理体系里，经理假设员工拥有这样的动力。在泰勒主义下，员工不被赋予自主权。在全面质量管理模式下，员工拥有某种程度的自主权，并且被获取更多自主权的承诺进一步吸引到工作中来。

如同阿莫克的工作环境所显示的，全面质量管理体系下的员工被要求为工作成就而感到被认可。阿莫克公司出版季刊《阿莫克世界》，刊登了一些员工笑意盈盈的特写——这些员工因善于解决问题、预见瓶颈、发明新产品、减少误差，或者“取悦客户”而受到赞誉。阿莫克的一位副总裁向“众议院科学、研究和技术小组委员会”介绍全面质量管理体系时提到，公司更倾向于用个人认可，而不是金钱来奖励高质量的工作。他指出，个人认可被证明是一种极为有效的激励工具，比给予经济激励更不易引发其他员工的嫉妒。公司的调查也证实了这一点。

在阿莫克，员工们在工作的同时应该感到放松。频繁的认可仪式对工作给予奖励，同时也为某种玩乐提供了情境。实际上，阿莫克的管理已经投入了精心的努力来模糊工作和玩乐的界限（就如同在家里一样，这个界限也经常被模糊）。例如，夏日的周五都是“便装日”，员工们被督促可以穿得“好像在家一样”；还有定期的公司野餐日、假期派对和庆典，都很明显地想要在工作中注入喜庆的美好情感。在阿莫克公司总部工作的白领员工甚至还有免费的可乐，就像在家一样，存放在咖啡机旁边的冰箱里，遍布每个层楼。

在员工的工作或家庭遇到问题时，阿莫克还千方百计地扮演乐于助人的亲戚角色。教育和培训部门会给员工提供免费课程（计入工作时间），内容包括“处理愤怒”“如何提出和接受批评”“如何和苛刻的人打交道”“压力管理”“掌控你的工作日”，以及“使用麦氏人格量表提高团队效率”。还有一些工作坊，主题包括“双职工夫妇的工作和生活平衡”和“单身人士的工作和生活平衡”。在家里，人们很少能在如此基本的家庭生活议题上得到如此多的帮助。在家里，也没有课程是关于“如何处理你的孩子因为时间匮乏而产生的愤怒”和“如何处理你和孩子对彼此的失望”。

结果就是，许多阿莫克经理和专业人士都诚恳地向我承认，公司通过提高他们处理家庭问题的能力，帮助他们实现了个人的成长。即使在车间里，团队建设中的一些培训有时候也会让工人产生相似的感受。阿莫克给经理分发的一则手册上列出了一系列“卓越工作的品质”，这些品质在家里也很有用——评判一个员工可以依据他是否“对个人行为寻求反馈”“觉察注意力水平或情绪的变化”，或者“根据环境和周边的人调整个性”。阿莫克还为高层管理者注册了企业学习学院的课程，是为员工注册该课程的大约一百家企业之一。在那里，管理者可以学习如何激励和影响其他人，如何处理冲突。该学院还提供了一个开放式的“个人重点项目”，“旨在为各行各业真诚渴望探索和扩展自身独特潜力的人士打造”。人们还可以参加由公司付费的一门课程——“自我意识和存在：探索自我在影响过程中的重要性”[11]。

全面质量管理体系下的员工被要求效忠公司。在电影《摩登时代》里，一场加速最终将泰勒化的查理·卓别林逼疯，他爬上一个由齿轮和皮带组成的巨型传送带，被缠绕在一个巨大的轮子上，他自己也变成了机器的一部分。他怎么能够对一个把自己变成机器零件的公司效忠？

在阿莫克的全面质量管理体系下，员工不是机器，而是信徒。1992 年的一个夏日早晨，当我目睹了在一家高中餐厅里举行的“大型团体改变活动”时，我清楚地意识到了这一点。这个活动是阿莫克为了应对一个日益壮大、夺走了很多顾客的竞争对手而举行的。它被筹办得像一场布道大会，目的是让每一个员工重申自己的承诺，这个承诺不是对配偶，也不是对教会，而是对公司。在这些置身山谷、表现不佳的车间里，它只是一系列相关活动中的一个。入口处挂着两条条幅，上面写着，“展现我们的承诺”。参与者是四百个工人，大多数是年龄在二十至四十岁之间的白人男性，八人一组围坐在桌子旁。他们多穿着运动 T 恤、蓝色牛仔裤，戴着棒球帽。一个戴墨镜的年轻男人随意地朝后拉起椅子，骑马一般地抬腿跨坐上去，加入了他的小组。小组组长问道："在工作上有什么令你烦恼的事吗？"

"有一些主管没事可做，整天就是等着看你犯错，"一个男人回答说，"他们就不能去做点自己的事吗？"

话题很快就转到上午的会议可能对他们的家庭生活产生什么影响。二十二岁留着莫西干头的乔治主动说："我和我妻子刚刚复合，我们原本要去新奥尔良度假，但现在赶上这个活动了。"

"如果我们能让这个车间不倒闭，"另一个工人挖苦说，"那可比度几个假更能让你们一家团聚在一起了。"

接着，活动组织者介绍了三个发言人，一个车间经理、一个投资人和一个工会代表，每个人都强调了在之后六个月里提高产量的必要性。就像复兴教派的牧师挖掘罪恶之深，车间经理描绘车间产量下滑到了何种"深渊"；在阿莫克的竞争对手那里，每一百万个零件中的瑕疵可以多么少；以及，他们一年可以产出多么丰富的员工创意（或者像他们所称的，改进行动要求）。他为阿莫克日益萎缩的市场份额而扼腕叹息。

工会代表曾在另一家公司做了二十六年的模具制造。他讲述了他的工厂如何和另一家公司合并，然后又倒闭的经历。"在全镇两千个就业岗位中，我们裁掉了四百多个，这就是美国工业和劳动力的现状。"他提议说，想出好创意、更全神贯注、更谨慎、与团队中的其他同事更团结——这些行为既是爱国的，也是亲劳工的。

然后，组织者向工人们分发了便笺纸，要求他们写下好创意，这些创意将被贴到餐厅的一面巨大的墙上的“行动创意”标题下。常见的便签纸上写着：“不要把护目镜扔在一边。”“循环用水。”“不需要每天给地板打三次蜡——节约成本。”然后给八人组每组二十一个可以粘贴的金色星星，要求他们把星星贴到他们最赞成的行动创意之下，投票选出最好的创意。工人们回到座位上再讨论他们组——现在被新命名为“工人—经理提高小组”——给出去的星星。

每一组都被要求思考这样一个问题：“我愿意承诺的是什么？”一个坐在桌子旁的男人提到停止恶作剧、顶嘴和怠工。他们发誓要“驱逐恶魔”，不再因为工作乏味而对公司实施小小的报复。

然后，活动组织者请所有工人拿起桌上的小册子和铅笔，进行 MBTI 人格测试。[12] 这个测试聚焦个人的团队合作能力，倾向于领导还是跟从，挺身而出还是躲躲藏藏，工作快还是慢，“谁是内向者？谁是外向者？”。人们自告奋勇，并被问道：“你的个性是否阻碍了你不断进步？”这个测试和整个会议的目的一致，心照不宣地让蓝领工人接受管理者的视角——人际交往能力要比体力重要得多，你和公司都应该关注你的个性特征，以及如何更好地适应工作场所。他们被要求把个人命运抛在脑后，然后努力地像高级管理者一样去展望、关注和筹划公司的命运。[13]

在活动的最后，为了展示他们新的“承诺”，工人们把自己的名字写在悬挂在餐厅入口处的一条巨大红色条幅上。他们的签名花里胡哨，比如长长的“g”或高高的“t”，在名字下画线，或用花体的“s”。在一些名字下还会用括号加上自己的昵称，还有一些会像写高中纪念册一样，在条幅印刷字上找到和自己的名字首字母同样的字母，然后巧妙地把自己的名字嵌入到条幅里。

在“赎罪”的承诺中，活动达到高潮。工人们一个个地发言，他们从失业中“得到拯救”，并将拯救公司下滑的利润。阿莫克也希望这些工人能够得到拯救，而不是被解雇。四百万美元已用于在车间中贯彻全面质量管理的“使命”——现在，它还在加大投入来拯救车间和工作岗位。这本身就是一种信息传达，工人们感受到了：阿莫克在乎。

这种被在乎的感觉鼓励对工作时间采取一种更为个人化的取向。如果说，在《摩登时代》里的卓别林和同时代的成千上万的真正的工厂工人一样，意识到自己是公司提倡加速生产的牺牲者，那么阿莫克的专业人士和经理们，甚至工厂的工人们，都正在被要求想象成自己的时间规划者、自己的效率专家。他们要自己去提高自己的生产效率，在自己的车间里，甚至是在自己的生活里，管理好不断加速的工作节奏。然而，在全面质量管理体系的道德外衣下，工人们没有被要求关注自己的工作速度——至少没有被直接要求，而只是被要求工作“质量”。与此同时，在家里，这些工人发现，为了在剩下几个小时里完成一定量的家务，“质量”正是他们不得不舍弃的东西。

泰勒化的家庭

如果说全面质量管理体系倡导在“充实的”职场环境下对

工人“技能再造”，那么资本主义和技术发展就是长期潜移默化地在家中将父母“去技能化”。随着时间的推移，商店购得的物品已经取代了家纺布、自制肥皂和蜡烛、自制熏肉和烘焙食品。方便食品、冷冻晚餐和外卖取代了妈妈的食谱。在某种程度上，儿童的托管中心，老人的养老院，失足少年的野外营地，甚至心理咨询，都成为曾经家中“妈妈的工作”的商业化替代。如果说，在全面质量管理体系下，“充实的”工作在职场中呼唤更多的技能，那么家庭事务慢慢地变得越来越少、越来越容易了。

就连家庭自创娱乐也有了机械替代品——主要是电视机，但也有游戏机、录像机、电脑和CD播放器。在我观察过的阿莫克家庭里，动画片常常从一大早就开始播放，以便哄孩子穿衣服和吃早餐。在晚上，一些家庭用美国有线电视网（CNN）或网络新闻来给准备晚餐的平常任务增添一点严肃的气氛。晚饭后，一些家庭会沉默而温馨地坐在一起看情景喜剧，看电视里的母亲、父亲，还有孩子们之间充满活力地互相交谈。电视里的角色在为他们打趣逗乐，而家庭本身却陷入“关系懈怠”中。家庭过去负责生产的东西——娱乐，现在只是消费了。讽刺的是，正如情景喜剧《墨菲·布朗》和《墨水》里所呈现的，这些娱乐甚至给观众们展示了已经转到工作中的“家庭生活”[14]。

现今家庭成员仍然需要具备的主要“技能”正是最难的一项——去建立、加深和修复家庭关系的能力。在正常情况下，处理人际关系的工作要求对其他家庭成员的感受提供关注、承认和共情，平息争吵，安慰受伤的心灵。

随着“离婚革命”的到来，这种微妙的情感工作开始变得更加复杂和艰难。三分之二的离婚都涉及了子女。在《第二次机会》一书中，茱蒂丝·沃勒斯坦和桑德拉·布莱克斯利介绍了自己对六十对中产阶级父母和孩子长达十年的研究。在十年里，父母离婚的孩子中有一半经历了父母一方的第二次婚姻：通常是一方幸福地再婚了，而另一方并没有；只有八分之一的孩子目睹父母双方幸福地再婚了；一半的女性和三分之一的男性在十年之后仍然对前配偶怀有强烈的愤怒。

这个研究也提供了其他洞见。一方面，父母和孩子常常对离婚有不同的看法。三分之二的女性和二分之一的男性声称，他们在离婚之后的生活质量更令人满意，但只有十分之一的孩子有同样的感受。四分之三的孩子感觉被父亲拒斥了。然而奥勒斯坦和布莱克斯利却发现，辛酸的是，这些“拒斥的”父亲经常与他们既不看望也不抚养的孩子维持着一种虚幻的关系，他们把孩子们的照片放在手边。一个全国性研究发现，年龄在十一到十六岁之间、和离异母亲一起生活的孩子，有一半在过去的一年里没见过父亲。[15]

即使在最好的情况下，家庭生活也可能不尽如人意。但在一个以核心家庭为基础的社会里，离婚带来了额外的压力。把人一次次混合进再婚的“链条”，要比“混合”一词隐含更多的艰难。这些再婚家庭中的兄弟姐妹很难像亲生手足那样亲密——而那只是这些新家庭所面临的众多问题之一。一个离异的阿莫克员工抱怨他的继子女不服从他的管教，挑战他说：“你不是我*真正的*爸爸！”在另一方面，许多离异的母亲也深深怨恨她们的前夫对再婚新家庭的眷顾偏爱。比如，一个离异的妻子苦涩地发现前夫一边拖欠着孩子的抚养费，一边给新家庭买了新车和一艘船。面对这些问题，父母们也亟须情感上的“技能再造”，但几乎没有人知道去哪里寻求“培训”。

在阿莫克，成功完成了在职培训会收获一个嘉奖仪式，一个“全面质量”胸针，甚至可能登上公司的杂志。在阿莫克，每当“离婚”威胁出现时，大笔的资金就被用来举办公司和员工之间的“承诺仪式”。但是，谁来奖励一种艰难的新型情感工作？谁来守护家庭中不断递减的利润率？[16] 谁来呼吁在家里重申承诺的誓言？

液压消毒擦嘴机

职场父母常在家中面临难题，却没有多少外部支持或帮助来协助解决。时间当然并不是万灵药，但有时间在一起是构建家庭关系的一个重要前提。那么，家庭时间遭遇了什么？

职场父母展现了一种可以理解的愿望，去构建远离压力的家庭时间的圣殿，在那里他们可以专注于一项活动或一种关系。因此，比如晚上 8:00 到 8:45 这段时间可能被隔离出来，作为父母和孩子的“优质时间”，而 9:15 到 10:00 作为夫妻间的“优质时间”（孩子们上床睡觉之后）。这样的时间边界必须提防其他的时间要求——来自办公室、合同拼车的邻居、询问家庭作业的孩子同学的那些电话。然而这些片刻的“放松时间”本身看起来越来越像职场上的时间划分了，父母们像上班打卡一样进入或退出。比如，当丹妮斯·汉普顿晚上给两个孩子读《纳尼亚传奇》时，她特别努力地不去惦记收件箱里堆满的电子邮件，也不去想之后需要尽快做好发送出去的备忘录。因此，对她来说，"放松的"优质时间实际上需要特别的自律、专注力和精力，就像工作一样。即便丹妮斯在家，即便她想着家务事，她也常常发现自己以一种准工业的方式在使用时间。

矛盾的是，对于疲惫不堪的父母来说，效率和时间分块似乎是可以解决时间困境的方式，但不久之后这个方式本身也变成了问题。为了有效率地利用自己在家的一切时间，许多职场父母试着做得更快一点儿，哪怕只是为了腾出一些可以慢慢消磨的时间。他们同时做两三件事，他们提前做好规划，他们委派别人，他们把家庭活动分成类，然后把其中一些外包。在高效运作中，他们可能无意中践踏了那些与特定时刻或特定日子相关联的、充满情感意味的符号。他们把活动一个挨着一个地排满，忽略了每个活动的"认知框架"——期待和回忆某段经历的那些时刻，正是那些时刻增加了这些活动的情感意义。他们忽略了悠闲的节奏可以带来的满足感，以至于匆匆晚餐后紧接着给孩子快速洗个澡，讲个睡前故事——如果算是"优质时间"的一部分——被算作跟这些活动的慢速版本"等价"。家里的时间变成要"节约"的东西，堪比乃至甚于职场，家庭生活确实变成了第二轮班；曾经只占据职场中心的效率的狂潮，现在也在家中占据一席之地。效率既变成了实现目标（拥有更多家庭时间）的方式，也变成了一种生活方式，一种目标本身。

大量的家庭生活已经有效率地把人们集合到预制的活动时段之中。也许看清这个局面的最佳方式就是回到电影《摩登时代》的经典场景里。查理·卓别林在电炉钢厂的生产线上工作，一群推销员试图说服电炉钢厂的总裁，安装威廉康姆·波纹牌自动喂饭机，根据这台机器的疯狂发明者的解释："它自动给正在工作的工人喂饭。"录好的推销广告词自动播放着："不要停下来吃午饭。超过竞争对手。喂饭机可以取消吃午饭的时间，增加产量，减少开销。"两个推销员穿着看起来非常"科学"的白色实验室大褂，带着法国侍者般淡淡的微笑和微挑的眉毛，先指"带鼓风机的自动汤盘"（不需要花力气把汤吹凉），再指"带自动食物推进器的旋转餐盘"，接着指"带完全同步转换的双重减震喂玉米机，让你仅用舌尖就能从高频转到低频"，最后还有"液压消毒擦嘴机"，能够"控制不让衬衫前面出现污渍"。

倒霉的卓别林被选中来测试机器，一个推销人员把他绑在机器面前，他的胳膊无法移动。机器开始往他的嘴巴里倒汤，当然，最后还倒在了他的衬衫上。卓别林用怀疑的目光盯着自动擦嘴机，它定期地旋转过来在他的嘴唇上翻滚，如果他坐得不够直的话，就擦到他的鼻子。抹了黄油的玉米棒出现了，自动在他嘴边前前后后地移动。作为一个去技能化的进食者，他唯一的任务就是咬和嚼。然而，就像工厂的传送带一样，玉米很快就开始加速，前后快速移动以至于卓别林根本来不及嚼。机器坏了。无动于衷的白大褂推销人员修好了它，但它又一次出了故障，喂了卓别林螺栓和三明治，还糊了他一脸奶油派。擦嘴机狂乱地跳出来在他污迹斑斑的脸上擦出了干净的一小道，卓别林头晕眼花地晕倒在机器前。

阿莫克的 CEO 不需要引进这样的自动喂饭机，许多阿莫克员工为了节省时间都会自觉地在办公桌前快速吃午饭。这种模式绝非阿莫克独有。一个由全国餐饮协会委托完成的最新研究报告发现，现在商务午餐越来越快，数量也越来越少。在1993年，参与调查的成年人中只有38%表示他们每周至少外出吃一次午餐，而在20世纪80年代中期，这个比例达到60%。旧金山商业区的观察者温蒂·田中发现，人们外出吃午餐的时间越来越少，许多餐厅正在向外卖业务转型才能实现收支平衡。坐下来吃午餐的顾客越来越大概率带着工作而来。就像温蒂观察到的，如果有人带着笔记本电脑走进餐厅，对着项目而不是同伴吃午饭，那不再是稀奇事儿了。[17]

然而，也许更严重的是，一种自动喂饭机的氛围已经进入家中。比如，《职场母亲》杂志就刊登了广告，用“两分钟米饭”“五分钟砂锅鸡”“七分钟中式大餐”来吸引职场妈妈。还有一则便携式电话的广告，展示职场妈妈可以边跟女儿一起做饼干边打商务电话。

另一类典型广告则是如肉桂燕麦片早餐广告：一个微笑的母亲已经整装待发要去办公室，抱了抱她开心的儿子。字幕写道：“早晨，我们太匆忙了，我的儿子吃得很慢。但是有了肉桂燕麦片，我都不用哄他快点吃！”这里，这个现代母亲似乎吸取了弗雷德里克·泰勒的精华，在家里迫切地要求提高效率，因为她要赶着去上班。然而，在某种意义上，泰勒的影响转移到她的儿子身上，这个渴望一顿美味早餐的孩子让*自己*加速。儿子这么做的诱因是燕麦片里的糖。对这个孩子来说，提高效率的奖赏跳进了麦片盒里，变成了一大块糖。

第三轮班：时间工作

由于第一轮班（在工作场所）占据了更多时间，第二轮班（在家里）变得更加匆忙和理性化。在办公室或工厂里的工作日越长，在家里我们就更有压力抓紧、委派、置后、放弃、分块，或高度组织那宝贵的、仅存的家庭时间。他们的时间赤字和那些试图解决时间赤字的方法（抓紧、分块和组织）都迫使父母们像前几章里描述的那样，从事第三轮班工作——注意、理解并应对压缩的第二轮班所带来的情绪后果。

当这种工作中孕育的效率狂潮在家中出现时，孩子们用自己的方式来做回应。许多孩子随着年龄增长学会了反抗。阿莫克和其他各地的父母不得不应对孩子们因极为缺乏家庭时间而表现出的情绪。比如，阿莫克的工程师丹尼斯·隆给我讲了他和前妻所生的儿子的故事。当时他在赶一个项目的截止日期，每当他回家比平时晚，四岁的约书亚都会对他大发脾气。丹尼斯可怜兮兮地解释说：

> 我不在家时约书亚真的很烦躁。在他的脑子里，每个月的第一周和第三周他跟我在一起，而不是跟妈妈。他有一阵子没见到我了，我本该在家陪他的。当一个项目要到截止日期了，我回家迟了，他被逼急了，跟我大闹一场。我理解。他很沮丧，他不知道自己可以依赖什么。

这个父亲的“第三轮班”工作就是耐心地坐在地板上“接

受”约书亚的大喊大叫，听他发泄，安抚他，给他一些时间。有大约六个月的时间，在他期待的活动意外被耽搁或节奏转变的时候，他几乎都会变得很烦躁。搞清楚这些耽搁或节奏转变对约书亚意味着什么，也成为丹尼斯·隆第三轮班的另一部分。

这些情节带出了很多疑问：如果约书亚的爸爸一直推迟他们约好的一起玩耍的时间，是不是代表着他不在乎约书亚？约书亚对时间的理解和他的爸爸一样吗？如果时间对他们两人象征着完全不同的东西呢？谁的理解更算数？把这些情感缠结理清楚同样也是第三轮班的一部分。

讽刺的是，许多阿莫克父母因孩子对“优质时间”的反应，被迫去做第三轮班工作。一个妈妈解释说：

> 每天从晚上七点半到八点半是优质时间，然后就该睡觉了。七点半我准备好了，梅琳达常常会有别的主意。每次快到优质时间了，她想要洗澡或者看电视；*一点儿也不*想跟妈妈玩儿。等到我准备放弃了，她又想要优质时间了。

一个阿莫克高管的妻子是一名繁忙的医生，她描述自己给孩子们精心安排的“特别时间”也总是被打乱：

> 通常，每天早晨八点我们付钱请邻居帮忙把萨姆和格蕾丝送到儿童托管中心。每周三的早晨我给孩子们一个特别待遇，我亲自开车送他们过去，还在那儿陪他们半个小时。我认为这是一个优待，但通常变成一个灾难。通常他

们开开心心地下车去儿童托管中心，但当我送他们时，他们就会哭，会紧贴着我，歇斯底里。我就在那儿想："这样不好吗，'优质时间'？"

在这种时刻，腹背受敌的父母常常没时间去弄清楚孩子们为何如此表现。他们没有精力去探究他们的时间礼物意味着什么，或者，是不是父母到访儿童托管中心对孩子来说更像一场拉长的痛苦离别。父母想给予的，或者孩子们想要的，是时间礼物吗？这样的问题经常悬而未决。

"偿还"时间匮乏，还会带来另一种艰难的情感工作。例如，跟许多阿莫克的销售人员一样，菲利斯·雷米有五分之一的时间在出差。她一直通过电话和丈夫还有两个孩子——三岁的本和五岁的皮特——保持联络。每到一个销售站，她就买一些男孩子的礼物。本喜欢这些礼物，但并不看重；皮特，正相反，焦虑地执着于"妈妈给我带什么了"——玩具车、蝙蝠侠斗篷、吹泡泡套装。菲利斯说：

我给家里打电话，皮特拿起电话，第一句就是："你给我带什么？"然后他会告诉我他想要什么，如果我带回来的不是他想要的玩具，他就会很失望或生气。我不想让皮特这么在乎玩具，我不喜欢他*索要*玩具。

菲利斯相信，皮特"真正需要的是有更多时间"和她在一起，而她觉得自己出于内疚给他买礼物。实际上，她和同事们开玩笑讨论过内疚购物。但在皮特面前，她很难把他对礼物的焦虑和他与妈妈的关系分割开来。

当然，像菲利斯这样的阿莫克父母并不少见。美国父母花在玩具上的钱已经从 1980 年的 67 亿美元飙升至 1995 年的 175 亿美元。根据心理学家玛丽琳·布拉德福德的研究，学龄前儿童在圣诞节前人均要求 3.4 个玩具，但得到 11.6 个玩具。[18] 当雇主们购买了员工越来越多的时间，父母们也有意无意地把这个时间从孩子那儿“购买”过来。但孩子们几乎不是自愿加入这场“交易”的，父母只是在试图逃避“时间工作”——应对孩子们的失望沮丧。

当家变成工作、工作变成家时，它要求孩子穿上紧身的时间制服。现代父母亲职工作的一部分就是处理孩子对这种安排的抵触。就像简妮·金，一些孩子未跳完她们的舞蹈；就像维姬·金，一些父母拼命避免用礼物来安抚孩子，用期许未来来讨好他们。

但在这种情形下，即使是最优秀的父母也会发现自己正在把系统性的加速传递给生产线上最脆弱的“工人”们。正是约书亚和皮特这样的孩子为泰勒化家庭里的压力发出最清晰的信号。就像善待员工的公司不需要担心罢工一样，不存在加速的家庭也不太会操心时间引发的暴怒，也很少需要做第三轮班的工作。当然，跟成年人一样，一些孩子默默地适应了家庭和工作的倒置。但许多孩子想要有更多时间跟父母在一起，他们抗议生活的节奏，抗议截止时间，抗议“讲效率的”家庭生活的不合理性。然后，父母就不得不倾听孩子们的抗议，经历他们的怨恨、抵触和被动接受，试着安抚他们的沮丧，回应他们固执的要求和满怀怨气的请求，总之是要控制两个世界倒置所造成的损失。这种未被承认的第三轮班只会更加让人觉得，在家的生活是艰苦卓绝的工作。父母变成了带着计时器的主管，监控孩子吃饭和睡觉的时间，努力地避免“浪费”时间。如果查理·卓别林的机械化舞蹈揭发了泰勒式工作场所的加速，那么简妮·金被打断的舞蹈则揭示了泰勒式家庭的张力。

孩子们磨蹭，在该出发时不愿意离开，或者在该停留时坚持离开。当然，这是走走停停的童年的一部分，但这会不会也是希望更多掌控家庭时间的一种请求？

第十五章

逃避时间困境

大多数阿莫克的职场父母都幻想着一种更加悠闲愉悦的家庭生活。他们的心愿看似如此卑微——有时间和孩子们一起玩球或给他们读故事，或只是见证他们成长过程中的一些点滴，甚至不提及为自己找点乐趣或享受浪漫。然而，奇怪的是，这些小小心愿对他们来说都常常遥不可及。许多父母来到小镇居住，为家庭友好的公司工作，恰恰是因为他们认为这是养儿育女的好地方。他们想要一种平衡。就像艾米·楚特轻笑着评论道："没有人在临终之时会说，'我多么希望我上班时工作得更卖力'。"

尽管如此，对家庭友好的阿莫克公司也仍然给员工持续施加压力，迫使他们过着更以工作为中心的生活——虽然遭到了一些职场父母的抵制，但大多数人都从之顺之。结果是，他们给自己的孩子、婚姻、社区以及他们自己的时间都远比想象中的少很多。在某种意义上，他们过着一种生活，想象着另一种生活。

正在养育年幼儿子的中层经理吉米·韦兰德如此表述，“我没有把时间花在我的价值所在之处”。对他来说，要有工作之外的时间，这个想法一直存在，但只存在于他的脑海中。和其他阿莫克父母一样，他处于时间困境中，感觉糟糕——事实上，比起那些已经不再看重个人时间的同事，他的感觉更糟糕。吉米背负着一种奇怪的时间债务。在公共市场中，他和许多同龄人一样养成了一种“预支心态”，借钱享受当下。他现在买了一辆车，现在就开，但以后再付钱。同样的，在他的私人生活中，他从家庭中借时间，用以在阿莫克长时间工作，然后，和其他职场父母一样，在家里欠下时间债。他总是向伴侣和儿子发誓将来一定会向他们偿还时间，甚至还要把时间重新存入自己的账户，他生活在一个“借出”的自我中。

一个女儿九岁的阿莫克妈妈如此形容自己的时间困境：

> 我过去是一个社会活动家，领导了华盛顿州斯波坎市的再回收运动，我为当地的环保主义候选人争取选票。我一直想象着，等我有了孩子，我会和孩子们一起开垦一块社区花园，让他们在大自然里耕种和劳动，我要把电视扔掉。我不会让孩子们被那些广告、暴力和垃圾所包围。
>
> 但现在，我工作这么长时间，黛安放学后就看电视，和她的芭比娃娃玩儿——我讨厌那些娃娃，再回收或者花园的事情我们一件也没有做。保护孩子远离那些广告的侵扰要花*时间*，做其他的事情要花更多的时间。我看不到那

些时间在哪儿。也许要等黛安长大了……

阿莫克父母们没有试着采取更加灵活的工作安排，或者缩短工作时间，而是让自己逃避这种时间困境，以此避免面对它。其中有三种常见的策略。有些人发展了一种观念，把孩子、伴侣或他们自己“真正的需要”最小化。实际上，他们把自己变成了情感上的苦行僧，也否定了其他家庭成员的需要。他们花费比曾经认为家庭所需的更少的时间和更少的注意力，享受更少的乐趣和更少的放松，投放更少的理解和更少的支持，以此勉强应付。[①] 他们在情感上缩减了生活的规模。

有些时间匮乏的阿莫克父母重新调整了观念，来满足他们承认的那些家庭需求。[②] 他们付钱给别人替自己去满足一些家庭需求，将自己的身份从过去他们可能界定为“好父母”或“好伴侣”的那些行动中剥离开来。伴随着许多高效的商业运营，他们把越来越多的家庭生产过程外包出去了。

最后，许多父母把自己分割成真正的自我和潜在的自我，分割成“我是谁”和“‘只要我有时间’将成为谁”。通常，真正的自我没有一点儿时间能照顾家庭，而潜在的自我却有无限的可能。

情感禁欲主义

面对压倒性的时间需求，一些阿莫克父母判定家里的一切都看起来还不错，判定家人已经不像曾经想象的那样需要那么多的时间或关注。以独自在家的儿童为例，根据1990年对阿莫克员工的调查，有六岁到十三岁孩子（且配偶不在家）的员工中，27%描述他们照料孩子的主要方式就是让孩子“独自在家”。

在这个问题上，男性和女性的答案不同。在高层管理者中，61%的父亲（但没有母亲）回答，他们十三岁及以下的孩子的常态是独自在家。并且，在高层管理者中，18%的父亲（也是没有母亲）回答，把六岁到九岁的孩子独自留在家里是常态。在孩子不到十三岁的中层管理者中，34%的父亲和22%的母亲勾选了“独自在家”；在行政人员中，这一比例是40%的父亲和23%的母亲；在时薪工人中，比例是18%的父亲和18%的母亲。③

在报告儿童独自在家的情况时，应该如何看待这种性别差异？为什么在高层管理者中这种现象如此显著，而在时薪工人中却很少存在？是在高层的职场母亲相对于同级别的父亲，真的很少把孩子独自留在家里，还是她们少报了？如果她们少报，又是为什么？

基于我在阿莫克的研究，我猜测把孩子独自留在家里的女性比男性更不情愿勾选“独自在家”，因为她们对此更为内疚。她们可能认为对该问题的回答涉及“好母亲”的形象，而非“好父亲”。也许，女性高管尤其注重保护自己的母亲身份，因为她们的私人生活会被男同事更严格地审视，而在所有的女性中，她们的工作时间最长。更令人困惑的是男性所表现出来的坦率。尽管男性高管中，妻子全职工作的不多，但也许这些男性都对把孩子独自留在家中采取了一种“像个男人”（macho）

的态度——“我的孩子可以一个人挺过来”，这让他们免于内疚。毕竟，这般高收入的男性完全负担得起雇用保姆。相对而言，对于蓝领男性工人来说，雇用保姆可能更像一种牺牲，因此在这个问题上就不那么强调“男人味”。

迪迪·琼斯是一个四十岁的女性中层经理，孩子四岁了。她不情愿地在调查中勾了“独自在家”，我想详细了解她为什么会产生这种犹豫。在我们的访谈一开始，迪迪就追溯了一系列往事，她为了在商场上维护自己做一个参与孩子成长的妈妈的权利，进行了许多抗争。她回忆起自己在宾夕法尼亚大学沃顿商学院读研究生时，无视旁人怀疑的表情抱着孩子走进教室。在阿莫克，自己每一个孩子出生后她都会休一年的假，所以纸面上她的职业生涯看起来“参差不齐”。她曾反对晚间销售会议，因为这样切断了家庭时间，并且她并不羞于承认自己是“以家庭为中心的”。（尽管她有一次向我承认：“当孩子们把我气疯了的时候，我就去办公室。实话实说，我只是去喝咖啡的。工作真是个好解脱。”）

她向我详细描述了四个孩子在下午的日程安排。十四岁的孩子放学后打篮球，六岁和两岁的孩子在保姆家里，但十岁的女儿珍妮特三点放学之后就要独自在家，直到迪迪五点半下班到家。琼斯一家住在花鹿镇上一个绿树成荫的社区，这个社区并不危险，离迪迪上班的地方走路只需要五分钟。但迪迪仍然对珍妮特独自在家的下午时间抱有复杂的情绪，她这样对我描述：

> 我告诉珍妮特不能请朋友来家里玩。如果她想玩，她

必须去有大人监管的孩子家，因为我就是担心她。她常常来这里（迪迪的办公室），在楼下的休息室里看电视。她很孤单。我想我应该让她的朋友来家里玩，但我担心着火，房子那么大。她可能把电源开开关关的，我就是不想让她受伤。当然我也不想让过来玩的其他孩子受伤。所以我告诉她，她可以和一个朋友在院子里玩，但不能进屋。我也会担心法律责任。我还会劝阻其他妈妈让孩子过来。珍妮特可以出去和朋友一起骑自行车，但通常我会告诉她回家去，把作业写完。

珍妮特说她很无聊。虽然她没说，但我知道她也很孤单。我想尝试着迫使孩子们变得独立。我认为对珍妮特来说，能够凡事靠自己是有好处的。这不是最好的安排，但我宁愿她能一个人自己待着，也不愿意找个人过来看着她。我宁愿她只是在做作业，她有很多的作业，或者读一本书。但珍妮特喜欢打开电视，我觉得这对她不好。

迪迪声称，她想要珍妮特变得“独立”，但对自己的做法又感到矛盾。对珍妮特来说，她对自己的处境并不满意，但也没有公开抗议。也许她想的是，如果她能控制好自己的孤单，就能够赢得妈妈的认可。此外，她还能想看什么电视就看什么电视。

珍妮特不是唯一独自在家的孩子。在全国范围内，所估算的“挂钥匙儿童”的数量从 1976 年的 160 万增长到 1994 年的 1200 万。[4] 一些研究者对这条消息的解读非常乐观，认为像珍妮特这样的孩子通常会比那些没有独自在家的孩子更加独立。但大多数研究者认为，这个曾被戏剧化地称为“挂钥匙儿童的困境”的现象，现在实际上已经成为一个严重的社会问题。一项针对将近5800名八年级学生及其父母的研究表明，每周独自在家超过11个小时的孩子滥用酒精、吸烟或吸食大麻的比例是其他孩子的3倍。不论对于上层阶级还是工人阶级的孩子来说都是如此。[5]研究也表明，有过童年时独自在家经历的成年人有更高的风险“形成大量的恐惧反应——反复出现噩梦，对噪音恐惧，害怕黑暗，对个人安全感到担心”[6]。

许多从事最低工资工作的父母负担不起雇用保姆或者给孩子报名参加课后活动。但在阿莫克，把孩子独自留在家里的基本上都不是拿最低工资的父母，后者通常会求助于亲戚或邻居。反而是从事专业性工作或管理工作的父母把孩子独自留在家，并声称孩子需要自立。

这些父母是在肯定一种根植于新教伦理和美国生活方式的价值观吗？迪迪·琼斯当然认为自立是一项需要培养的重要品格，但她把它强加给女儿时，她内心的怀疑超过了确信。她对自立的主张是不是仅仅是对情感忽视的一种掩盖？事实上，并不能说迪迪遗漏或忽视珍妮特。她对孩子的处境考虑甚多，甚至为此担忧许久。看起来更可能是迪迪半自觉地使用了减少需求的策略，以解决在工作和家庭需求之间的巨大的结构性冲突——然后用自立的价值观来强调“情感缩减”的积极方面。为何要否定女儿需要陪伴和亲近的需求？这是她给自己的理由。

时间困境的图像

在1936年的经典作品《摩登时代》里，查理·卓别林描绘了工厂车间的加速过程。倒霉的查理必须用越来越快的速度把螺栓固定在机器零件上。在一个鲜有女性外出工作的时代，这种加速仅限于工作场所。现在，大多数女性和母亲都有工作，这种加速也延伸到了家里。

在《摩登时代》中，查理被绑在自动喂食设备上，这是一种通过更“有效地”给工人喂饭来节省工作时间的机器。在这里，一把自动叉子迅速地往惊恐的查理嘴里喂螺栓作为午餐。喂食机在进食活动中应用了由时间与动作专家弗雷德里克·泰勒引入工厂车间的效率原则。如今，员工们在办公桌上或快餐店里高效地吃午餐。他们甚至在家里也以这种自动喂食机的精神开始一天的生活。在最近的一则桂格燕麦片广告中，一位职场母亲用“不到90秒”喂饱了孩子。

如果催促工厂工人的是自动喂食设备，那么催促孩子的正

Ever want to be in more than one place at once?

Then you'd have enough time for everything. It's a thought, but just a thought. That's why Whirlpool® makes refrigerators with EZ-VUE™ Design. The see-through bins and up-front lighting make everything easy to find. And unique lateral adjustable shelving means you can even custom-create storage. At Whirlpool, we know you've got a lot to do. That's why we make refrigerators for the one of you.

How To Make A Home Run.™

Learn more about how you and Whirlpool can make your home run. Call 1-800-253-1301. Any day. Anytime.

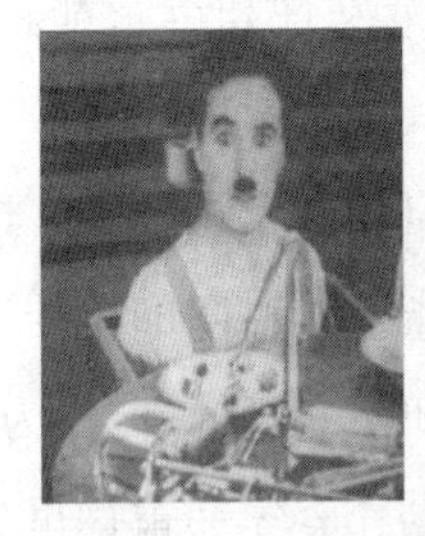

是他们的母亲，而且事实上，孩子也在催促着自己。“匆忙”的美德已经内化了。

在电影中，加速把可怜的查理逼疯了。他开始跳来跳去追一个秘书，把她衣服上想象出来的螺栓拧紧。最终他被屈辱地送进了疯人院。如今，没有人会把超速运作的工人驱赶进精神病院。事实上，在现代生活中，速度和效率不意味着疯狂和耻辱，而是与明智、自豪和英雄主义相关联。假如有老板提醒员工 5 点就下班，他们会认为*他*疯了。

一种对效率的崇拜从工作场所转移到了家里。食品广告强调它们需要花费的烹饪时间是多么少——5 分钟的午餐，8 分钟的菲希塔（fajita）大餐。另一则广告则主打顾客可以通过电子邮件订购食品和杂货的线上服务。一款名为 Handy Xpress 的熨

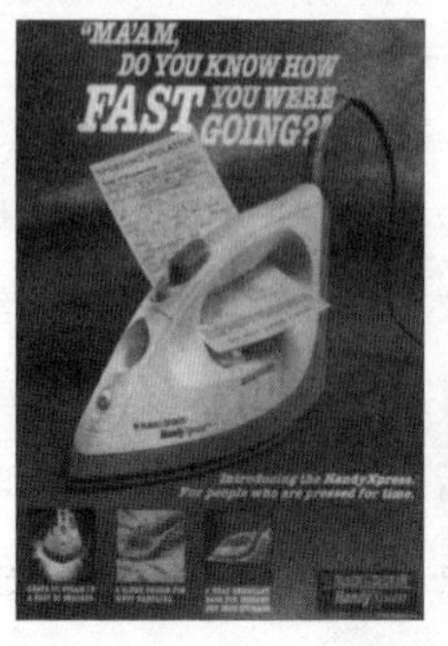

烫器号称速度快到会被开超速罚单。追求速度的诱惑进入了文化。“快速”完成某事本身变成了一种美德。

如今，不仅仅是对效率和速度的推崇被转移到了家里；用企业的方式来看待时间也成为家庭生活的一部分。甚至在闲暇时，时间也被划分成仔细裁量的几块。家庭版的“办公时间”被分配给每个家庭成员。下图的漫画中的男人打卡他和狗的“面对面时间”，右页上图漫画中的男人泰勒化了他的性生活，在歌剧开始前分给妻子一点“《爱经》时间”。与此同时，在最

“我要出去和我的狗好好面对面相处一下。

“艾德，我今晚不能打壁球。我答应了琳达，在歌剧开始前我会投入一点时间和她在一起，那是她的《爱经》时间。”

“你知道爸爸有一份非常重要的工作，他必须非常小心。现在坐下，放上你的身份证。”

“亲爱的，你好！我今天在办公室糟透了，在回家路上胡乱吃了点。我带了点工作回家，要在书房完成。明天早上见。晚安。”

近的工作狂笑话中，男人不只是把这种工作取向转移到家庭，他们甚至忘记了自己有家。在一则漫画中，一个努力工作的男人，在餐桌上戴着他的工作证，却忘记了孩子们的名字；在另一则漫画里，一个男人忘记了他*有*孩子。还有一幅漫画描绘着，一个工作狂男人，手里拿着公文包，从妻子身边经过，走进了他的办公室式的家里。在这些漫画中，我们并没有看到工作的吸引力源自何方，但它的影响显而易见。在《摩登时代》中，加速让查理·卓别林发了疯——但还没有*那么*疯狂。

这种最小化（如果不是否认）一个孩子对安全感的需求的倾向，现代美国文化对此不乏支持。例如，自助书籍就提供了一个了解情感禁欲主义的趋势的绝妙窗口。在《教孩子独自在家》一书的扉页，厄尔·格罗尔曼和格里·斯维德两位心理治疗师解释说，他们写这本书是为了“缓和父母们的罪恶感和不确定感”，并帮助“青少年认识并感恩，他们的父母是多么努力地试图平衡工作和家庭生活”。书中有一个部分需要父母和孩子共读，他们建议道：

> 下班时分对于成年人来说可能是一个艰难时刻。他们有时难免疲惫烦躁……在你的父母到达托管中心接你前，你要收拾好，准备好跟朋友们说再见，这样接回家的时间对每个人来说都轻松一点。[⑦]

两位作者重点讲述了一个名叫本的十岁孩子的案例。本每天早上七点半得独自在家一个小时，直到学校八点半开门。本的父母担心他过度沉迷于电视而忘记拿午餐或按时出门。为了回应这些担忧，两位专家建议本早晨不要跟父母发生争吵，因为争吵“会让你的妈妈或爸爸烦恼一整天”，以此让父母放心。作者还进一步提醒儿童读者：

> 不要因为不想一个人待在家就太早去上学。老师们还在忙着为白天的课程做准备，在学校正式开门之前他们不应该照顾小孩子。[⑧]

接受作者采访的校长们表示，他们每天到校工作时至少有四分之一的学生就已经在学校了。两位作者冷静地回顾了儿童独自在家时可能会遭遇的各种各样的情形——出人意料的噪音，敲门的陌生人，打电话的陌生人，令人不安的电话，找不到钥匙。他们还讨论了“紧急情况”——胃疼、割伤、烧伤。最后，他们进入“报警情形”——火灾、入室抢劫、被陌生人跟踪。

该书结尾提到，目前美国儿童死亡的最主要原因就是意外事故，而不是儿童时期的疾病。在他们采访的十三岁以下的儿童里，超过一半不知道在遇到危机时该如何合理应对。《教孩子独自在家》勇敢地以一个“准备就绪”测试作为结尾，父母可以指导孩子做这个测试。读者被要求去关注孩子是否准备就绪，而不是孩子需要面对的外部世界。[9]

与此类似，《我能照顾我自己》是工作－家庭指南公司的手册，这家位于波士顿的公司专门为企业做应用型研究，这份手册就是为将孩子独自留在家的职场父母设计的，现在这种情况被委婉地称作“自我照顾”。它的标题似乎意味着一个孩子天生具有成长的意愿，还用一种令人欣慰的、权威的语气说：“尽管没有一个神奇的年龄——达到此年龄则孩子适合独自一人在家，但大多数专家都强烈同意，通常情况下，九岁以下的孩子不适合独自在家。”[10] 它建议父母写下孩子一个人在家时可以看的电视节目，检查电源线，并要告知孩子，在洗澡时不可以使用电话。它还进一步提醒家长，要在手枪上安装安全锁，卸掉来复枪的枪栓，把枪锁在保险柜里，别和子弹放在一起，标记有毒物品，确定烟雾报警器正常工作，妥善保管锋利的刀具和电动工具。它还警告孩子不要开门收快递，在门缝下递送需要签字的文件。它还提醒家长，一些宠物，如可卡犬和雄性的罗特维尔犬具有一定的攻击性。它敦促家庭制订一组“家庭自我照料守则”，建议父母和孩子签订书面的“自我照料协议”。手册里解释说：

> 在事关自我照料的事项时，有些父母喜欢亲子双方写

下书面协议。

协议借鉴了法律文书所具有的权威感，呈现出一种奇怪的正式的模样。同时，它的边缘有一圈精致的老式花边，似乎是为了用其中所蕴含的私人的、女性的气息来冲淡协议的法律意味。在这个光秃秃的“照顾”系统里，邻居、亲戚、朋友、保姆和课后班老师，还有从事灵活工作安排的父母，这些真实的人都消失了，取而代之的是音乐电视，它变成了“挂钥匙的孩子”的新“邻居”，一按按钮就触手可及。

《小鬼当家》是1992年的热映电影，讲述了一个被独自留在家中的小男孩的神勇经历。它用一种乐观的否定掩盖了渗透于孩子独自在家问题中的焦虑情绪。在这个电影中，一个开朗自信的八岁小男孩（由麦考利·库尔金扮演）在父母去法国度假时，被意外地独自落在家里。小男孩战胜了各种逆境。他打破了哥哥的小猪存钱罐，给自己买了冷冻比萨，用警匪片的电影配音吓跑了想要入室抢劫的窃贼。当然，令人欣慰的是，他的无人看管只是一个暂时的异常情况，他的父母只是去度个短假，而不是出于长期工作的需要；一旦他们发现了自己的失误，就会匆匆赶回家。电影里孩子身处一个安全有保障的大房子里，威胁他的劫匪行动搞笑且不合情理。最重要的是，这个男孩集自信、创新和独立精神于一身，正是迪迪·琼斯幻想女儿可以成为的那种超级儿童。他是情感禁欲者梦寐以求的孩子。他真的不*需要*照顾。

在时间困境的限制下，职场父母将重新界定何为溢出了孩子安全感和陪伴需求的“非必要”。在时间压力下，我所访谈的职场父母质疑着各种各样的家庭需求。一个丈夫告诉我：“我们晚上并不需要一顿热气腾腾的晚餐，因为我们中午都吃得很好。”一个妈妈寻思，既然儿子不喜欢吃绿色蔬菜，那就没必要费心地做蔬菜。另一个妈妈还质疑了孩子每天洗澡和换衣服的合理性：“他喜欢那条棕色的裤子，为什么不能让他穿一周呢？”即使这些都可视为是老式“合理照料”观念的变通，这些质疑也会导致把情感需求最小化。一个把三月龄孩子放在九小时日托中心的爸爸对我说：“我想让他变得独立。”

幽默时而出现在社会学家不敢涉足的领域。在芭芭拉和吉姆·戴尔的《职场女性之书》中，刻画了一种不需要父母的新型儿童。他们提醒父母：“如果你的孩子认不出你，或者管你叫‘那位女士’，请不要太惊慌。”《纽约客》杂志的一幅漫画中，一个孩子正躺在床上看父亲的录像，录像里的父亲说：“现在爸爸要给你读最喜欢的睡前故事了。”在意想不到的幽默和新的家庭现实之间是一组赫曼公司为忙到看不见孩子的父母设计的卡片，一张写着：“很抱歉，我不能在你身边给你盖被子。”另一张写着：“对不起，我来不及对你说早上好。”[11]

如果说，在20世纪早期，许多中产阶级家庭的孩子因为妈妈的过度照料而深受其苦，因为他们是“母亲唯一的成就”，那么今天的父母正期待着孩子们没有被照顾的需求。在19世纪的后半叶，女性被排除在工作场所之外而在家中的角色被拓展了，关于儿童在家中所需的文化观念也随之扩张了。芭芭拉·埃伦赖希和迪尔德丽·英格里希在《为了她好》一书中指出，医生和牧师曾强烈主张，女性的位置应该在家中，因为孩子需要她们在。[12] 随着经济风向转变，哪里是女性的合理位置，孩子的真实需求是什么，这些观念也发生了变化。如今，儿童被想象为需要有时间离开妈妈，和其他孩子在一起，或需要接受“独立性训练”（就像老人常常被视为“乐意自力更生”）。从本质上来说，被泰勒化的儿童和繁忙的父母一样，正在被要求通过快速成长来“节省时间”。

父母缩减的不仅是孩子的需求，还有他们自己的。在《自恋文化》一书中，克里斯托夫·拉什批判了一种“自恋”人格的发展，“自恋”人格后来成为一种标签，常常和自我中心的20世纪80年代联系起来。[13] 然而，对于20世纪90年代的许多职场父母来说，“自恋”已经发生了奇怪的转变。为了适应时间困境的残酷生活，他们铜身铁骨抵御着照顾别人和被人照顾的需求。情感禁欲主义就是一种抵御方式，否认了人们为失去的家庭时间所付出的代价。如果我们不把需求当作需求，我们怎么想到需要时间去满足它呢？正如关于孩子独自在家的阿莫克调查所指出的，男性要比女性更赞同用这样的方式来逃避时间困境。他们适应了做时间穷人，而他们的适应又推动了泰勒主义的车轮继续滚动。

女性和资本主义之间的爱恨纠葛

试图逃避时间困境的第二种方式是出钱来摆脱它，这种方式尤其把女性放置于矛盾中心。和男性一样，女性对工作和家庭加速的吸纳远胜于抵抗；但和男性不同的是，女性承担了家中大部分的工作。那么，她们自然也比男性更渴求时间。她们更真切地感受到节省时间的需要，也更容易被日益发展的“时间产业”所提供的产品和服务诱惑。加速带走了什么，新的时间产业就用节省时间的产品和服务再卖回来什么，这些产品和服务大多是为热切的职场女性量身打造的，尤其是城市中上阶层。但是这种对消费主义的迷恋在何种程度上会变成一个问题？

家庭服务可以有许多替代物。比如，孩子的夏令营和老人的养老院都已成为可接受的现代生活标志。然而，新产品和新概念在不断地被开发出来，把越来越小的碎片时间从家庭生活中榨取出来，再销售回去，变成现成的商品和服务。

有些产品和服务已经替代了20世纪50年代家庭主妇的活动。在美国一些地区，家长只要在早晨给儿童日托中心打一个订餐电话，就可以在晚上接孩子的同时领一份晚餐回家（装在耐热容器里）。基于同样的原则，光明地平线集团还提供干洗服务。一则新闻报道称，许多日托中心还可以帮助安排孩子的额外时间，比如安排和送去上游泳课或体操课。光明地平线集团的董事长说：“在圣诞节，我们甚至引入了供应商来展销，便于父母们购买礼物。”

在一个叫作韩氏大家庭食品的邮购公司，人们花64.95美元外加运费，就可订购一周的晚餐。晚餐做好后立即速冻，两天后装在隔热箱里送到家门口。一周份的预制早餐会装在棕色纸袋中运出。“快乐女佣”家政清洁是一家总部在奥马哈市、在全国拥有六百间连锁店的公司，提供房屋定期清洁服务，还有一年一次的春季大扫除的促销。

在马里兰州的圣特维尔，运转儿童公司从学校接送孩子去参加课外活动。位于新泽西州沃伦的“有求必应”公司，帮你去做“你能想到的任何跑腿服务”，每小时收费 25 美元。创办人解释说：“我给植物浇水，帮小孩送作业去学校，甚至去机场给一个猫接机。”[14] 现在还有公司帮助没有时间做维修工作的家庭，预约“杂务工”服务修理坏了的厕所或漏雨的屋顶，还可以预约牙医。芝加哥的汽车零件公司费尔普罗给员工提供收入报税服务和员工子女的家庭辅导。

还有一些公司提供更个性化的服务，进一步涉及传统养育方式。在华盛顿地区，一个前人事主管创办了“游乐场链接”公司，负责给孩子们匹配合适的玩伴。创始人解释说，它就像是“一个提供给孩子们的约会服务”。一位母亲通过这项服务给孩子找到了讲法语的玩伴，另一个母亲想找专门由双胞胎或三胞胎组成的玩伴小组。[15] 在一些城市，独自在家的孩子可以拨打电话号码 1-900 找“奶奶，快来！”，拨通后就会有一个成年人花时间和孩子聊天、唱歌或辅导作业。

爱心关怀学习中心是一家营利性的儿童照料连锁机构。它的一则广告如此推销：“你希望孩子变得活跃、宽容、聪明、友爱、情绪稳定、有自我意识、有艺术气息，还能拥有两个小时的午睡。还有别的吗？”接着，广告又强调爱心关怀接受六周龄到十二岁的孩子，打电话即可获悉附近的爱心关怀学习中心。爱心关怀每个月都有一个周五一直开放到晚上九点半，每个孩子只需额外支付五美元。宣传小册子承诺：“比萨和电影足以让孩子们满意。”明尼阿波利斯的欣德贝利山中心里还入驻了当地的理发师和发型设计师。“父母们被鼓励说明自己的要求，比如‘刘海剪到眉毛的位置’。”还有一类很典型的服务就是组织孩子的生日派对，分发邀请函（“诚邀您能参加……”），以及提供聚会礼品、娱乐活动、生日蛋糕和装饰气球。[16]比如，旧金山的电话黄页就有这类条目，“打理就绪：派对策划和活动咨询”和“奇思妙想社——一套完整的派对策划资源，儿童派对专家，当日即可服务”[17]。

这样的例子不胜枚举：总部位于弗吉尼亚的公司真爱之地帮父母给孩子装饰房间。创造记忆坊把家庭照片装订成册。记者杰奎琳·塞蒙在《华盛顿邮报》上发表了一篇文章如此描述这类服务：

> 布伦特·劳埃德很高兴能把堆在鞋盒里快一百年的家庭照片，还有破破烂烂的剪贴簿都移交给玛丽琳·安德森——创造记忆坊在费尔法克斯分部的老板。六个星期之后，花了大概六百美元，劳埃德拿回了三本相册，描述详细、装饰精美，其中一本给了他年迈的母亲，另外两本和妻子以及三个孩子分享。

还有一种服务甚至为吵架的伴侣提供帮助。像塞蒙所描述的：

> 当一些不太和谐的家庭时刻来临时，你可以给亚历山

> 大调解中心海尔格·阿布拉姆松打电话。阿布拉姆松有十几年的商业冲突的调解经验，现在踏入了家庭冲突领域，收费每小时120美元。她说，在大多数情况下，她处理的都是离婚冲突，但是这个创办三年的公司也处理过一些高要求的父母和不听话的孩子之间的矛盾。[18]

时间紧迫的母亲们正越发被迫做出艰难选择——自己履行亲职还是向别人购买一份商业版的亲职服务。由于她们所依赖的商品和服务清单越来越长，她们逐渐变成家长经纪人，监管和协调家庭生活的外包环节。

这种家庭生活商品化的趋势也在不断地自我强化。美国经济中增长最快的部门就是个体经营，其中大部分是由女性组成。她们创立的很多中小企业就是在把各种各样的任务从繁忙的职场女性手中接管过来。所以，一些女性消费时间产业的产品是为了去工作，而她们的工作又是生产更多的时间产品卖给同样处境的其他女性。

我访谈的阿莫克女性都生活在这个位于乡村地区的小镇里，几乎都不是商业化前线的先行者。在大多数情况下，她们很少从时间产业里消费。她们仍然自己烹制感恩节火鸡，准备孩子的万圣节服装，组织生日派对。但是在花鹿镇改变已经悄然而至，阿莫克妈妈们试图理清这种改变到底是福是祸，为此感到困惑。这种不确定性大部分是由女性承受，因为女性似乎比男性更有责任去限制商业对家庭生活的“侵蚀”。如果一个女性像迪迪·琼斯一样把十岁的孩子独自留在家与电视机为伴，她作为好母亲的认同就会受到威胁。对于大多数美国人来说，母亲仍然代表着家庭生活的精神与灵魂、温暖与善意，充当抗衡资本主义力量的缓冲剂和无情世界里家庭避风港的守护者。女性的象征作用就是保留时间去维系人际纽带，而不是花钱购买它们的替代品。

随着一个又一个家庭任务被交付于节省时间的产品和服务，人们开始质疑这些家庭任务曾被赋予的道德意义。做一个“好妈妈”就是亲手给孩子烤生日蛋糕吗（独自或和伴侣一起）？还是我们能够优雅地节省时间，订购一个蛋糕，然后当一个策划派对的好妈妈？甚至我们还可以雇策划服务来节省更多的时间，做一个观看孩子在派对上尽情玩闹的好妈妈。“那不很好嘛！”一个阿莫克妈妈惊呼着，对此报以大笑。随着工作时间的压力和“妈妈式”服务的扩张，“好妈妈”的概念在不断地退却，真正的妈妈们必须不断地重新创造。

我交流过的绝大多数职场妈妈都不太愿意花钱减轻亲职责任。一个买来的生日蛋糕“不够私人”；一顿 90 秒速食早餐“太快”了。然而阿莫克的女性员工们在午餐时间的谈话中，却有相当多的内容是和朋友交流购买服务换取时间的诱惑以及对此的复杂矛盾感受。订购速冻晚餐或者拨打 1-900 电话购买家庭作业辅导的诱惑还没有出现，因为这些服务还没有进入花鹿镇。但许多女性都在琢磨一个问题：如何决定母亲的工作从哪里开始，到哪里结束，尤其是考虑到保姆和电视机。比如，在登可工厂车间的休息室里，一个职场妈妈对另一个说：

戴蒙到晚上十点才睡下，所以他很讨厌我早晨把他叫醒，我自己也不愿意叫醒他。他会很暴躁。他把被子拉起来，我放上动画片，这样他才不反抗，我才能给他穿上衣服。我不想这样依赖电视机，就像毒品一样，但我还是这样做了。

另一个妈妈回答说：

哦，陶德在我们醒之前就起来了，所以这倒不是问题。（问题是）吃完晚饭*我*想看会儿电视的时候会觉得很内疚，因为他在保姆那儿已经看了太多电视了。

还有一对夫妻讨论孩子托管多久算是*过分*。一个激动地说：

尼克从早晨八点到下午五点一直在日托中心里，到了五点他就准备好回家了。现在，我想每周去两次健身房，那两天我让我的丈夫或者妹妹去接他。让他在日托中心待到六点就*太*晚了。我不能理解一些父母不想照顾孩子为什么还要*生*下他们。

我常常能够在阿莫克妈妈那儿听到诸如此类针对“疏忽的父母”的责备——“为什么他们还要*生*孩子？”。这话被用来捍卫或攻击在工作和家庭生活、家庭和付费服务边界上的细微差别。一个家长说：“我的邻居生完孩子六个星期就回去全职工作了。如果他们不想照顾孩子为什么还生孩子呢？”说这话的人自己在生完孩子后休了三个月的产假，然后恢复每天工作九小时，把孩子交给了保姆。而她的邻居私下也这样评价她。

男性和女性一样，承认时间产业的吸引力，但总体而言，他们更少提出购买这些服务，因为做家务、照看孩子或塑造温暖舒适的家庭符号，很少被视为是男性的责任。

潜在的自我

第三种逃避承认时间困境的方式就是想象，只要我们有时间了，我们就能够满足所爱之人的需求。这样一来，我们既没有当这些需求不存在，也没有购买商品和服务去满足它们。相反，从理论上讲，我们直接面对这些需求采取行动。我们把自己的身份分割成了现实自我和潜在自我。

当我们意识到没有足够时间完成要做的事情，我们的潜在自我就会来填补空白。潜在自我并不是想象中的当下的替代物，即“可能会做的”活动或“可能会存在的”方式，而是一组关于未来可能性的想象。通常，我们畅想自己未来会做什么，以便为迎接未来做好准备。但我发现，阿莫克的受访者们的潜在自我却是行动的替代品，而非准备。它们是时间匮乏的父母幻想成为时间的百万富翁。

五十五岁的菲利普·道敏西尼是一个很有天赋的工程师，在阿莫克的研究和发展部工作，从各个标准来衡量，他都算得上成功；但是他的妻子告诉我，他常常对自己未能在职业上取得更大成就而心怀失望。他有两个女儿，一个八岁，一个十岁。尽管他从女儿身上得到了很多的快乐，但陪伴她们所需要的精力让他疲惫不堪。他难以平衡陪伴女儿的要求和投入更多工作时间的欲求，为此备受困扰。除此之外，他的妻子是一位四十二岁的高中数学老师，最近打算开始修一门心理学的夜校课程，为自己重返研究生课堂做准备。虽然菲利普对她的计划表达了祝福，但他私下里又觉得这样挤压了家庭的以及他的时间账户。

他确信自己给孩子的时间远少于一个父亲应该付出的，然而他又不愿做改变，迫使自己给孩子更多时间。但当他跟妻子聊起孩子时，他又奏响希望之音。有一天，他告诉我："我一直有个想法，我要带邦尼和谢丽尔去波科诺山露营。"

> 我三年前就买全了所有的装备，帐篷、睡袋、充气床、背包和雨披，当时她们才五岁和七岁。我还有那个地方的地图。我甚至准备了冷冻食品。从那时起孩子们和我就一直在念叨着，反复讨论我们的计划。她们指望我带她们去已经很久了。我对此感到很抱歉。我一直推迟，但我们肯定会去的，只是不知道什么时候。

菲利普的潜在自我是无尽的日常冒险的一个建构者，时刻准备着给自己和女儿们打造激动人心的计划。这个露营之旅只是他想象中逐渐成形的众多计划之一。问题是他的现实自我永远没有时间去践行任何一个。电影《白日梦想家》里的主人公华特·米奇有着逃避主义的幻想，把自己想象成不可能的光鲜角色——天才外科医生、伟大的勇士、浪漫的情人，但菲利普的幻想并非如此。他的计划非常“实际”，但他计划然后推迟，再计划，再推迟。他已经变成了一个光说不做的父亲，这不是一个简单的拖延问题。甚至当现实自我把计划推迟到遥不可及时，他的潜在自我也从制订计划中获得了强烈的情感满足。

潜在自我填补了一个空白，这个空白在旧时曾充满着仪式和习俗。一百五十年以前，随着家庭从农场转移到工厂，诸如节日庆祝和家庭聚餐这样的社交活动开始取代一起劳作——种植谷物、收割庄稼和剪羊毛。如同历史学家约翰·吉尔斯所述：

> 应该说，家庭被放到文化生产中，在以日为周期、周为周期和年为周期的表演中展现自己，替代了先前构成家庭生活日常体验的劳作关系。⑲

现在第二次替代也来势汹汹。这些曾经取代了一起劳作的仪式，自身也被*承诺中的*仪式所替代，这些承诺只会在潜在家庭中实现。家人相聚慢慢地失去了它的现实性，变成了一个幻肢，只存在于记忆中或幻想里。有时候，潜在的相聚只是被推迟了，就像一个有着三个日程爆满的十几岁孩子、忙到不可开交的家长对我说的：“等到我们协调好各自的时间安排，我们会全家一起吃顿轻松的晚餐。”有时候，这样的计划被搁置到更加遥远的未来。比如，许多阿莫克家长谈到想要去某个地方或做什么事情时，常常说“等孩子们长大了”。

参与这些想象中的未来活动的就是想象中的潜在自我。一个阿莫克工程师说："等这个项目完成了我就轻松多了，我盼着重新找回我的幽默感——我上紧了发条，幽默感荡然无存。我要重新和女儿来个二重奏，像在大学一样无忧无虑。"

我采访的许多阿莫克员工都坦然承认自己深陷时间困境，苦苦挣扎。但大多数人都在逃避冲突，方式就是缩减他们认为的家庭成员所需，购买节省时间的商品和服务，创造潜在的自我，或三者兼而有之。尽管阿莫克的全面质量管理体系大力吹捧"适时"生产的好处，使需求几乎在被感觉到之前就被满足了，但在家里，家庭成员却要开始通过重塑对于家长、父母、丈夫和妻子的真实含义的理解来应对时间的压力。一旦父母们把这个问题当作效率问题，开始相应地在家庭中"重新装配"，他们解决泰勒化家庭的时间匮乏问题的日常手段就为进一步泰勒化开辟了道路。

第十六章
创造时间

1995年1月的一个清晨，桃乐茜·麦尔斯被叫到人力资源部门主管的办公室，主管通知她，她被“内部解雇”了，因为她担任心理咨询师的“工作–生活平衡”项目被“裁掉了”。如果一年之内有另一个部门“重新雇用”她，她可以继续留在阿莫克。但桃乐茜并没有被重新雇用，九个月后她取下了墙上女儿的彩色照片，那照片曾在我初到阿莫克时吸引了我的注意。桃乐茜离开了公司，感到错愕和被羞辱了。

桃乐茜的离开是一系列离职事件的开端，这场离职潮是因为阿莫克实施了一个名为“阿莫克竞争”的“结构调整”计划。全体员工都被叫去参加工作坊，了解阿莫克正面临的激烈的全球市场竞争——这是一个将裁员合理化的暗示。阿莫克为月薪雇员设置了两个月长，每周一次的减压工作坊。工作坊的内容包括瑜伽、太极拳和半小时按摩，都可在公司上班时间内进行。

一些员工被“内部重新雇用”了，另一些则受邀接受慷慨的退休待遇。公司礼貌地避免把解雇叫作“解雇”，但当烟雾散去时，每十个员工中就有一个被解雇了，另外九个人就眼睁睁看着身边的同事，有的还是亲密的朋友，从日常的工作生活中消失了。同时，阿莫克的盈利额继续增长；两年前上任的现任 CEO，每年的年薪包括分红和股票期权，总数高达 150 万美元——超过公司的“工作 – 生活平衡”项目全年支出的三分之一。

实际上，那个“工作 – 生活平衡”项目已经不存在了。它所剩下的资金和雇员全部被纳入到了福利部，主管是一个对替代性工作安排无动于衷的男人。许多阿莫克员工开始惧怕“阿莫克竞争”计划，也对“工作 – 生活平衡”项目被砍掉感到不满，但他们静静地看着它远去，就像看着它到来的时候一样，并没有集结抗议来回应。

然而，一个里程碑式的事件发生了。之前几年，阿莫克使用胡萝卜政策来刺激生产率，现在它开始使用大棒了。为了让自己的大棒显得比其他公司的更友善，它给员工一年时间在阿莫克内部寻找新的职位，或由阿莫克再就业辅导办公室的员工帮助寻找其他公司的职位。但是，裁员就是裁员。

这样的裁员在两个方面带来了深切的不安。它威胁到了人们的经济安全感，也让人质疑把工作当作避风港是否明智。对许多人来说，“阿莫克竞争”计划调整了这个逐渐被很多员工当作家的工作场所；所以，即使是那些保住了工作的员工也常常因这种改变而惊慌失措。

随着“阿莫克竞争”计划的到来，比尔·丹顿的一个上司提前退休了，把工作移交给了丹顿。他的工作时间只增加些许，但工作节奏明显加快，工作内容还加上一个明显不属于“家”的任务——分辨手下的两百个员工有哪些必须离开。

维姬·金得到了一次大大的升职，这个升职让她狂喜，也加速了她的工作节奏，她开始要求秘书以“不那么放松”的方式接电话。秘书解释说：“维姬想要让我的声音展现出她需要呈现的新形象。”在家里，压力进一步加剧。维姬开始担心的不再是简妮，简妮在学校里表现得还不错，而是从前一直外向的“好”哥哥小凯文，他现在不论是在学校还是在家都更加沉默了。维姬曾经年复一年地为了实现工作灵活性而英勇抗争，现在她越来越少说起家庭友好型职场，越来越多地谈论“让股东们满意”。许多曾经和她并肩作战、为了家庭友好的阿莫克而努力的亲密伙伴已经走了。她没有直接说，但很明显这个转变是她内心深处的一道伤痕。

丹妮斯·汉普顿，那个无法从工作节奏中放松下来，和孩子们快速地阅读完《纳尼亚传奇》的妈妈，庆幸自己能够在“阿莫克竞争”计划里存活，但当得知她的“阿莫克母亲”、她无比钦佩的导师被迫离开了，她悲痛不已。丹妮斯的丈夫丹尼尔也被调到另一个岗位上，新岗位虽不如之前的如意，但工作时间并没有增加，并且孩子们也开始自主阅读了。

山姆·海特，那个第一个请陪产假的男人，被调到另一个州的车间工作。在那里，他彻底被新的工作项目吞噬，投入长时间进行工作——他曾经激烈地宣称会抵制那种生活。

艾米·楚特（过去主持工作－生活平衡项目的主管）被诊

断出癌症，她做了几年兼职工作。有一天，别人告诉我，艾米在办公室里突然昏倒了，被送往医院，她的丈夫、儿子、朋友、亲戚，还有牧师彻夜守候。但在临终前却是她的同事兼好友，简·凯德白瑞握着她的手送她离去。

康妮·帕克，曾经和阿尼·斯托尔茨争执非全职工作的权利，已经被解雇了，现在在一个临时事务所工作，工资少了很多。她现在有更多的时间休息，但却不能保证是在她需要的时候。现在，如果她的儿子需要进行新一周期的哮喘治疗，大概率上她还是无法陪同。

艾琳·沃森，那个努力争取非全职工作安排的工程师，最终成功地实现了非全职工作。她现在每周工作 80% 的时间，但如果算上加班，就差不多要达到 90% 了。她几乎每周五都休息，在儿子学前班的电脑实验室做志愿者。但阿莫克的同事们却把她当作异类。（“你还在工作吗？”他们总是这样问。）她的丈夫吉米也采用了灵活工作时间，早晨六点上班，然后大约下午四点把孩子接回家。

马里奥·埃斯特拉，那个从自己身上偷取睡眠时间的“加班狗”，现在已经不再那么疯狂工作了。他在车间里的工作是向窑车里卸载材料，但他最近通过了一项数学和技能考试，获得了一个竞争新岗位的机会。新岗位虽然薪水要低一些，但是工作更加稳定。相比自己打棒球，马里奥现在更多地指导别人打球。德布也上着稳定的轮班。

贝基·温特斯，那个把婚礼照片留给女儿看的单亲妈妈，现在再婚了。我打电话给她时，她已经跟新的丈夫分居了，但正在和解中。“这很艰难”，她倾吐自己的秘密。“我丈夫说，我对他的方式和我的第二任丈夫对我如出一辙，都是逃避。也许是有那么一点吧，”她沉思着说，“我们正在接受婚姻咨询，想把这个问题解决了。”她的前夫在另外一个公司找到了焊接工的工作，每小时 13 美元，但没有休息日。贝基因为孩子的抚养费起诉他，他反诉了贝基，想要获得两个孩子的共同监护权。“他的律师提出，我是一个不合格的母亲，因为我总是上循环的轮班，上夜班时把孩子交给外婆。他争辩说孩子跟着他的新妻子会过得更好。现在孩子们有一周去他和新妻子的家，然后再有一周跟着我。”

与此同时，弗雷德里克·泰勒在车间里以新面貌出现了。“他们撤走了凳子，所以我们必须站在传送带上，”贝基解释说，“现在货物移动的速度是从前的两倍。他们把上午和下午的工间休息时间从 45 分钟削减到了 30 分钟，他们用的人更少了。现在的说法是，我们正在和南方支持‘自由工作权’各州的无工会工厂竞争，每小时只需要付给工人 8 美元。如果那些车间的效率更高，那么他们就会抢走我们的工作。”

对于许多在新工作中收入变少的员工，减少工作时间是不可能的。即使那些保住了工作和收入水平的人，家庭时间也常常在优先序列中排位靠后。随着工作处于威胁之中，而周围能完成剩余工作的同事越来越少，工作时间注定变得更长，家庭时间比以往更加变成一个期许，但充其量也只能是以后再说。

即使他们亲身经历了日益上升的“工业离婚率”的坏消息，大多数的阿莫克职场父母仍然对他们身处的巨大束缚视而不见。就像大多数美国人一样，他们倾向于相信自身是自由的，因为他们享受了这么多宪法所保障的权利——自由的媒体，旅行和生活的自由，自由意志，追求幸福。他们以为自己是自由的，但他们并不*感到*自由；在现实中，许多人的生活就像迈克尔·文图拉所提到的，在“时间监狱”中。[1]

至少对于花鹿镇的居民来说，似乎无路可逃——不会因表现良好而减刑，没有假释，也不可能越狱。此外，在工作之外也没有专门的群体能够和他们一道发展出一种如何平衡工作和家庭的新视野。如果有的话，许多花鹿镇的社区组织和志愿者机构也显现出了时间匮乏的信号，并且不知道如何应对。图书馆、儿童托管中心、学校、教会和课后项目，都依赖于日益减少的“老主顾”来帮助他们进行外出活动、开展新项目和募集资金。

在这方面，花鹿镇的社区组织并不特别。根据哈佛政治学家罗伯特·帕特南的研究，美国人在过去一年里参加有关城镇或学校事务的公共集会的比例，从 1973 年的 22% 下降到 1993 年的 13%。[2] 有效参与选举投票的比例也在下降。全体工人中工会成员的比例从 1953 年的 32% 下降到 1992 年的 16%。家长和教师协会、女性选民联盟、红十字会、童子军、狮子会、麋鹿队、青年商会、共济会和其他主要的公民组织都衰落了。

那么，我们可不可以得出这样的结论：时间困境不仅引领我们走向了没有父母的家庭，也走向了没有参与者的公民社会和没有公民的民主政治？如果把问题如此抛出，那些仍然梦想着潜在自我、居住于潜在社区里的阿莫克父母也许会勉为同意，然后不以为然地摇头。

但是阿莫克的职场父母，或者我们每一个人，该如何面对这样的时间困境？一旦我们面对它，我们该如何应对——不仅仅在我们的想象中，而是在现实生活中？一个做法就是把时间困境当作纯粹的个人问题来处理，然后在自己的生活中采用个体的策略去应对。在阿莫克，目前为止最常见的方式就是通过减少需求、外包，还有梦想时间充裕的潜在自我来限制家庭的吸引力，但这些策略往往无法避免甚至加剧了时间困境。

也有一些策略是限制工作的吸引力。用作家艾米·萨尔兹曼的话说，一个人可以从工作中“回溯”（让自己降级），或“停滞”（通过拒绝晋升来留在原职），或从压力大的领域换到压力小的领域[3]，或者可以开创新业务，虽然那样通常会带来新的时间压力。（当然，所有这些策略都预设了某种程度的职场议价权力，或者另寻工作的经济能力，所以这些策略只对中产阶级专业人士奏效，对大多数服务、办事人员或工厂工人并不适用。）

另一个选择也许是从阿莫克这样的公司“迁走”，加入方兴未艾的“志愿简单生活”运动，从而离开时间困境本身。在支持这个运动的畅销书《金钱，还是人生》中，乔·多明格斯和维姬·罗宾概述了一个计划，来终结长时间工作和高消费的“瘾”。作者写道：“这个运动旨在抛弃令你不幸福的东西，这样你才会有时间追求令你快乐的事物。”[4]简单生活的学术研究也如雨后春笋般涌现，尤其是在西北部地区。

更不同寻常的是一个小规模的“回归田园”运动。三十五岁的贵格会教徒、图书管理员斯科特·萨维奇是俄亥俄州彻斯特希尔市朴素生活中心的联合创始人和主管，他提倡像阿米什人一样过远离现代科技的生活。这个中心的双月刊杂志建议从扔掉电视和电脑开始。“志愿简单生活”和“回归田园”尽管都可能是有趣的选项，但都不太可能吸引大量美国人。假如它们真的风靡，那也会迅速地转变成一种消费的范畴，就像《纽约时报》所说的：

> 到这十年的末期，在美国婴儿潮中出生的7700万人中会有15%会成为“志愿简单生活”市场的消费者，购买价格低廉、耐用的家居园艺产品，这些产品不华丽，不显身份。他们现在会遇到一些十几岁的年轻人，成为同道中人。他们会接受这样的观念——我们正在过度消费……这就是被灌输环保理念的最初群体。⑤

要解开时间困境，一个更艰巨，但也更有希望的方式就是诉诸集体行动，而不是个体行为：员工们必须直接挑战美国工作场所的组织和组织者。为了实现这一目标，阿莫克公司的员工和遍布全国的同盟必须变成新型的政治活动家，借用环保主义运动中的一句口号——“放眼全球，立足本地”，团结在一起，他们可以创造一场时间运动。但事实的真相是，许多职场父母没有时间，因为职场优先地索取了他们的时间。无论是适应这种索取，还是从职场中退却，都无法改变这种状况。现在已经到了新的时刻，去改变这种索取，调整旧有的工作场所以适应新劳动力。正如历史告诉我们的，带来这种基础性变革的唯一有效途径就是诉诸集体行动。

呼吁限制工作时间的运动并非新鲜事。从1825年开始，不同群体的人就开始联合起来，最初要求十小时工作制，后来变为八小时工作制。根据历史学家保罗·阿瑞驰的记录，在1886年，“家具工人工会装配了一辆马车，用六匹白马拉着”，把它称作“八小时之车”。挂在马车上的钟大声鸣响，每次响八下，车后的标语上写着“停止生产过剩！带走流浪汉！给闲人兄弟工作！”。1840年，马丁·范布伦总统签署了第一个为联邦员工建立的十小时工作制的全国性法令。1868年，尤利西斯·辛普森·格兰特又签署了联邦员工八小时工作制的法令。然而对于非联邦员工来说，十小时工作制仍然司空见惯地存在了几十年。一直到1935年，罗斯福总统签署了法令，才使八小时工作制成为国家标准。⑥

争取八小时工作制的抗争主要由工会的男性工人领头。而新的时间运动则将会由更广泛的利益相关者以及代表他们的组织促成。男性和女性员工，劳工工会，儿童权益倡导者，女权主义者，还有工作和家庭平衡倡导者，甚至一些进步企业的领导者都可以成为运动的先锋。八小时工作制的支持者们为增加工人的休息时间而奋斗，但却没有提到家庭自身的需求。也许是因为当时工会的工人主要是男性，并不负责直接照顾孩子。但现在，既然大多数的母亲都在工作，工作时间已经不可避免地和家庭生活密切连接。新的时间运动必须区别于它的先行者，更聚焦于这种连接的本质。在另一方面，那些提供了家庭友好型政策的公司总是倾向于只面向中产阶级女性，忽视了中产阶级男性以及不论性别的工人阶级和穷人。显然，虽然女性将会成为时间运动的重要支持者，但男性也同样从中获利。平均工作时间通常比女性更长、在家庭中经常缺席的男性员工，他们对时间运动的需要不会比女性更少。

但我们从以往的研究中知道，许多男性把工作当作避风港。这已经不是新闻了。这本书里的新闻是越来越多的职场女性也对花更多的时间在家保持警惕。她们对自己长时间工作感到割裂、内疚和压力重重，但又对削减工作时间犹豫不决。

女性害怕失去在职场上的位置，拥有这样一个位置已经变成了安全感、自信心和强烈的价值感的来源。光明地平线的调查显示，女性和男性一样在职场感到被赏识，和男性一样在家里感到不受重视，甚至比男性更有可能在职场中拥有朋友。对这些女性来说，缩减工作时间意味着失去了和职场世界的链接，这个世界虽然自身充满了张力，但却为抵御家庭中更大的张力和不确定性提供了保障。对于数量庞大的身陷时间困境的职场父母来说，支离破碎的家庭和社区凋敝的邻里完全输给了职场的吸引力。

因此，许多女性加入了男性的队伍，从“内城”的家中逃离到“郊区”的职场。在此过程中，她们接纳了一个更悠久、男性导向的职场世界对职业和奉献的定义，远胜于男性接纳和分担家庭中“女性”职责的意愿。女性的改变比男性更大的一个原因就是，职场的“男性”世界似乎比家庭和孩子的“女性”世界更荣耀，更有价值。在工厂里上循环轮班的德布·埃斯特拉不想待在家里，不想像马里奥的妈妈一样“只是个家庭主妇”；但同时，马里奥却仍然想要跟他的父亲一样做“加班狗”。

女性现在占据了将近一半的美国劳动力市场。她们中的绝大多数需要并想要留在职场，这股潮流绝不可逆。现在的困难不是女性进入了劳动力市场，而是她们是“按照男性的方式”置身于此。如果这种模式也能实现平衡，那么女性采用男性的方式工作，也能够享受从前为男性保留的特权，这倒也还好。但事实并非如此。

所有这一切的消息如此令人不安，部分是因为凯西、迪米、乔纳森、贾罗德、泰勒和所有被职场父母留下来的孩子都在独自应对着时间困境，以及时间困境带来的所有后果。不安之处在于，尽管孩子们对父母来说仍然分外宝贵，但他们成长所处的那个世界的“市场价值”却急剧下降。人们不需要把现在的童年生活和过去神话般的完美童年做比较就可以发现，我们的社会正在面对一个严峻的问题。

时间运动必须面对某些根本性问题。首先，既然企业占用了越来越多的家庭时间，那么企业是最需要改变时间组织方式的地方。除此之外，在阿莫克以及其他大型公司的研究都显示，依靠公司主管作为我们的时间建筑师并不明智。无论他们宣称的目标是什么，无论他们认为自己在做的是什么，他们都可能加剧而非减轻员工的时间困境。因此，尽管和公司内部的家庭友好政策倡导者们进行合作具有重要意义，但时间运动必须在企业之外找到行动核心。

一个要改革工作时间的运动不应该把自己仅仅局限在鼓励公司提供允许缩短工时或灵活安排工作的政策。就像本书所揭示的，这样的政策往往只是充当了长时间工作文化的遮羞布。时间运动也需要尝试挑战这种工作文化的前提。它要问，对员工的评价主要基于员工的职场表现，还是员工出现在职场的时长？有没有一种“信任文化”能够让员工在需要时可以互相代班？[7]员工有没有职业安全感？这些问题的答案至关重要，如果员工们害怕自己的长时间工作面临着彻底失去的风险，那么缩短工作时间对他们来说就毫无吸引力。

作为开端，这场时间运动应该推动重塑企业的激励机制。比如，敦促商务部在评定企业梦寐以求的马可姆·波里奇奖（向实施全面质量管理体系表现卓越的公司颁发的年度奖项）时，可以扩大评选标准，把实际使用政策的员工数量作为衡量成功实施家庭友好政策的标准纳入考量。实际上，全面质量管理体系能够如此有实效，一部分是因为它们注重工作的最终*结果*。与其询问：我们在项目里投入了多少人力和工时？“全面质量管理体系”下的问题变成了：顾客满意吗？因此，敦促公司以家里的结果来衡量工作－家庭平衡项目的成效，并不奇怪。在一家公司里有多少职场父母报告说他们拥有时间陪伴家人？有多少人去参加家长会？有多少人参与学校里的志愿服务？这些都可以成为该公司成功建立了工作－家庭平衡的指标。[8]

然而，时间运动不能仅停留在公司层面。从长远的角度讲，如果不具备使之发生的社会环境，那么工作－家庭平衡就无法站稳脚跟——那些愿意分担育儿和家务的男性，那些对家庭中的劳动价值和职场的劳动价值同等珍视的社群，那些准备好实施家庭友好改革的政策制定者和民选官员，现在都还遥不可及。

培育这些更广泛条件，一场社会变革才会发挥最大的影响力。

任何对灵活工作时间的推力都必然面临一个复杂的现实：许多工薪家庭既是时间困境的受害者，也是时间困境的建造者。时间运动必须探讨这个问题：为什么职场父母尚未集体抗议他们身处的局促的“时间”牢笼？它必须促使公众反思挣脱时间困境的各种私人方式——情感禁欲主义，与资本主义的爱恨纠葛，反复推迟计划的潜在自我，这些都只会让情况变得更糟。

那么，时间运动也不应回避开启一场全国性对话，讨论我们身处的时间困境里最艰难和令人惧怕的方面——在一个家庭被“去资产化”和“去管理化”的时代，对家庭生活进行“情感投资”的需要。我们应该在家庭中贡献多少时间和精力？我们敢从工作中抽回多少时间和精力？关于什么算“一个家庭”的当下争论，对当下的家庭无甚助益。我们所需要的是一场公共讨论，我们怎样才能恰当地重视与所爱之人的关系，重视抵抗商品化的社区纽带。

最后，这场时间运动将推动我们去面对性别议题。在妇女运动的早期，许多女权主义者，包括我自己，都在推动工作生活的变革，使得减少工作时间和灵活就业成为可能，同时推动家庭生活的变革，使得男性更多参与其中。但这些年来，这部分的妇女运动似乎已经臣服于那些更关注打破职场天花板以使女性进入更长工时的职位的女性主义诉求。这场时间运动必须把我们带回一个问题——在一个更具儿童导向和公民精神的社会，女性将如何和男性平等。

这场运动还需要解决其他许多棘手问题。人们每天、每周、每年应该工作多少小时？我们如何争取一个更好的工作环境，又不会无意间使它成为远离家庭生活的“避风港”？如何使伴侣双方都能对工作和家庭的平衡达成稳定和互洽的理解？在收入不平等日益加剧的时代，如何让工作的穷人和富人都能拥有更多时间？

时间运动的反对者毫无疑问会从很多角度提出质疑。我们只需要回顾过去八小时工作制的变革过程，就可以预见到一些反对意见。比如，1886年5月，一个八小时工作制的反对者在《纽约论坛报》上发表文章指出，虽然一天工作十一小时或十二小时

> 超过了一个人最有效率劳动的能力……但要没有人提出，也不可能有理由提出进一步缩减。在大部分雇用环境中大多数有效率的工作里，诚实而守信地工作十小时实际上并没有超过人类身体的能力。[9]

同样，今天的反对者当然也会争论，八小时工作制（即使是加班）是对人类能力完全合理的使用。他们可能也会提出反对意见，在时间运动的压力下，美国的生产力和竞争力将会下降。同样的论点在一百多年前的《纽约论坛报》上的一篇文章里也出现了：

> （在八小时工作制之下，）劳动所能提供的东西变少了，因此作为劳动成果进行分配的东西也变少了……所以建造

> 出来的房子会变少，桌椅板凳、地毯和工具都会变少……然后，就会出现这样的局面：为了少工作一些时间，我们必须满足于少了五分之一劳动产出的生活，更少的食物、衣服、工具、旅行、香烟或啤酒。[10]

一些批评者关注的是劳动力的质量，认为限制工作时间将会把很多新的工作机会开放给“游手好闲的人”，不证自明的劣等劳动者。甚至一些劳工活动家也坚持认为，这种良好的改革意图通过增强美国对廉价移民劳动者的吸引力，给本应受益于八小时工作制的工人带来灾难。还有一种担忧是，雇主将会通过提高商品价格来转嫁十小时工作制变成八小时工作制的成本，或者获得了额外时间的工人可能最终并不能合理利用他们的时间。一则玩笑写道，八小时工作制只会成为“造福酒吧老板的慈善计划”[11]。

当然，那场时间运动最终取得了胜利，那些担忧也并没有发生。但是，如同朱丽叶·斯格尔在《过度工作的美国人》一书中所指出的，在最近几十年间，那个时代所取得的胜利已经开起了倒车——而这恰好发生在衰弱的家庭结构难以消化来自工作世界的新的时间压力之际。如今的时间运动的批评者很可能像19世纪的同道们那样发出类似的警告：缩短的、更灵活的工作时间，更多的非全职工作，以及更弹性的工作安排都将意味着产量降低、价格上涨、雇用不称职的员工、美国企业失去市场、员工滥用自由时间等。然而，不管批评者们怎么说，时间运动所支持的许多基础性改革都已经试验成功。例如，在挪威、瑞典和德国都已经创造性地开发出了替代性时间架构。尽管有许多行业都采用每周三十五小时工作制，这些国家都保持了几十年的经济繁荣。瑞典和德国的劳动者平均每年享有六周的带薪假期，荷兰的劳动者是五周。（相比之下，美国平均只有两周半。）“全球竞争”并没有妨碍德国政府要求雇主给新手妈妈提供三个半月的带薪产假，并给所有新生儿的父母提供十八个月的有工作保障的休假。考虑到这对小型企业来说负担过重，政府给雇用二十人以下的企业退还 80% 的实施成本。工作的父母每年还享受五天带薪假期用于照顾生病的孩子。[12]

作为全球竞争者的瑞典，长久以来被视为工作－家庭平衡的典范。父母在孩子出生后六十天里可以休十天假期——有一半的瑞典父亲都会用这个假。此外，瑞典给父母提供临时的育儿假用以照顾生病的孩子，前十四天付薪酬 80%，十四天后付薪酬 90%。（在瑞典，旅行者很快感受到他们置身儿童友好的环境中。即使在火车上也有儿童的游戏区，里面配置了小滑梯、爬行空间和小桌子。）瑞典的家庭政策强调儿童有权在父母工作时得到适当的照顾。瑞典政府资助儿童托管中心，维持全国各地的儿童托管中心具有高水平的安全保障和激励性的环境。

在 20 世纪 90 年代，瑞典还以一种更出人意料的方式成为榜样。在一些保守的欧盟成员国的施压下，瑞典曾尝试采取一些措施削减职场父母的家庭福利。作为回应，草根组织的抗议活动立即席卷全国。成立于 1991 年的“儿童游说团”和由所有主要政党的女性组成的“支持长袜”组织与削减儿童福利的政策进行抗争。“支持长袜”的成员们甚至威胁说，如果政治家们不更卖力地支持家庭友好议题，她们就要成立一个独立政党。在民意调查中，三分之一的瑞典女性表明她们可能会投票给这个政党。[13]

美国的三个时间实验

然而，时间运动的活动家们不需要去国外了解如何推进。我们可以先了解一下在美国企业界许多不为人知的角落里正在实施的那些适度且具有操作性的创新。首先是“工作共享”，这个想法最初是为了缓解裁员所带来的痛苦。根据美国劳工联合会－产业工会联合会（AFL-CIO）的研究，如果美国公司只是把加班时间减少到1982年的水平，那就可以创造出300万个新的就业岗位。道格·斯特兰是位于俄勒冈波特兰市ESI电脑公司的副总裁，他意识到减少一些人的工作时间和给其他人增加工作岗位之间的联系。在1990年的一场CEO和经理的焦点小组讨论上，他主动讲述了下面的故事：

> 当某个产品的需求下降时，电脑公司通常要解雇一些人，然后让剩下的人工作量翻倍。所以我们让车间里的每个人都参与投票表决。我问他们想要怎样安排：解雇一些工人，还是每个人每周只有32个小时的工作时间。他们深思熟虑后，决定宁愿保留整个团队。所以我们在需求不足时实行每周32小时工作制。我们缩减了所有人的工作时间和工资，高管也不例外。

但斯特兰有了两个意外发现：

> 第一个是，工作效率并没有下降，我向上帝发誓，32小时的工作产出和40小时的一样。所以这是个不赖的商业决策。但第二个是，当经济环境上行，我们再次提供全职工作时间，没有人愿意回来！

那些每周工作四天，每天工作八小时的人变成了组织的核心。他说：

> 经理们做梦也没想到会设计每周四个工作日，但在我们员工的坚持下它还是被接受下来了。[14]

我们从ESI实验中所学到的，和副总裁道格·斯特兰略有不同。他发现了一种可以缩减规模、增加效率，同时让员工高兴和忠诚的方式。对我们来说，重要的发现是工作时间和生产力之间的关系比通常认为的更有弹性；我们对什么是“正常”的工作日和“正常”的工作场所的观念可以再次发生变革，就像过去所发生的许多次变革一样。[15]

另一种工作时间的创新出现在施乐公司的研究中。团队主管乐天·巴林研究了一个由350名工程师、设计师、技术人员，还有行政支持人员组成的项目团队。这些人将超长时间工作当作常态。90%的人几乎不论在哪个项目中都毫无节制地加班工作；然而尽管充盈着永无休止的紧急氛围，团队依然长期无法按时完成任务。[16]巴林提出的问题是："员工为什么不能在白天把工作做完？"她写道：

> 如果一个人在正常的时限内完成了工作，那么人们并不会认为他或她有效率或者有创造力——相反，人们会觉得给的工作可能不够多。[17]

巴林观察到，员工们在家里"节省时间"以便投入工作，但一旦工作，他们又开始浪费时间。这是因为人们在工作时，感到时间是"自由的"——和理想中我们期待在家的状态一样。由于工作的时间没有限制，所以真正的工作常常被拖延。巴林还发现，减少了真正用于工作的时间的因素还包括持续的管理干扰和随之而来的会议，包括：

> 经理们总是打断工程师来查验他们是不是在按时推进，他们可能会遇到什么问题，以及他们是如何处理的。然后这些（问题和解决方式）就会在会议中回顾，写入精心编制的报告里，呈交给管理层，所有的这些都导致了长工作时间。[18]

作为对巴林的建议的回应，施乐公司建立了午间免打扰的"图书馆时间"，缩减了会议数量和要求工程师提交报告的数量。产品开发团队有史以来第一次按时完成了任务且没有无休止地加班。可能的一种解释是，巴林的建议减少了工作上带有家庭色彩的那一面向——老爸老妈出其不意地冲进房间检查作业。或者是因为工作时间开始不那么像家庭生活了——少了可浪费的，少了“自由”。巴林和她的同事，以及施乐的管理层学到的是“图书馆时间”能够帮助员工工作得更有效率，从而提高生产力。而我们学到的是，大规模颠倒工作和家庭的时间规则及习惯，显然对家庭有害，并且对工作也无益。

第三种时间创新恰好出现在阿莫克的行政办公楼里，在这里员工处理信用卡账户、退休金、邮件、工资单和健康保险。我发现，这里的工作团队管理自己的时间安排。1991年，当我走进这个办公大楼时，我注意到墙上悬挂着红白蓝三色的蝴蝶结。管理着行政中心一百三十名员工的詹姆斯·芙洛拉解释说：“哦，那是装饰委员会为我们从科威特回来的小伙子们布置的。”除了装饰委员会，还有家具委员会、室内设计委员会，他们一起塑造了这里的外观。

詹姆斯负责监管十人一组、自我管理的高效能团队，团队成员也参与了各种委员会。在每一个团队里，成员平均年龄四十二岁，在阿莫克平均工作了十七年。其中80%是女性，三分之一是单亲父母。詹姆斯解释这些团队如何规划自己的工作安排：

> 比如，一个接电话的女员工休完产假回来，有一段时间她每周工作三十个小时。后来她决定继续保持工作三十小时，把其中一些工作带回家做。所以她向团队提交了一份申请。团队回复：“我们需要客户打进来的电话在早晨八

点到下午五点间保持畅通。你可以继续维持工作三十个小时。简会接手一部分，玛丽会接手另一部分，凯瑞也会接手一部分。年底的时候我们会重新评估。”团队里的每个人都会想，有一天我也可能会有这样的需求。

这些团队很大程度上按照他们的具体需求来调整灵活机动的工作安排。比如，该中心有一些客户在西海岸，这要求中心一直要工作到晚上七点。詹姆斯描述了一个团队如何重新安排成员的工作时间：

一个员工说：“如果我能从早晨五点半一直工作到下午两点，那对我来说最合适。”另一人说：“我可以从早晨八点工作到下午五点。”第三个说：“我早晨起不来，如果你需要覆盖到西海岸，我可以从上午十点工作到晚上七点。”

这样的灵活性改变了关于工作时间的不成文规定，也改变了关于工作起始时间的旧规则。詹姆斯说：

在这里工作的人知道他们必须做什么。他们知道在某个时间他们必须离开这儿去接孩子，所以他们不会乱来。我的秘书在夏天每天从早晨九点工作到下午四点半，这样她可以去夏令营接孩子，但夏天的几个月通常节奏不快。如果你预约了医生，只要告知了团队，那就走吧。比利每周有一天在家远程办公，我可以一直接收到她的信息。她是坐在大厅还是在家，又有什么区别呢？这可以给她省下两小时的通勤时间。最重要的是，员工们想要回到这里。他们都是非常富有职业精神的。

在这个实验里，公司意识到团队管理可以提高工作效率和员工士气。我们则可以从这个实验中得出结论，员工可以从效率出发把工作生活和家庭生活都组织好，他们可以不需要老板的干预就实现这样的目标。

在ESI、施乐和阿莫克进行的时间实验都涉及了适度且可操作的调整，这里传递的真切信息是，我们的时间困境并不是不可改变的既定条件，而是可以变通的。然而，想要这些改变发生的前提是，我们必须敢于追求改变。感觉自己在时间上总是延迟和低效，试图最大程度地适应时间监狱的限制——这些都是已经开始自我延续的国民生活方式的各种症状。即使尝试想象过另外一种时间的生活方式，也会产生一定的焦虑和恐惧。就像一位八小时工作制运动的批评者在一百多年前所质疑的，人们会拿他们的新时间来*做*什么？我们也必须提出同样的问题：刚从时间困境里释放出来的“囚犯”将如何使用他们的自由？他们将为哪些关系来建造时间的庇护所？他们将如何开始？

独自来面对这种焦虑和恐惧并不容易。在上述三种情形里，都是人们以团队的形式合力想象另外一种时间架构。在每个案例中，都有许多双眼睛集中在同一个目标上，许多双手一起努力创造适度的改变。我们可以从中学到的是，个体或许不敢独自尝试，但人们组成的小团体可以带来文化和习惯上的改变。

任何成功的社会变革运动都始于对可能的生活方式的向往，始于可以把某种潜在的东西变成现实的理念。所以，让我们想象一下，格温·贝尔每周两次下午三点（而不是六点）从儿童托管中心把孩子接回家，省下巧克力棒作为傍晚的零食。约翰·贝尔每周五工作半天，然后到凯西的日托中心做志愿者。如果维姬·金能够和办公室里的八个男性主管协调好工作安排，每周三休息会怎样？让我们想象一下，绝大部分父母都能参加家长会，职场父母们可以有空去图书馆参加孩子们的阅读或识字项目，他们还可以有闲暇和孩子们一起在社区花园里种植新鲜的蔬菜。想象一下，在投票站父母们投票给支持灵活安排工作时间的竞选人。最后，让我们想象一下，简妮·金重新打开音乐把舞跳完。

但是只有想象是不够的。如果时间运动所需要的许多根本性的社会环境不发生变化，那么时间运动就无法成功。全球资本主义的崛起，工会的相对衰落，以及公民社会的衰落都将考验这场运动的决心。当然，这一趋势也愈加勒紧了我们身上的时间枷锁，但也凸显出我们想要从中获得解放的迫切需求。工作难找让人们“工作得战战兢兢”（因而工作的时间更长），但也可以迫使企业和工会去探讨如何分享更多的短时工作。技术的进步，在把“随时随地”工作的状态延展到家中，即使它压榨了非工作时间，但在正确的政治环境和社会条件下，也可以帮助人们实现工作和家庭的平衡。

最后，我相信数量日益增长的职场女性以及她们的伴侣都将是时间运动逐渐发展的组成部分。在职场各个层级都有这样的女性和男性，他们的潜在自我呼唤拥有更多的家庭时间。在我所假想的时间运动活动家们将要召开的会议上，会有想要减少加班时间、把它分给被解雇的同事的工会汽车工人，与想要实行工作分摊制的中上阶层职场妈妈并肩站在一起。

这两个群体因为孩子而志同道合。实际上，对寻找时间困境的解决之道最热切的成员是那些年纪太小还不能大声疾呼的孩子们。十五年之后，每天下午都独自在家的十岁的珍妮特，在花鹿儿童托管中心等人接的四岁的凯西，都已经度过了漫漫等待缺席父母的童年。他们也许会像查理·卓别林一样对家庭版的自动喂饭机说一声“够了”。正是他们最有可能构成重申私人时间运动的核心。如果这在未来是美事一桩，那么为什么现在只让它停留在一个童话般的美好想法呢?

致　谢

首先，非常感谢阿莫克公司当时的CEO和他的妻子，感谢他们伟大的公民精神，感谢他们的热情，感谢他们慷慨地邀请我来研究阿莫克公司。感谢那些在阿莫克公司里为我指点迷津的人——你们知道你们是谁，给你们献上许多感谢和拥抱。我要特别感谢蓝松木旅馆（the Blue Pine Bed and Breakfast，我做研究时的家）的主人，他们送我一份自制的黑莓果酱作为临别礼物。我要感谢那些慷慨地敞开了自己忙碌生活的访谈对象，期待自己的经历能帮助本书读者更好理解自己的生活，感谢他们付出的时间和信任。

我对阿尔弗雷德·P. 斯隆基金会（Alfred P. Sloan Foundation）心怀另一种感激，感谢他们资助了我的研究，特别是我的项目官员凯瑟琳·克里斯滕森（Kathleen Christensen），感谢她一直以来的支持。还要感谢福特基金会（Ford Foundation）提供的启动资金，以及琼·泽特林（June Zeitlin）和她的同事、工作—家庭研究的先驱罗纳·拉波波特（Rhona Rapoport）。

感谢迈克尔·罗金（Michael Rogin）和泰德·吉德林（Todd Gitlin）为书稿初稿提出的有洞见的反馈，以及安·斯维德勒（Ann Swidler），她在每周的早餐会上仔细聆听了我在无数个早期版本中不断变化的想法。

我衷心感谢我的天才编辑汤姆·恩格尔哈特（Tom Engelhardt）。汤姆是一个独树一帜的编辑，他是编辑之王。汤姆不只是简单地阅读手稿，而是全神贯注地投入。他给了我 10 页单倍行距的重要评论，很少有作家能有幸收到这样的评论。和他一起工作非常有成就感，也非常有趣。

当我已经如此幸运拥有非凡编辑之时，大都会出版社的编辑主任萨拉·博士泰尔（Sara Bershtel）和高级编辑斯蒂芬·哈贝尔（Stephen Hubbell），又贡献了一轮数十小时的工作，把我的逻辑推到一个我未曾想象的新终点，清除了文本上残留的混乱，并以其他方式分享了他们的超凡智慧和无穷精力。戴安娜·吉鲁里（Diana Gillooly）对手稿进行了出色的文字校订，里瓦·霍奇曼（Riva Hocherman）仔细梳理了笔记和参考文献，并帮助引领我们走过出版书稿的时间困境。同时也感谢珍·玛格丽丝（Jean Margolis）为我们打出早期的草稿。

在过去的几年里，我开始怀疑是否有一些命运的成分。有一天，劳里·沙夫纳（Laurie Schaffner）突然出现在我的办公室门口。她是史密斯学院的一名本科生，想了解社会学研究。劳里曾在七年级时辍学，但现在在加州大学伯克利分校攻读社会学博士学位。三年以来她一直是一流的书目编辑和研究助理。

她检查了所有的注释和参考文献，并绘制了表格。这本书的每一页都体现她的学术工作、同志般的热情和优秀的头脑。

邦妮·关（Bonnie Kwan）为这份手稿进行一次又一次的输入，敏锐捕捉其中的错误，还维持了她的和我的幽默感。联邦快递把我们的修改稿件在旧金山她的办公桌、缅因州我的办公桌、科德角汤姆·恩格尔哈特的办公桌、伯克利劳里·沙夫纳的办公桌之间疯狂地来回传递。在整个过程中，邦妮将一流的工作、善意的举动和有趣的时刻结合在一起。谢谢，劳里和邦妮，我爱你们。

亚当（Adam），我在漫长的旅途中的伴侣，对我生活感受的意义要远远超过我所能表达的。在去年尤其如此，那时我们失去了很多所爱之人。亚当也常常和我一起头脑风暴，阅读草稿，并带着自己的工作陪我在花鹿镇度过了一个夏天。在我母亲去世前几天的一个清晨，她说："像亚当这样的男人实属罕见。"是的，一个罕见的男人，也是一个罕见的人。

注 释

引言

① Po Bronson, "Instant Company," *New York Times*, July 11, 1999, section 6, p. 44.

② Families and Work Institute, *Women: The New Providers* (1995).

③ John Doohan, "Working Long, Working Better?" *World of Work: The Magazine of the International Labour Organization*, No. 31, September/ October 1999. 这份 600 页的国际劳工组织的报告比较了 240 个国家的工作时间。Useem 还列出了亚马逊网站（Amazon. com）上 751 种时间管理书籍，包括 *Eating on the Run, Please Hold: 102 Things to Do While You Wait on the Phone*。

④ "Families and the Labor Market, 1969-1999: Analyzing the Time Crunch," May 1999, a report by the Council of Economic Advisors, Washington D.C. 另外还有一份 2000 年的报告发现，有 46% 的员工工作时间为 41 小时或更长，18% 的员工工作时间为 51 小时或更长，参见 The Center for Survey Research and Analysis, University of Connecticut, 2000 Report on U. S. Working Time。另有一项新近研究发现，通常被视为是"女性"职业的小学教师报告每天的工作时间达到 10 小时。参见 Robert Drago, Robert Caplan, David Costanza, Tanya Brubaker, Darnell Cloud, Naomi Harris, Russell Kashian and T. Lynn Riggs, "New Extimates of Working Time for Teachers," *Monthly Labor Review*, Vol. 122, April 1999, pp. 31-41。

⑤ Lawrence Mishel, Jared Bernstein, John Schmitt, *The State of Working America 1998-99* (Ithaca, NY: ILS Press, 1999), p. 9.

⑥ Jerry Useem, “Welcome to the New Company,” *Fortune,* 10 January 2000, pp. 62-70. 对这篇文章的其他引用来自 pp. 63-64。

⑦ 像 BMC 这样员工友好的公司是否会在不知不觉中推进美国生活的私人化进程？在最近几年，我们看到了学校、监狱、医院的私人化。这是否就是公民生活本身的私人化？在著名文章《独自打保龄》（*Bowling Alone*）中，哈佛大学的政治学家 Robert Putnam 认为，公共参与度在下降。投票的人少了，加入 PTA、狮子会的人也少了。甚至保龄球队的参与度也在下降。只有那些独自打保龄球者的比例在上升。会不会是公司，至少是那些新经济中的公司，正在把公民生活投递到高技能而孤独的保龄球手身边？如果是这样，我们是不是只向那些拥有社会所需技能的人发放公民生活的入场券，而把儿童、老人和穷人排除在外？这个说法尽管如今听来似乎怪异，但未来可能会变成一个重要的问题。

第一章

① 参见 Arlie Hochschild with Anne Machung, *The Second Shift: Working Parents and the Revolution at Home* (New York: Viking Penguin, 1989)。

② 1950 年数据参见 *Historical Statistics of the United States, Colonial Times to 1970, Bicentennial Edition, Part 1,* “Series D63-74. Married Women (Husband Present) in the Labor Force, by Age and Presence of Children: 1948-1970” (Washington, D.C.: U. S. Bureau of the Census, 1975), p. 134。1994 年数据参见 *Statistical Abstracts of the United States: 1995 (115th ed.),* No. 638, “Employment Status of Women, by Marital Status and Presence and Age of Children: 1960-1994” (Washington, D.C.: U.S. Bureau of the Census, 1995), p. 406; 或 *Statistical Abstracts of the United States: 1995 (115th ed.),* No. 639, “Labor Force Participation Rates for Wives, Husband Present, by Age of Own Youngest Child: 1975-1994” (Washington, D.C.: U.S. Bureau of the Census, 1995), p. 406。

③ 数据来源为 Bureau of Labor Statistics，引用自 Schor，*The Overworked American*（1991），p. 32。就美国工作场所中工作时长的具体上升数字，学者们并没有达成共识。Schor 对美国劳工部、劳工统计局的数据进行了重新分析，并认为在过去的 30 年间工作时长的确增加了。她发现在 1990 年有四分之一全职员工每星期花在工作上 49 小时及以上（Schor，*The Overworked American*，p. 30）。Schor 强调说，她的分析已经排除了没有全年工作的雇员和兼职雇员，充分就业（fully-employed）的雇员其就业已经变得更加“充分”了。

支持该“工作时长增加理论”的还有劳工统计局的数据。在 1970 年，全职员工平均每周工作 42. 7 小时；在 1988 年这个数字上升至 43. 6 小时［参见 *Handbook of Labor Statistics,* August 1989, Table 23, p. 121；或 Polly Callaghan and Heidi Hartmann, Contingent Work: A Chartbook on Part-Time and Temporary

Employment (Washington, D.C.: Economic Policy Institute, 1991), p. 36]。同样支持这个可能性的还有来自于 Harris Polls，the National Opinion Research Center 和 the General Social Survey 的结果。Louis Harris 报告认为，"从 1973 年以来，美国人工作时长增加了 20%，而人们报告的闲暇时间减少了 32%" [*Inside America* (New York: Vintage, 1987), p. 17]。

仍有一些学者认为工作时长并没有发生变化 [Mary Coleman and John Pencavel, "Changes in Work Hours of Male Employees, 1940-1988," *Industrial and Labor Relations Review* 46 (1993): 262-83] 或减少了 [F. Thomas Juster and Frank P. Stafford, "The Allocation of Time: Empirical Findings, Behavioral Models, and Problems of Measurement," *Journal of Economic Literature* 29 (1991): 471-522; John Robinson, "The Time Squeeze," *American Demographics*, February 1990, pp. 30-33]。Juster 和 Stafford 认为工作时长在"减少"的部分原因可能是基于对工作日"疏松"的认知。和 Schor 不同，Juster 和 Stafford 在计算工作时长时减除了员工离开办公室处理杂事或茶歇的一切时间。还有一些学者认为工作时长只在一些特定人群中增加了：年龄在 25—44 岁之间的女性，教育程度良好的雇员，年龄在 55—59 岁之间的男性，年龄在 55—64 岁之间的黑人女性 [参见 Coleman and Pencavel, "Changes in Work Hours" (1993); 以及 Janice Neipert Hedges, "Work and Leisure," review of *The Overworked American*, by Juliet Schor, *Monthly Labor Review*, May 1992, pp. 53-54]。

④ 参见 "The Changing American Vacation," *Newsweek*, 28 August 1989, p. 8，由 Sylvia Hewlett 引用自 *When the Bough Breaks: The Cost of Neglecting Our Children* (New York: Basic Books, 1991), p. 92。

⑤ Victor Fuchs, *Women's Quest for Economic Equality* (Cambridge, Mass.: Harvard University Press, 1988), p. 111；以及 Victor Fuchs, "Are Americans Under-investing in Their Children?" *Society* 28, No. 6 (1991): 21。数据来源为 U.S. Bureau of the Census, 1960 和 Current Population Survey, March 1986。

⑥ 1975 年有 3 岁以下子女的女性从事有偿兼职工作的有 33. 6%，到了 1988 年这个数字逐步下降至 31. 7%。1975 年有 3 岁以下子女的单身女性从事兼职工作的有 26%，到了 1988 年这一数字变成 23% [Bureau of Labor Statistics, *Handbook of Labor statistics* (1989), Table 56, "Employment Status of All Women and Single Women by Presence and Age of Children, 1975-1988," p. 241]。根据劳工统计局最新的报告，在 1970 年职业女性中有 32% 是兼职，到 1993 年这个数字是 31% (Bureau of Labor Statistics, Division of Labor Statistics, "Women in the Workforce: An Overview," *Report* 892, July 1995, p. 6)。自 1966 年以来，全年从事全职工作的职场母亲比例从 38. 6% 增加至 49. 6%。从 1968 至 1986 年，25—34 岁女性——最可能养育低龄儿童的年龄段——在全年出入职场的流动性上呈现了稳定的下降趋势 (Earl Mellor and William Parks, "A Year's Work: Labor Force Activity from a Different

Perspective," *Monthly Labor Review*, September 1988, p. 15)。

⑦ 男性每周平均工作时长48.8小时，包括通勤和加班时间；女性平均41.7小时 [Ellen Galinsky, James Bond, and Dana Friedman, "The Changing Workforce: Highlights of the National Study" (New York: Families and Work Institute, 1993), p. 9]。

⑧ 参见 Ellen Galinsky, Dana Friedman, and Carol Hernandez, "The Corporate Reference Guide to Work Family Programs" (New York: Families and Work Institute, 1991); Robert Levering and Milton Moskowitz, *The Best Companies to Work for in America* (New York: Penguin Books, 1993); Hal Morgan and Kerry Tucker, *Companies That Care: The Most Family-Friendly Companies in America—What They Offer, and How They Got That Way* (New York: Simon and Schuster, 1991)。

⑨ 为了竭尽所能地从多角度加深我对"工作－家庭平衡"的理解，我自上而下地调研了公司的工作－家庭平衡项目。作为福特基金会一个项目的顾问，我得以跟进另外三个企业推进性别平等和工作－家庭平衡项目的研究进展。此外，1990年在加州的拉荷亚的一个行为科学研究机构的会议上，我针对来自全国的企业领导者们组织了一次CEO们的焦点小组。我们从管理的角度出发，讨论了员工家庭友好政策带来的效益与困难。1995年，我与人合作制作了一份调查问卷，发放给全国超过1200位父母，这些父母都有子女就读于由光明地平线（Bright Horizons）家庭解决方案公司运营的企业儿童托管中心，该公司总部位于波士顿。

⑩ 在1989年城市研究所进行的一项全国性研究中，职场母亲（最小子女年龄在4岁及以下）的子女每周在儿童托管中心的平均时长34小时 [Sandra Hofferth, April Brayfield, Sharon Deich, and Pamela Holcomb, *National Child Care Survey 1990*, "A National Association for the Education of Young Children (NAEYC) Study," *Urban Institute Report* 91-95 (Washington, D. C.: Urban Institute Press, 1991), p. 105]。在1965年，由亲戚照顾的学前儿童（33%）要多于由儿童托管中心照顾的（6%）。到1990年，由亲戚照顾的学前儿童更少了（19%），由托管中心照顾的更多了（28%）(p. 99)。

⑪ Hewlett, *When the Bough Breaks* (1991), p. 81.

⑫ Gary Bauer, "Congress Gets the Child-Care Issue Wrong," *Wall Street Journal*, 10 October 1990, p. A18. 此外，在最近的一个盖洛普调查中，有41%的成年美国人认为自己时间太少而无法陪伴家人（George Gallup, Jr., and Frank Newport, "Time at a Premium for Many Americans," *Gallup Poll Monthly*, November 1990, p. 45)。

第二章

① 1983年，CEO签署了一份"使命宣言"，引入了全面质量管理系统。阿莫克调拨给该系统500万美元的预算并为公司的4个市场部任命了4位全面质量管理主管。同时，阿莫克还成立了一个质量管理协会，协会的成员都是从具有声望的

中层管理者中选拔出来的。第一个全面质量管理课程开始于 1984 年。从那时起，共有超过 26000 名员工学习了全面质量管理课程，覆盖了 58 个驻地和 6 种语言。在推行全面质量管理系统的第一年，该培训占用了每位员工 3% 的工作时间，大约每人 66 小时。

② 参见 Gideon Kunda, *Engineering Culture: Control and Commitment in a High-Tech Corporation* (Philadelphia: Temple University Press, 1992)。事实上目前已经有了一个完整的学术分支致力于对"公司文化"的研究。

③ 参见 Catherine Casey, "Come Join Our Family: Discipline and Integration in the New Corporate Culture," paper presented at the American Sociological Association Conference, Los Angeles, 1994, p. 13; 以及 Catherine Casey, *Work, Self, and Society: After Industrialization* (New York: Routledge, 1995)。

第三章

① 这些非全职工作不能与那些没有福利与工作保障的所谓应急劳动力岗位相提并论，"劣质"兼职工作的增长实际上也导致了对"优质"非全职工作的追求遇冷。参见 Vicki Smith, "Flexibility in Work and Employment: Impact on Women," *Research in the Sociology of Organizations* 11 (1993): 195-216。

② 参见 Galinsky et al., *The Corporate Reference Guide* (1991), pp. 85-87。在全国范围，声称提供弹性工作安排的公司比例要远远高于其所报告的员工实际应用比例。比如，在一个针对弹性人事安排和日程安排的研究中，有 29 个公司提供了弹性办公地点作为家庭友好福利，其中有 18 个公司里只有不足 5 个员工会选择在家办公［Kathleen Christensen, *Flexible Staffing and Scheduling in U.S. Corporations* (New York: The Conference Board, 1989), p. 18］。

人们如何使用被弹性安排释放的时间呢？这就是另外一个故事了。有一项研究调查了两个联邦政府机构工作人员使用弹性工作福利的情况，发现职场父母们陪伴孩子的时间并没有增加——虽然女性做家务的时间确实有所增加［Halcyone Bohen and Anamaria Viveros-Long, *Balancing Jobs and Family Life: Do Flexible Schedules Help?* (Philadelphia: Temple University Press, 1981)］。

1992 年，美国强生公司开展了一项调查，发现只有 6% 的员工使用了"家庭照顾休假"（最多长达一年的无薪假期），有 18% 的员工使用了"家庭照顾缺勤"（因家庭照顾的紧急需要而短期带薪请假）。参见 Families and Work Institute, "An Evaluation of Johnson and Johnson's Work-Family Initiative," April 1993, p. 20。尽管在 1983 年，已经有 37% 的美国公司向新手父亲提供了育儿假，但一项研究发现，在 384 个公司中只有 9 个公司报告了正式休育儿假的父亲［Dana Friedman, *Linking Work-Family Issues to the Bottom Line* (New York: The Conference Board, 1991), p. 50］。

③ Galinsky et al., *The Corporate Reference Guide* (1991), p. 123.

④ Arthur Emlen, "Employee Profiles: 1987 Dependent Care Survey, Selected Companies," (Portland: Oregon Regional Research Institute for Human Services, Portland State University, 1987) reported in Friedman, *Linking Work-Family Issues to the Bottom Line* (New York: The Conference Board, 1991), p. 13.

⑤ Hofferth et al., *National Child Care Survey 1990* (1991), p. 374. Bond and Galinksy, *Beyond the Parental Leave Debate* (1991), p. 74.

⑥ Families and Work Institute, *Women: The New Providers*, Whirlpool Foundation Study, Part 1, survey conducted by Louis Harris and Associates, Inc., May 1995, p. 12.

⑦ 参见 Galinsky et al., *The Corporate Reference Guide* (1991), p. 17。

⑧ 一方面，家庭友好的非全职职位需要配置全职岗位的福利待遇，要求公司为更少的工作给付更多的成本。当然，这些福利可以按比例分摊，但当公司不得不有所放弃的时候，它们通常倾向于提高工资而不是减少工作时间。参见 Schor, *The Overworked American* (1991), p. 17。

⑨ "The Workforce 2000" 是哈德森研究所（Hudson Institute）1987 年发布的一个颇具影响力的报告，其中根据美国在 20 世纪 70 年代的低出生率预测了 2000 年将出现熟练工人的短缺。其中还提到求职市场上将出现白人男性的数量下降，其他人群的数量上升。当然，20 世纪 80 年代的裁员潮使更多白人男性熟练工人回到劳动力市场上，但是这并没有改变劳动力市场朝向一个更加多元状态发展的长期趋势。

⑩ Friedman, *Linking Work-Family Issues to the Bottom Line* (New York: The Conference Board, 1991), p. 12.

⑪ Barbara Presley Noble, "Making a Case for Family Programs," *New York Times,* 2 May 1993, p. 25.

⑫ 制药巨头美国强生公司和生产汽车密封产品的费普罗公司所进行的研究，都发现家庭友好政策使员工对公司更加满意，更愿意委身于公司。参见 Friedman, *Linking Work-Family Issues to the Bottom Line* (New York: The Conference Board, 1991), p. 47-50。

⑬ Janet Norwood, "American Workers Want More: More Work, That Is," *Across the Board,* November 1987 (New York: The Conference Board). 基于劳工统计局 1985 年的调查，Norwood 注意到 28% 的劳动者想要一周工作更长的时间，只有不足 20% 的劳动者想要缩减工作时长并减薪（p. 60）。在欧洲情况大抵相似。Helmut Wiesenthal 在研究中也有类似的发现——如果更多的时间意味着更少的收入，那么人们一般不会对更多的时间展现出更大的偏好［参见 Helga Nowotny, *Time: The Modern and the Postmodern Experience* (Cambridge: Policy Press, 1994), p. 128］。

⑭ Galinsky et al., *The Changing Workforce* (1993), p. 98.

⑮ Dana Friedman 在文章中说："也许公司活动的最大障碍就是员工需求的缺席。"（Dana Friedman, "Work vs. Family: War of the Worlds," *Personnel Administrator*, August 1987, p. 37）

⑯ Callaghan and Hartmann, "Contingent Work" (1991), Table 6, p. 38. 或参见 Deborah Swiss and Judith Walker, "Women and the Work/Family Dilemma: How Today's Professional Women Are Finding Solutions" (New York: Wiley, 1993)，这项研究调查了 1644 名毕业于哈佛大学的女性校友及她们请育儿假时的煎熬。

第四章

① Christopher Lasch, *Haven in a Heartless World* (New York: Basic Books, 1977). 对 Lasch 来说，对家庭至关重要的是它的私密性，是它保护个体远离"残酷的政治世界和工作世界"的能力。但他认为，这种私密性已经被它所要防范的残酷世界侵犯了。

② Reed Larson, Maryse Richards, and Maureen Perry-Jenkins, "Divergent Worlds: The Daily Emotional Experience of Mothers and Fathers in the Domestic and Public Spheres," *Journal of Personality and Social Psychology* 67 (1994): 1035.

③ Larson et al., "Divergent Worlds" (1994), pp. 1039, 1040.

④ Grace Baruch, Lois Biener, and Rosalind Barnett, "Women and Gender in Research on Work and Family Stress," *American Psychologists* 42 (1987): 130-136; Glenna Spitze, "Women's Employment and Family Relations: A Review," *Journal of Marriage and the Family* 50 (1988): 595- 618. 即使研究者们已经首先考虑到了抑郁或不佳的精神状态不利于找到或维持一份工作这样的事实，职场女性的精神健康状况也略显优势［参见 Rena Repetti, Karen Matthews, and Ingrid Waldron, "Employment and Women's Health: Effects of Paid Employment on Women's Mental and Physical Health," *American Psychologist 44* (1989): 1394-1401］。

⑤ Families and Work Institute, *Women: The New Providers* (1995), p. 10.

⑥ Baruch et al., "Women and Gender in Research" (1987), p. 132.

⑦ Larson et al., "Divergent Worlds" (1994), p. 1041. 也可参见 Shelley MacDermid, Margaret Williams, Stephen Marks, and Gabriela Heilbrun, "Is Small Beautiful? Influence of Workplace Size on Work-Family Tension," *Family Relations 43* (1994): 159-167。

⑧ 关于工作对女性的重要性的支持研究，可参见 Baruch et al., "Women and Gender in Research" (1987), esp. p. 132；以及 Diane Burden and Bradley Googins, "Boston University Balancing Job and Homelife Study: Managing Work and Family Stress in Corporations" (Boston: Boston University School of Social Work, 1987)。研究者们还发现单单成为母亲本身并不能增加生活的满足感［E. Spreitzer, E. Snyder, and D. Larson, "Multiple Roles and Psychological Well-Being," *Sociological Focus* 12 (1979): 141-148；以及 Ethel Roskies and Sylvie Carrier, "Marriage and Children for Professional Women: Asset or Liability?" paper presented at the APA convention "Stress in the 90s," Washington, D.C., 1992］。

也可参见 L. Verbrugge, “Role Burdens and Physical Health of Women and Men,” in Faye Crosby, ed., *Spouse, Parent, Worker: On Gender and Multiple Roles* (New Haven, Conn.: Yale University Press, 1987)。然而当我们讨论职场母亲的情感状况和精神健康时，有很多因素在发挥作用。例如，Kessler 和 McCrae 发现只有当丈夫分担家庭中的工作量时，工作才能改善女性的精神健康［R. Kessler and J. McCrae, “The Effect of Wives’ Employment on the Mental Health of Men and Women,” *American Sociological Review* 47 (1982): 216-227］。

⑨ Andrew Scharlach and Esme Fuller-Thomson, “Coping Strategies Following the Death of an Elderly Parent,” *Journal of Gerentological Social Work* 21 (1994): 90. 在应对母亲离世的压力时，对女性来说，工作是比配偶或宗教更“有用的资源”。对男性来说，工作比家庭、朋友和宗教更有用。

⑩ Tamara K. Hareven, *Family Time and Industrial Time: The Relationship between Family and Work in a New England Industrial Community* (New York: Cambridge University Press, 1982). 参见 Edward P. Thompson, “Time, Work-Discipline and Industrial Capitalism,” *Past and Present* 38 (1967): 299-309。在这篇文章中，Thompson 描述了农民社会中以任务为导向的时间记录方式。参见 Michael O’Mally, *Keeping Watch: A History of American Time* (New York: Penguin, 1991)。

⑪ Harry Braverman, *Labor and Monopoly Capital* (New York: Monthly Review Press, 1974), p. 106.

⑫ 参见 Staffan Linder, *The Harried Leisure Class* (New York: Columbia University Press, 1974)。经济学家 Linder 认为，我们假设了工作时间就是金钱，并将这种理念代入到我们的闲暇时间中。因此，一个人在度假的时候可能会对自己说：“我在假期中的每个小时本来是可以赚 30 美元的！”Linder 暗指人们在持续地将“低回报”的时间替换成“高回报”的时间。在 *The Management of Time*（New York: Kend, 1987）中，Dale Timpe 将时间视为我们必须“审计”的事务，并提供了这样的建议：许多律师都会记录下每个客户的服务时间用以计价。你也可以如此，记录一下之前的 15 分钟或 30 分钟发生了什么，或者在晚上花上几分钟简要记录下当天的关键事件以及每件事情所消耗的时间（p. 76）。也可参见 Ross Webber, *Time Is Money!The Key to Managerial Success* (New York: Free Press, 1988)。如同 Linder 所述，在前工业社会，有许多具有出色的创业技能的商人也仍然没有将金钱的概念和时间的概念联系起来。此外，法国社会学家皮埃尔·布迪厄（Pierre Bourdieu）提出了“文化资本”的概念。和经济资本一样，文化资本也有助于个体在社会阶级阶梯上的进步。关于时间的信念和习惯性的处理方式也可以看作是文化资本的一种形式［Pierre Bourdieu, *Distinction* (Cambridge, Mass.: Harvard University Press, 1984)］。

第五章

① 参见 Helga Nowotny, “Time Structuring and Time Measurement: On the Interrelation between Timekeepers and Social Time," in J. Fraser et al., eds., *The Study of Time II* (Amherst: University of Massachusetts Press, 1975)。

② 社会学家 Eviatar Zerubavel 在 *Hidden Rhythms* 一书中描绘了另一种社会环境——在本笃会修道院里，时间被严格安排和控制，关于如何整天保持忙碌的训示可以查阅《圣本笃法则》（*the Rule of Saint Benedict*）[Eviatar Zerubavel, *Hidden Rhythms: Schedules and Calendars in Social Life* (Chicago: University of Chicago Press, 1981), pp. 34, 35, 39]。

在当代的公司里也是如此。时间是极端有序、规律和理性化的。当阿莫克的主管们解释自己为何"爱"这份工作时，他们常常提到迎接挑战的满足感，成为员工社群一分子的归属感，当然还能收获金钱和声望。但我很好奇，这种"爱"可有几分并非来自工作任务那种安抚人心的规律感。

③ 参见 Roma Hanks and Marvin B. Sussman, eds., "Where Does Family End and Corporation Begin: The Consequences of Rapid Transformation," in *Corporations, Businesses and Families* (New York: Haworth Press, 1990), p. 6。

第六章

① 阿莫克为每周工作 30 小时及以上的员工提供全额福利。

② 在阿莫克，双薪家庭中收入最高（A 级薪资）的职场母亲平均每周工作 55 小时，照顾孩子和家庭 45 小时（A 级薪资的男性的话，这两个数字分别是 53 小时和 25 小时）。在总工作时长的排名中，这些女性排名第二，排名第一的是从事工厂劳动的单亲母亲。排名第三的（每周工作 49 小时）是配偶不工作的职场母亲。然而，重要的不仅仅是工作时间的长短，还有一个人对工作时间的控制能力。还可参见 R. Karesek, "Lower Health Risk with Increased Job Control among White-Collar Workers," *Journal of Organizational Behavior* 11 (1990): 171-185。

第七章

① 参见 Felice Schwartz, "Management Women and the New Facts of Life," *Harvard Business Review,* January-February 1989, pp. 65-76。这个具有争议的计划是由 Schwartz 在 1987 年首次提出的，将职业母亲永久置于一个较低层的"非职业主导"的工作轨道上。社会学家 Lotte Bailyn 设想的职业轨迹不是一成不变的，"缓发者"可以与"筋疲力尽者"（起步快，晋升快，然后发展趋于平缓的人）一样获得较高的职业成就。参见 Lotte Bailyn, "The Slow-Burn Way to the Top: Some Thoughts on the Early Years of Organizational Careers," in C.B. Derr, ed., *Work and Family, and the Career* (New York: Praeger, 1980), pp. 94-105。

第八章

① Alan Dundes, ed., *The Evil Eye: A Folklore Casebook* (New York: Garland Press, 1981); 更多关于“有限资源”（limited goods）的内容参见 p. 266。

第九章

① 参见 Linda Haas, *Equal Parenthood and Social Policy: A Study of Parental Leave in Sweden* (Albany: State University of New York Press, 1992)。

② William Goode, “Why Men Resist,” in Arlene Skolnick and Jerome Skolnick, eds., *Family in Transition,* 8th ed. (New York: Harper Collins, 1994), pp. 137-148.

③ 就全体而言，39% 的阿莫克男性认为全职员工采取灵活工作时间是一个“很有价值”的想法——其中包括 47% 的男性低层管理人员，54% 的男性行政人员，以及 59% 的男性技术人员。当男性员工被问及涉及子女生病的缺勤政策时，也显示出了同样的情况。赞成工作分摊的男性要少得多，并且都不在高层（在 A 级薪酬和 B 级薪酬的男性中，只有 12% 和 7% 的人支持工作分摊），赞成者往往是行政和技术人员（分别为 22% 和 14%）。产业工人并没有被问及这个问题。与此相反，当女性被问及为男性提供的工作 - 家庭平衡政策时，出现了不同的情况。级别较高的女性更支持灵活工作时间，在女性中，43% 的 A 级薪酬雇员支持新手爸爸休陪产假；这一数字在 B 级薪酬员工中下降到 38%，在行政和技术人员中下降到 27%。

第十章

① 1990 年，阿莫克的一项调查显示，在有 13 岁及以下子女的母亲中，有 12% 的 A 级薪酬女性，9% 的 B 级薪酬女性，和 50% 的时薪员工女性认为在工作时间安排医疗预约“非常困难”。抱怨这个问题的父亲相对较少，例如只有 35% 的时薪员工男性如此认为。

第十一章

① “‘It’s Too Much of a Good Thing,’ GM Workers Say in Protesting Overtime,” *New York Times*, 22 November 1994, p. A10.

② 在全国范围内，24% 的儿童在童年某个阶段生活在单亲家庭中。

③ 关于当代职场父母育儿安排的讨论，可参见 Lynne Casper, Mary Hawkins, and Martin O’Connell, “Who’s Minding the Kids? Childcare Arrangements,” Fall 1991,

U.S. Bureau of the Census, *Current Population Reports* (Washington, D.C.: U.S. Government Printing Office, 1994)， 以 及 Larry Bumpass, "What's Happening to the Family? Interactions between Demographic and Institutional Change," *Demography* 27, No. 4 (1990): 483-498。

④ 关于这些家庭议题的讨论，可参见 Lynn White and Bruce Keith, "The Effect of Shiftwork on the Quality and Stability of Marital Relations," *Journal of Marriage and the Family* 52 (1990): 453-462。轮班安排和非白班的排班——就像贝基和她的朋友们所从事的工作，往往给婚姻带来特殊的压力，也会成为一些人逃离问题百出的关系的借口。White 和 Keith 对 1688 名已婚男女的研究发现，轮班工作会增加离婚的概率。作者总结道：轮班工作与分歧的增加相关，但并不能判断哪个先发生。因为那些希望摆脱育儿责任或想要寻求婚外情的人也许更有可能主动选择轮班工作。如果这是真的，那么轮班工作就是关系解脱的第一步，最终导向离婚（p. 461）。

也可参见 Rosanna Hertz 和 Joy Charlton 的文章 "Making Family under a Shift Work Schedule: Air Force Security Guards and Their Wives," *Social Problems* 36 (1989): 491-507; 以及 Harriet Presser, "Shift Work and Childcare among Dual-Earner American Parents," *Journal of Marriage and the Family* 50 (1988): 133-148。

⑤ 参见 Andrew Cherlin and Frank Furstenberg, *The New American Grandparents* (New York: Basic Books, 1986)。

⑥ 参见 Bumpass, "What's Happening with the Family?" (1990), p. 492; 以及 Casper et al., "Who's Minding the Kids?" (1994), p. 7。

⑦ Casper et al., "Who's Minding the Kids?" (1994), p. 7.

⑧ 关于工人阶级的母亲如何在同事间建立友谊和互助的讨论，也可参见 Louise Lamphere, *Sunbelt Working Mothers: Reconciling Family and Factory* (Ithaca, N.Y.: Cornell University Press, 1993)。

⑨ 在 *Worlds of Pain* 一书中，Lillian Rubin 发现，工人阶级生活得比中产阶级更艰难，他们的父母更有可能过度疲劳、酗酒、有精神疾病和暴力行为。然而，与中产阶级相比，工人阶级父母的成年子女对他们父母的抱怨则较少［Lillian Rubin, *Worlds of Pain: Life in Working-Class Families* (New York: Basic Books, 1976)］。

第十二章

① Elizabeth Bott, *Family and Social Network: Roles, Norms, and External Relationships in Ordinary Urban Families* (New York: Free Press, 1967).

② 在最近的一项全国调查中，1502 名女性被问道："如果有足够的钱去过想要的生活，你是希望全职工作、兼职工作，从事志愿类型的工作，还是在家照顾家庭？"总体而言，只有 31% 的人选择"在家照顾家庭"。教育水平越高越倾向于

工作。但即使在没有读高中的女性中，也有五分之二的人选择了工作［Families and Work Institute, *Women: The New Providers* (1995), p. 56］。

第十三章

① 1990年，阿莫克公司三分之二的时薪男员工的妻子都工作，时薪员工的年薪大概在25000美元到49999美元之间。1990年，该公司的全部时薪员工中有20%家庭收入在25000美元或以下，69%家庭收入在25000美元至50000美元之间，11%家庭收入更高。埃斯特拉夫妇俩的收入合计63000美元，所以他们家位列时薪员工中收入最高者中。在女性中（大多数是单亲妈妈）家庭收入则更低。有三分之一家庭收入低于25000美元，有一半家庭收入在25000美元至50000美元之间，有16%家庭收入更高。

② Harriet Presser, "Female Employment and the Division of Labor within the Home: A Longitudinal Perspective," paper presented at the Population Association of America, St. Louis, 1977.

③ 对19世纪工作场所中家庭和友谊关系的刻画可参见Hareven, *Family Time and Industrial Time* (1982)。

④ 参见Hertz and Charlton, "Making Family under a Shiftwork Schedule" (1989), p. 505。

第十四章

① 在其他条件相同的情况下，相比于时间得到金钱补偿的人，那些时间没有得到金钱补偿的人——家庭主妇、儿童、老年人，更不受尊重。（这只适用于那些不受道德谴责的工作；妓女并不会比家庭主妇更受尊重。）对于很多从事有偿工作的人来说，以时间换取金钱的交易可以产生非常不同的文化意义，这取决于社会环境。（感谢Deborah Davis对以工作换取金钱以及时间之间的关系进行了澄清。）参见Nowotny, *Time: The Modern and the Postmodern Experience* (1994); 以及Linder, *The Harried Leisure Class* (1974)。

② 光明地平线公司成立于1986年，1991年被儿童照料信息交流中心评为全美领先的工作场所儿童托管机构。该公司提供一系列的服务：上门服务、周末项目以及为婴儿、幼儿、学龄前儿童和学龄儿童提供的项目。光明地平线公司付给教师的工资要比周边儿童托管机构高10%，且教师流动率仅为全行业平均水平（每年40%至50%）的一半。

③ 35%的家长进行了回答（9%男性，90%女性；92%已婚，7%单亲）。有些问题的百分比加起来可能不等于100%，是因为一些受访者没有回答该问题，或者报告的百分比被四舍五入到最接近的整数。

④ 20%的家长报告，他们的孩子每周待在儿童托管中心41—45小时；13%的家

长报告 46—50 小时；2% 的家长报告 51—60 小时。在研究中，在最低收入群体（45000 美元及以下）中，孩子每周在儿童托管中心 41 小时或时间更长的比例为 25%。在最高收入群体（14 万美元及以上）中，比例为 39%。

⑤ 家长们被问到，“在一个典型的工作日”，他们花多少时间在家里做带回家的工作。18% 的人没有回答。剩下的人中，有一半说他们确实把工作带回家。其中最大的比例是 19% 的人将“6 到 10 小时的工作（每周）”带回家。他们估计自己的伴侣在家里工作的时间甚至更长。

⑥ Burden and Googins, “Boston University Balancing Job and Homelife Study” (1987), p. 30.

⑦ 但朋友可能不是职场父母社会支持的主要来源。当被问及“你生活中最重要的三个支持来源”时，九成的男女提到配偶或伴侣，其次是母亲，第三个是“其他亲戚”。所以人们会首先向亲戚求助。然而，在*朋友关系*中，工作中的朋友比家庭的朋友更重要。作为情感支持的来源，10% 的受访者还提到了“书和杂志”，与提到“教堂或寺庙”的比例相同；只有 5% 的人提到邻居。13% 的人在寻求帮助时会首先求助于工作中的朋友，和求助于自己父亲的比例一样高。

⑧ Jim Spring, “Seven Days of Play,” *American Demography* 15 (March 1993): 50-54. 根据另一项研究，在全美普通家庭中，电视播放的时间占人们清醒的时间的一半。青少年大约每周观看电视 22 小时［Anne Walling, “Teenagers and Television,” *American Family Physician 42* (1990): 638-641］，儿童平均每天观看电视两到三小时［Althea Huston, John Wright, Mabel Rice, and Dennis Kerkman, “Developmental Perspective of Television Viewing Patterns,” *Developmental Psychology* 26 (1990): 409-421］。

⑨ William Julius Wilson, *When Work Disappears: The World of the New Urban Poor* (New York: Knopf, 1996).

⑩ W. Edwards Deming, “Improvement of Quality and Productivity through Action by Management,” *National Productivity Review*, Winter 1981-1982, pp. 2-12. 也可参见 Mary Walton, *The Deming Management Method* (New York: Dodd, Mead & Co., 1986); Frederick Taylor, *The Principles of Scientific Management* (New York: Harper, 1911)。
当全面质量管理进入到许多公司里后，弗雷德里克·泰勒的影响并未消亡。许多低技术工人容易面临工作的泰勒化。在 *The Electronic Sweatshop* (New York: Simon and Schuster, 1988) 一书中，Barbara Garson 描绘了一个在麦当劳工作的汉堡厨师，他的每一个动作都被简单化、预先设置和监测。

⑪ Hugh Mulligan, “Employers Foster Friendly Workplaces (Associated Press release),” *Louisville Courier Journal*, 1991. 一些公司，例如在密苏里州诺埃尔设置加工厂的哈德逊食品公司（Hudson Food Inc.），雇用牧师担任公司顾问。如同《纽约时报》上 Barnaby Feder 的文章所描述：一些工人切割和包装鸟的尸体，其他人谈论着他们与酗酒、吸毒的斗争，在婚姻里的压力，生病的父母、离家出走的孩子和住房危机。（与牧师）这样的闲谈常常会带来进一步的私人咨询、医院拜访和其他形

式的神职服务。从某种意义上说，雇用牧师的公司是在将自己作为工人应对家庭困难时所需的精神帮助的来源（Barnaby J. Feder, "Ministers Who Work around the Flock," *New York Times*, 3 October 1996）。

⑫ MBTI（The Myers-Briggs Type Indicator）是一份"自我报告问卷，旨在使卡尔·荣格的心理类型理论在日常生活中被理解和使用"。一份阿莫克的手册指出，在其众多用途中，了解自己在 MBTI 上的类型，有助于提高"合作和生产力"。类型基于人格的不同维度——外向、内向、感觉、直觉、思考、感受、判断和知觉。每种类型都被认为对工作团队产生不同的贡献，并需要不同的支持环境。参见 Isabel Myers Briggs, *Introduction to "Type": A Guide to Understanding Your Results on the Myers-Briggs Type Indicator* (Palo Alto, Calif: Consulting Psychologists Press, 1993), p. 1。

⑬ 正如"全面质量管理"*加强了*工人在工作中的权威一样，对于男性来说，家庭规模的缩小以及在家里分担第二轮班的压力*削弱了*他们在家里的权威。另一方面，那些与传统型男人结婚、在婚姻中拥有较少权威的女性，有时候非常享受工作，因为在工作中她们终于可以大声说话并被听到。因此，出于不同的原因，男性和女性都会觉得自己的权威在家中被削弱，但在工作中得到加强。

⑭ 正如 Ella Taylor 所观察到的，多年以来，许多电视情景喜剧都以工作场所的同事之间"有趣的"家庭式关系为焦点。《摩尔秀》（*The Mary Tyler Moore Show*）呈现了在电视新闻站里的同事家人的故事；*M*A*S*H* 刻画了在朝鲜战争期间军队医疗所里的同事家人的故事；而在《出租车》（*Taxi*）里如家人般的同事则在一家出租车公司里上班。参见 Ella Taylor, *Prime-Time Families: Television Culture in Postwar America* (Berkeley: University of California Press, 1989); 也可参见 Gerard Jones, *Honey, I'm Home! Sitcoms: Selling the American Dream* (New York: St. Martin's Press, 1992)。

⑮ Andrew J. Cherlin, ed., *The Changing American Family and Public Policy* (Washington, D.C.: Urban Institute Press). 参见 Judith Wallerstein and Sandra Blakeslee, *Second Chances: Men, Women, and Children a Decade after Divorce* (New York: Tichnor and Fields, 1989)。遗憾的是，作者没有将来自离异家庭的孩子与来自完整家庭的孩子进行比较。因此，我们无法得知完整婚姻家庭的孩子在多大程度上有类似的经历。也可参见 P. Bohannon, *Divorce and After: An Analysis of the Emotional and Social Problems of Divorce* (New York: Anchor Books, 1971); 以及 William Goode, *World Revolution and Divorce* (New York: Free Press, 1956)。

⑯ 家庭生活贬值的一个标志就是家庭主妇地位的降低。1981 年全国性的 Harris 民意调查问道："如果必须给家庭主妇的工作设定货币价值，你觉得一年的合理工资应该是多少？"男性回答的均值 12700 美元，女性回答的均值 13800 美元。那些从事有偿工作的妇女对家务劳动的估值为 24000 美元，高于家庭主妇本身的估值（13400 美元）。而女权主义者对家务劳动的估值（21500 美元）则高于传统主义妇女的估值（19600 美元）。Harris 民意调查里问成年人和青少年，是否同意"今

天的父母不像从前那样愿意为他们的孩子做出牺牲”。三分之二的 40 岁及以上的男性和女性都表示同意，有一半的 18—39 岁的青年也表示同意。(Louis Harris and Associates, *The General Mills American Family Report* 1980-1981, conducted by Louis Harris and Associates Inc., Minneapolis, 1981.)

⑰ Wendy Tanaka, “90s Trends Bite into Business Lunch,” *San Francisco Examiner*, 9 October 1994, p. A4.

⑱ Gary Cross, “If Not the Gift of Time, At Least Toys,” *New York Times*, 3 December 1995.

第十五章

① 在 *The Second Shift* 一书中，我把这种情感禁欲主义称为“需求缩减策略”，也可参见我的文章“Politics of Culture: Traditional, Postmodern, Cold Modern and Warm Modern Ideals of Care,” *Social Politics* 2 (1995) 。

② Clair Vickery, “The Time-Poor: A New Look at Poverty,” *Journal of Human Resources* 12 (1977): 27-48.

③ 因为对这些发现感到惊讶和担忧，阿莫克人力资源部门向高级管理层提议，为年龄较大的孩子在课余时间设立一个“爱好俱乐部”，管理层同意提供资金。许多家长和孩子现在可以选择参加，当然，家长的工作时间仍然保持不变。

④ 1976 年，美国商务部估计有 160 万（即 13%）7 至 13 岁儿童，在课前或课后没有成人监护。1982 年美国劳工部的一份报告估算，有 700 万 10 岁以下的儿童在不上学时自己照顾自己。[两份报告均引自 Bryan Robinson, Bobbie Rowland, and Mick Coleman, *Latchkey Kids: Unlocking Doors for Children and Their Families* (Lexington, Mass: Lexington Books, 1986)。] 近期的一篇文章显示，有 300 万至 1200 万的儿童处于“自我照顾”中（Charlene Marmer Soloman, “Special Report: Latchkey Kids,” *Parents*, March 1994, pp. 43-45）。也可参见 Mary Lou Padilla and Gary Landreth, “Latchkey Children: A Review of the Literature,” *Child Welfare* 68 (1989): 445-454.)

⑤ Jean Richardson, Kathleen Dwyer, Kimberly McGuigan, William Hansen, Clyde Dent, C. Anderson Johnson, Steven Sussman, Bonnie Brannon, and Brian Flay, “Substance Use among Eighth-Grade Students Who Take Care of Themselves after School,” *Pediatrics* 84 (1989): 556-566. 也可参见 D. G. Vandell and M. A. Corsaniti, “The Relation between Third-Graders’ After-School Care and Social, Academic, and Emotional Function,” *Child Development* 59 (1988): 868-875。

⑥ T. J. Long and L. Long, “Latchkey Children: The Child’s View of Self Care,” ERIC No. ED 211 229 (Arlington, Va.: Educational Resources Information Center Documents Reproduction Service, 1982). 也可参见 Nicholas Zill, *American Children: Happy, Healthy, and Insecure* (New York: Doubleday Anchor, 1983)。

⑦ Earl A. Grollman and Gerry L. Sweder, *Teaching Your Child to Be Home Alone* (New York: Macmillan, 1983), p. 14.

⑧ Grollman and Sweder, *Teaching Your Child* (1983), p. 4. 作者们确实承认了一些问题，"通过采访和调查，我们发现 12 岁及以下的儿童如果经常被单独留在家里两个小时及以上，他们在自尊测试中的得分明显低于那些只在家里独处少于一小时的同龄人。这些儿童表示，他们与父母的沟通有问题，自信心较低，而且学校表现不佳。教师、校长和指导顾问们都赞同这一评估结果，并谈到，在他们的教室里，需要照护的儿童数量在逐渐增加"。

⑨ Grollman and Sweder, *Teaching Your Child* (1983), pp. 59, 96.

⑩ *I Can Take Care of Myself: The Family Handbook on Children in Self-Care* (Boston: Work-Family Directions, 1989), p. 10.

⑪ Barbara Dales and Jim Dales, *The Working Woman Book* (New York: Andrews, McMeel, and Parker, 1985). New Yorker cartoons and Hallmark cards described in Hewlett, When the Bough Breaks (1991), p. 110.

⑫ Barbara Ehrenreich and Deirdre English, *For Her Own Good: 150 Years of Experts' Advice to Women* (New York: Doubleday, 1978).

⑬ Christopher Lasch, *The Culture of Narcissism: American Life in an Age of Diminishing Expectations* (New York: Norton, 1978).

⑭ Lynne Dumas, "At Your Service," *Working Mother*, August 1995, pp. 60-66.

⑮ Jacqueline Z. Salmon, "For Hire: Helpers for Harried Parenting," *Washington Post*, 17 September 1995.

⑯ *Working Mother*, August 1995, p. 72. 在圣诞节的庆祝活动中，我们也可以看到类似的商品化"前沿"。曾经，很多家庭成员亲手制作礼物相互交换。制作礼物是圣诞节仪式的一部分，本身具有独特的意义。后来，购买礼物成为了有意义的活动，因为购买节省了制作礼物的时间。现在，越来越多的人通过查看购物清单来邮购礼物，把购物的时间都节省了。

⑰ 志愿活动是家庭时间消失的另一个前沿，许多家庭开始外包志愿活动。比如，他们选择用简单地捐钱来代替真正参与当地环保组织的活动。参见 Eric Oliver, "Buying Time: City Affluence and Organizational Activity," Chapter 5, unpublished Ph. D. dissertation, University of California, Berkeley, 1996。

⑱ Salmon, "For Hire" (1995).

⑲ John Gillis, "Making Time for Family: The Invention of Family Time (s) and the Reinvention of Family History," *Journal of Family History* 21 (1996): 4-21, on 13.

第十六章

① 参见 Michael Ventura, "The Age of Interruption," *Networker*, January-February 1995, pp. 19-31。

② Robert D. Putnam, "Bowling Alone: America's Declining Social Capital," *Journal of Democracy* 6 (January 1995): 65-78, esp. 68. Putnam 指责的是电视，而不是更长的工作时间导致了公民参与度的下降。关于这篇文章的批评可参见 Theda Skocpol, "Unraveling from Above," *American Prospect*, March/April 1996, p. 23。

③ Amy Saltzman, *Downshifting: Reinventing Success on a Slower Track* (New York: Harper Collins, 1991). 在 *Working Ourselves to Death* (San Francisco: Harper & Row, 1990) 一书中，Diane Fassel 认为工作狂是一种类似于酒精成瘾的疾病。她将其视为一种无法控制的内心冲动，人们只能通过类似戒酒的方式与工作进行私下斗争。然而，很明显，大多数人不可能像戒酒一样"戒掉"工作。也可参见 Nina Tassi, *Urgency Addiction* (New York: Signet, 1991)。

④ Joe Dominguez and Vicki Robin, *Your Money or Your Life: Transforming Your Relationship with Money and Achieving Financial Independence* (New York: Viking, 1992). 也可参见 Duane Elgin 的 *Voluntary Simplicity* (New York: Morrow, 1993) 和 M. Saint James 的 *Simplify Your Life* (New York: Hyperion, 1994)。

⑤ Carey Goldberg, "The Simple Life Lures Refugees from Stress," *New York Times*, 21 September 1995. 关于重返土地的运动，可参见 Keith Schneider, "Fleeing America's Relentless Pace, Some Adopt an Amish Life," *New York Times*, 1 March 1995。

⑥ Paul Avrich, *The Haymarket Tragedy* (Princeton, N.J.: Princeton University Press, 1984).

⑦ 参见 Robert Levering, *A Great Place to Work: What Makes Some Employers So Good (and Most So Bad)* (New York: Random House, 1988)。

⑧ 一项新的时间运动可以呼吁"家庭影响报告"，显示经济趋势对家庭的影响。这是工作－家庭平衡专家 Kathleen Christensen 的创意。如果环境影响报告可以帮助保护斑点猫头鹰免受森林砍伐的影响，那么家庭影响报告也可以保护另外一个濒临危险的"物种"——美国的家庭，免受职场加速的影响。环境影响报告评估了特定的工业排放对空气或水的质量的影响。一份家庭影响报告可以评估强制加班对父母与孩子相处时间的影响。

⑨ 参见 "Eight Hours," in *Public Opinion: A Comprehensive Summary of the Press throughout the World on All Important Current Topics*, Vol. 1 (Washington, D. C.: Public Opinion Co. Publishers, April-October 1886), p. 50。也可参见 Benjamin Kline Hunnicutt, *Work without End: Abandoning Shorter Hours for the Right to Work* (Philadelphia: Temple University Press, 1988); Carmen Sirianni 的优秀作品 "The Self-Management of Time in Post-Industrial Society," in Karl Hinrichs, William Roche, and Carmen Sirianni, eds., *Working Time in Transition* (Philadelphia: Temple University Press, 1991); Cynthia Negrey, *Gender, Time, and Reduced Work* (Albany: SUNY Press, 1993)。

⑩ *Public Opinion* (1886), p. 51.

⑪ Henry David, *The History of the Haymarket Affair* (New York: Collier Books, 1963), p. 173.

⑫ 参见 Ellen Galinsky, *The Implementation of Flexible Time and Leave Policies: Observations from European Employers* (New York: Families and Work Institute, 1989)。当然，日本员工的平均工作时间要长得多。但根据纽约经济学家 San Nakagama 的说法，日本正在经历着一场针对长工作时间的渐进式“体制改革”（参见 Hobart Rowen, “Taking It Easier in Japan,” *Herald Tribune*, 13 June 1991）。日本大概每年有一万起“过劳死”事件，因为过度工作而死亡。

⑬ Haas, *Equal Parenthood and Social Policy* (1992), pp. 18, 29, 36. 也可参见 Phyllis Moen, *Working Parents: Transformations in Gender Roles and Public Policies in Sweden* (Madison: University of Wisconsin Press, 1989)。

⑭ 在全国范围减少工作时长的支持者们认为，这将有助于降低失业率，并减少政府对失业人群进行支持的需要，并且减轻技术性失业，缓解工作压力。他们还指出，随着就业人数增加，所得税收入和消费需求将增加。

反对者则认为，减少工作时间会增加劳动力成本，而且如果不称职的人填补了新增的工作岗位，生产力就会下降。他们认为，这将会导致“通货膨胀”，因为劳动力成本的增加将导致价格上涨（因为公司会把增加的成本转嫁到消费者身上）。另外，雇主可能尝试用更多的机器化来抵消更高的劳动力成本，从而使更多人失去工作。参见 Negrey, *Gender, Time, and Reduced Work* (1993), pp. 119-120; 也可参见 Ronald G. Ehrenberg and Paul L. Schumann, *Longer Hours or More Jobs: An Investigation of Amending Hours Legislation to Create Employment* (Ithaca, N. Y.: Cornell University Press, 1982); Sar A. Levitan and Richard S. Belous, *Shorter Hours, Shorter Weeks: Spreading the Work to Reduce Unemployment* (Baltimore: Johns Hopkins University Press, 1977); Paul Blyton, *Changes in Working Time: An International Review* (London: Croom Helm, 1985)。

⑮ 在美国之外，德国已经有了工作分摊制，而瑞典正在考虑一个试点项目，该项目显示瑞典工人在每天六小时工作时间下可以有更高的生产效率，因为病假、工伤和离职率都有所减少［Haas, *Equal Parenthood and Social Policy* (1992), p. 34］。

⑯ 麻省理工学院斯隆管理学院（Sloan School of Management）的社会学家 Bailyn 带领研究团队进行了“行动研究”（action research），旨在带来直接改变的研究，参见 Lotte Bailyn, “The Impact of Corporate Culture on Work-Family Integration,” talk given at Fifth International Stein Conference, Drexel University, November 1994。

⑰ Bailyn, “The Impact of Corporate Culture” (1994), p. 3.

⑱ Bailyn, “The Impact of Corporate Culture” (1994), p. 4. Bailyn 发现：“与其说满意的工人更有生产力，不如说有生产力的工人更加满意……如果工人被授权管理边界，包括家庭和工作的边界，这将提升他们的生产力，士气会随着生产力而提高。”施乐公司改用团队管理之后，缺勤率下降了 30%，而且员工们能够更好地满足客户的需求。

参考文献

Acker, Joan. 1990. "Hierarchies, Jobs, Bodies: A Theory of Gendered Organizations." *Gender and Society* 4: 139-58.

Adam, Barbara. 1995. *Time Watch: The Social Analysis of Time*. Cambridge: Polity.

Adler, Jerry. 1994. "Kids Growing Up Scared." *Newsweek*, 10 January.

Adolf, Barbara. 1992. "Work and Family Benefits Come of Age: An Overview of Public- and Private-Sector Programs." *Government Finance Review* 8, no. 5.

Agassi, Judith, and Stephen Heycock, eds. 1989. *The Redesign of Working Time: Promise or Threat?* Berlin: Edition Sigma.

Ahrons, Constance, and Roy Rodgers. 1987. *Divorced Families: A Multidisciplinary Developmental View*. New York: Norton.

Allen, Joseph P. 1988. "European Infant Care Leaves: Foreign Perspectives on the Integration of Work and Family Roles." In Edward F. Zigler and Meryl Frank, eds., *The Parental Leave Crisis: Toward a National Policy*. New Haven, Conn.: Yale University Press.

Alvesson, Mats, and Per Olof Berg. 1992. *Corporate Culture and Organizational Symbolism: An Overview*. Berlin: de Gruyter.

Andrews, Amy, and Lotte Bailyn. 1993. "Segmentation and Synergy: Two Models of Linking Work and Family." In Jane C. Hood, ed., *Men, Work, and Family*. New York: Sage.

Avrich, Paul. 1984. *The Haymarket Tragedy*. Princeton, N.J.: Princeton University Press.

Axel, Helen. 1985. *Corporations and Families: Changing Practices and Perspectives*. New York: The Conference Board.

Bailyn, Lotte. 1980. “The Slow-Burn Way to the Top: Some Thoughts on the Early Years of Organizational Careers.” In C. B. Derr, ed., *Work and Family, and the Career.* New York: Praeger.
——. 1993. *Breaking the Mold: Women, Men and Time in the New Corporate World.* New York: Macmillan.
. 1994. “The Impact of Corporate Culture on Work—Family Integration.” Talk given at Fifth International Stein Conference, Drexel University, Philadelphia, November.
Barnett, Rosalind C., Lois Beiner, and Grace K. Baruch. 1987. *Gender and Stress.* New York: Free Press.
Baruch, Grace, Rosalind Barnett, and Caryl Rivers. 1985. *Lifeprints: New Patterns of Love and Work for Today's Women.* New York: Signet.
Baruch, Grace, Lois Biener, and Rosalind C. Barnett. 1987. “Women and Gender in Research on Work and Family Stress.” *American Psychologist* 42: 130-36.
Bauer, Gary. 1990. “Congress Gets the Child-Care Issue Wrong.” *Wall Street Journal,* 10 October, p. A18.
Beechey, Veronica, and Tessa Perkins. 1987. *A Matter of Hours: Women, Part-Time Work and the Labour Market.* Minneapolis: University of Minnesota Press.
Berg, Barbara. 1978. *The Remembered Gate: Origins of American Feminism: The Woman and the City, 1800-1860.* New York: Oxford University Press.
Besharov, Douglas J., and Michelle M. Dally. 1986. “How Much Are Working Mothers Working?” *Public Opinion,* November/December, pp. 48 -51.
Best, Fred. 1988. *Reducing Workweeks to Prevent Layoffs: The Economic and Social Impacts of Unemployment Insurance-Supported Work Sharing.* Philadelphia: Temple University Press.
Blau, Melinda. 1993. “Bridging the Generation Gap: How to Keep Kids and Grandparents Close.” *Child,* September, pp. 54-58.
Blyton, Paul. 1985. *Changes in Working Time: An International Review.* New York: St. Martin's Press.
Bohannan, P. 1971. *Divorce and After: An Analysis of the Emotional and Social Problems of Divorce.* New York: Anchor.
Bohen, Halcyone, and Viveros-Long, Anamaria. 1981. *Balancing Jobs and Family Life: Do Flexible Schedules Help?* Philadelphia: Temple University Press.
Bond, James T., and Ellen Galinsky. 1991. *Beyond the Parental Leave Debate.* New York: Families and Work Institute.
Bott, Elizabeth, 1957. *Family and Social Network: Roles, Norms, and External Relationships in Ordinary Urban Families.* New York: Free Press.

Bowen, Gary L., and Dennis K. Orthner. 1991. "Effects of Organizational Culture on Fatherhood." In F. W. Bozett and S. M. H. Hanson, eds., *Fatherhood and Families in Cultural Context*. New York: Springer.
Braverman, Harry. 1974. *Labor and Monopoly Capital*. New York: Monthly Review Press.
Buck Consultants, Inc. 1990. *Parental Leave: An Employer View*. New York: Buck Consultants, Inc.
——. 1992. *Work and Family: A Survey of Employer Practices*. New York: Buck Consultants, Inc.
Bumpass, Larry L. 1990. "What's Happening to the Family? Interactions between Demographic and Institutional Change." *Demography* 27, no. 4: 483-98.
Burden, Diane S., and Bradley K. Googins. 1987. "Boston University Balancing Job and Homelife Study: Managing Work and Family Stress in Corporations." Boston: Boston University School of Social Work.
Bureau of National Affairs. 1989. "Sick Child Care: Employers' Prescriptions for the 1990s." BNA Special Report Series on Work & Family, no. 14. Washington, D.C.: Bureau of National Affairs, Inc.
——. 1990. "Flexible Scheduling for Managers and Professionals: New Work Arrangements for the 1990s." BNA Special Report Series on Work & Family, no. 27. Washington, D.C.: Bureau of National Affairs, Inc.
Burris, Beverly H. 1991. "Employed Mothers: The Impact of Class and Marital Status on the Prioritizing of Family and Work." *Social Science Quarterly* 72: 50-66.
Callaghan, Polly, and Heidi Hartmann. 1991. *Contingent Work: A Chartbook on Part-Time and Temporary Employment*. Washington, D.C.: Economic Policy Institute, Institute for Women's Policy Research.
Casey, Catherine. 1994. "Come Join Our Family: Discipline and Integration in the New Corporate Culture." Paper presented at the American Sociological Association annual meetings, Los Angeles, August.
——. 1995. *Work, Self, and Society: After Industrialization*. New York: Routledge.
Catalyst. 1990. *Flexible Work Arrangements: Establishing Options for Managers and Professionals*. New York: Catalyst.
Champoux, Joseph. 1978. "Perceptions of Work and Nonwork: A Reexamination of the Compensatory and Spillover Models." *Sociology of Work and Occupations* 5, no. 4: 402-22.
Cherlin, Andrew, ed. 1988. *The Changing American Family and Public Policy*. Washington, D.C.: Urban Institute Press.
——. 1992. *Marriage, Divorce, Remarriage*. Cambridge, Mass.: Harvard University Press.
Cherlin, Andrew, and Frank Furstenberg, Jr. 1986. *The New American*

Grandparents. New York: Basic Books.
Chira, Susan. 1993. "Obstacles for Men Who Want Family Time." *New York Times*, 21 October.
Christensen, Kathleen E. 1989. *Flexible Staffing and Scheduling.* New York: The Conference Board.
——. 1988. *Women and Home-Based Work: The Unspoken Contract.* New York: Henry Holt and Company.
——, ed. 1988. *The New Era of Home-Based Work: Directions and Policies*. Boulder: Westview Press.
Clark, P., and Helga Nowotny. 1978. "Temporal Inventories and Time Structuring in Large Organizations." In J. T. Fraser, N. Lawrence, and D. Park, eds., *The Study of Time III*. Amherst: University of Massachusetts Press.
Coleman, Mary T., and John Pencavel. 1993. "Changes in Work Hours of Male Employees, 1940-1988." *Industrial and Labor Relations Review* 46: 262-83.
——. 1993. "Trends in Market Work Behavior of Women Since 1940." *Industrial and Labor Relations Review* 46: 653-76.
Coolsen, Peter. 1989. *I Can Take Care of Myself: The Family Handbook on Children in Self-Care*. Boston: Work/Family Directions, Inc.
Coolsen, P., M. Seligson, and J. Garbino. 1986. *When School's Out and Nobody's Home*. Chicago: National Committee for the Prevention of Child Abuse.
Coontz, Stephanie. 1992. *They Way We Never Were: American Families and the Nostalgia Trap*. New York: HarperCollins.
Cross, Gary. 1988. *Worktime and Industrialization: An International History.* Philadelphia: Temple University Press.
Csikszentmihalyi, Mihaly, and Judith LeFevre. 1989. "Optimal Experience in Work and Leisure." *Journal of Personality and Social Psychology* 56: 815-22.
Cuvillier, Rolande. 1984. *The Reduction of Working Time: Scope and Implications in Industrialized Market Economies*. Geneva: International Labour Office.
Dales, Barbara, and Jim Dales. 1985. *The Working Woman Book.* New York: Andrews, McMeel, and Parker.
David, Henry. 1963. *The History of the Haymarket Affair*. New York: Collier.
Delavigne, Kenneth, and J. Daniel Robertson. 1994. *Deming's Profound Changes: When Will the Sleeping Giant Awaken?* Englewood Cliffs, N J.: PTR Prentice Hall.
Deming, W. Edwards. 1981-1982. "Improvement of Quality and Productivity Through Action Management." *National Productivity Review*, Wi-

nter, pp. 2-12.
de Neubourg, Chris. 1985. "Part-Time Work: An International Quantitative Comparison." *International Labour Review* 124: 5455-5562.
Dennehy, Katherine, and Jeylan T. Mortimer. 1993. "Work and Family Orientations of Contemporary Adolescent Boys and Girls." In Jane C. Hood, ed., *Men, Work, and Family*. New York: Sage.
Dizard, Jan, and Howard Gadlin. 1990. *The Minimal Family*. Amherst: University of Massachusetts Press.
Dominguez, Joseph, and Vicki Robin. 1992. *Your Money or Your Life: Transforming Your Relationship with Money and Achieving Financial Independence*. New York: Viking.
Dubinskas, Frank A., ed. 1988. *Making Time: Ethnographies of High Tech Organizations*. Philadelphia: Temple University Press.
Duffy, Ann, and Norene Pupo. 1992. *Part-time Paradox: Connecting Gender, Work and Family*. Toronto: McClelland and Stewart.
Dumas, Lynne. 1995. "At Your Service." *Working Mother*, August, pp. 60-66.
Dundes, Alan, ed. 1981. *The Evil-Eye: A Folklore Casebook*. New York: Garland.
Ehrenberg, Ronald G., and Paul Schumann. 1982. *Longer Hours or More Jobs? An Investigation of Amending Hours Legislation to Create Employment*. Ithaca, N.Y.: Cornell University Press.
Elgin, Duane. 1993. *Voluntary Simplicity*. New York: William Morrow.
Emlen, Arthur, and Paul Koren. 1984. *Hard to Find and Difficult to Manage: The Effects of Child Care on the Workplace*. Portland, Oreg.: Regional Research Institute for Human Services, Portland State University.
Emlen, Arthur, Paul Koren, and Dianne Louise. 1987. "Dependent Care Survey: Sisters of Providence." Final report. Portland, Oreg.: Regional Research Institute for Human Services, Portland State University.
Ehrenreich, Barbara, and Deirdre English. 1978. *For Her Own Good: 150 Years of Experts' Advice to Women*. New York: Doubleday.
Evans, Paul, and Fernando Bartolome. 1986. "The Dynamics of Work—Family Relationship in Managerial Lives." *International Review of Applied Psychology* 35: 371-95.
Families and Work Institute. 1993. "An Evaluation of Johnson and Johnson's Balancing Work and Family Program" (Executive summary). New York: Families and Work Institute.
. 1995. *Women: The New Providers*. Whirlpool Foundation Study, Part One. Survey conducted by Louis Harris and Associates, Inc., May.
Fassel, Diane. 1990. *Working Ourselves to Death: The High Cost of Work Addiction and the Rewards of Recovery*. San Francisco: Harper & Row.
Feder, Barnaby J. 1996. "Ministers Who Work Around the Flock." *New*

York Times, 3 October.
Ferber, Marianne A., and Brigid O'Farrell, eds. 1991. *Work and Family: Policies for a Changing Workforce*. Washington, D.C.: National Academy Press.
Fisher, Anne B. 1992. "Welcome to the Age of Overwork." *Fortune*, 30 November.
Friedan, Betty. 1993. *The Fountain of Age*. New York: Simon and Schuster.
Friedman, Dana E. 1987. "Work vs. Family: War of the Worlds." *Personnel Administrator*, August, pp. 36-38.
——. 1990. "Work and Family: The New Strategic Plan." *Human Resource Planning* 13, no. 2: 79-90.
——. 1991. *Linking Work—Family Issues to the Bottom Line*. New York: The Conference Board.
Friedman, Dana E., and Theresa Brothers. 1993. *Work–Family Needs: Leading Corporations Respond*. Conference Board Report no. 1017. New York: The Conference Board.
Friedman, Dana E., and Ellen Galinsky. 1992. "Work and Family Issues: A Legitimate Business Concern." In Sheldon Zedeck, ed., Work, *Families and Organizations.* San Francisco: Jossey-Bass.
Friedman, Dana E., Ellen Galinsky, and Veronica Plowden. n.d. *Parental Leave and Productivity: Current Research.* New York: Families and Work Institute.
Fuchs, Victor. 1988. *Women's Quest for Economic Equality*. Cambridge, Mass.: Harvard University Press.
. 1991. "Are Americans Underinvesting in Their Children?" *Society* 28, no. 6: 14-25.
Galinsky, Ellen. 1989. *The Implementation of Flexible Time and Leave Policies: Observations from European Employers*. New York: Families and Work Institute.
Galinsky, Ellen, James T. Bond, and Dana E. Friedman. 1993. *The Changing Workforce: Highlights of the National Study*. New York: Families and Work Institute.
Galinsky, Ellen, Dana E. Friedman, and Carol A. Hernandez. 1991. *The Corporate Reference Guide to Work Family Programs*. New York: Families and Work Institute.
Gallup, George, and Frank Newport. 1990. "Time at a Premium for Many Americans." *Gallup Poll Monthly*, November, pp. 43-56.
Gardner, Saundra. 1991. "Exploring the Family Album: Social Class Differences in Images of Family Life." *Sociological Inquiry* 61: 242-51.
Garson, Barbara. 1988. *The Electronic Sweatshop: How Computers Are Transforming the Office of the Future into the Factory of the Past.* New York: Simon and Schuster.

Gillis, John. 1996. "Making Time for Family: The Invention of Family Time(s) and the Re-Invention of Family History." *Journal of Family History* 21: 4-21.
——. 1996. *A World of Their Own Making: Myth, Ritual, and the Quest for Family Values*. New York: Basic Books.
Glass, Jennifer. 1994. "Employment, Job Conditions, and Depression among Mothers Postpartum." Unpublished paper, University of Iowa.
Glass, Jennifer, and Tetsushi Fujimoto. 1994. "Employer Characteristics and the Provision of Family Benefits." Unpublished paper, University of Iowa.
Glass, Jennifer, and Lisa Riley. 1994. "Family Friendly Policies and Employee Retention following Childbirth." Unpublished paper, University of Iowa.
Glenn, Norval D., and Charles N. Weaver. 1988. "The Changing Relationship of Marital Status to Reported Happiness." *Journal of Marriage and the Family* 50: 317-24.
Goldberg, Carey. 1995. "The Simple Life Lures Refugees from Stress." *New York Times,* 21 September.
Goldsmith, Elizabeth B., ed. 1989. *Work and Family : Theory, Research, and Applications.* Newbury Park, Calif.: Sage.
Goode, William, Jr. 1963. *World Revolution and Family Patterns*. New York: Free Press.
Goode, William. 1994. "Why Men Resist." In Arlene Skolnick and Jerome Skolnick, eds., *Family in Transition,* 8th ed. New York: HarperCollins.
Gordon, David. 1996. *Fat and Mean: The Corporate Squeeze of Working Americans and the Myth of Managerial Downsizing*. New York: Martin Kessler Books.
Grollman, Earl A., and Gerry Sweder. 1989. *Teaching Your Child to Be Home Alone*. New York: Macmillan.
Haas, Linda. 1992. *Equal Parenthood and Social Policy: A Study of Parental Leave in Sweden*. Albany: State University of New York Press.
Hackstaff, Karla. 1994. "Divorce Culture: A Breach in Gender Relations." Unpublished dissertation, University of California, Berkeley.
Hall, Edward. 1983. *The Dance of Life: The Other Dimension of Time*. Garden City, N.Y.: Anchor/Doubleday.
Hamilton, Richard. 1991. "Work and Leisure: On the Reporting of Poll Results." *Public Opinion Quarterly* 55: 347-56.
Hanan, Mack, and Tim Haigh. 1989. *Outperformers: Super Achievers, Breakthrough Strategies, and High-Profit Results.* New York: AMACOM.
Hanks, Roma S., and Marvin B. Sussman, eds. 1990. *Corporations, Businesses, and Families*. New York: Haworth.
Hareven, Tamara. 1978. *Amoskeag: Life and Work in an American Factory-*

City. New York: Pantheon.
——. 1982. *Family Time and Industrial Time: The Relationship between Family and Work in a New England Industrial Community.* New York: Cambridge University Press.
Harris, Louis. 1987. *Inside America*. New York: Vintage.
Harris, Louis, and Associates. 1981. *The General Mills Family Report 1980 -1981*. General Mills, Inc.
Hedges, Janice Neipert. 1992. "Work and Leisure: A Book Review of *The Overworked American.*" *Monthly Labor Review*, May, pp. 53-54.
Hertz, Rosanna, and Joy Charlton. 1989. "Making Family under a Shiftwork Schedule: Air Force Security Guards and Their Wives." *Social Problems* 36: 491-507.
Hewitt Associates. 1990. *Work and Family Benefits Provided by Major U.S. Employers in 1990*. Lincolnshire, Ill.: Hewitt Associates.
Hewitt, Patricia. 1993. *About Time: The Revolution in Work and Family Life*. London: Institute for Public Policy Research, United Kingdom Rivers Oram Press.
Hewlett, Sylvia Ann. 1991. *When the Bough Breaks: The Cost of Neglecting Our Children*. New York: Basic Books.
Hibbard, Janet, and Robert Candrum. 1987. *The Management of Time*. New York: Kend.
Hobart, Charles. 1987. "Parent-Child Relations in Remarried Families." *Journal of Family Issues* 8, no. 3: 259-77.
Hochschild, Arlie. 1983. *The Managed Heart: Commercialization of Human Feeling*. Berkeley: University of California Press.
——. 1989. *The Second Shift*. New York: Avon.
——. 1995. "The Politics of Culture: Traditional, Cold Modern, and Warm Modern Ideals of Care." *Social Politics: International Studies in Gender, State, and Society* 2, no. 2: 331-46.
Hofferth, Sandra, April Brayfield, Sharon Deich, and Pamela Holcomb. 1991. *National Child Care Survey 1990*. Sponsored by NAEYC, ACYF, and the U.S. Department of Health and Human Services. Washington, D.C.: Urban Institute.
Hogg, Christine, and Lisa Harker. 1992. *The Family-Friendly Employer: Examples from Europe*. New York: Daycare Trust, in association with Families and Work Institute.
Hood, Jane C., ed. 1993. *Men, Work and Family.* Newbury Park, Calif.: Sage.
Hood, Jane, and Susan Golden. 1984. "Beating Time/Making Time: The Impact of Work Scheduling on Men's Family Roles." In Patricia Voydanoff, ed., *Work and Family: Changing Roles of Men and Women*. Palo Alto, Calif.: Mayfield.

Hughes, Diane, and Ellen Galinsky. 1988. *Balancing Work and Family Life: Research and Corporate Application.* New York: Bank Street College of Education.

Hunnicutt, Benjamin Kline. 1988. *Work without End: Abandoning Shorter Hours for the Right to Work.* Philadelphia: Temple University Press.

Hyde, Janet Shibley, Marilyn J. Essex, and Francine Horton. 1993. "Fathers and Parental Leave: Attitudes and Experiences." *Journal of Family Issues* 14: 616-38.

"'It's Too Much of a Good Thing,' GM Workers Say in Protesting Overtime." 1994. *New York Times*, 22 November, p. A10.

Jankowski, Jon, Marnell Holtgraves, and Lawrence Gerstein. 1988. "A Systemic Perspective on Work and Family Units." In Elizabeth Goldsmith, ed., *Work and Family: Theory, Research and Applications.* London: Sage.

Johnson, Colleen Leahy. 1988. *Ex Familia: Grandparents, Parents, and Children Adjust to Divorce.* London: Rutgers University Press.

Jones, Gerard. 1992. *Honey, I'm Home! Sitcoms: Selling the American Dream.* New York: St. Martin's Press.

Juster, F. Thomas, and Frank P. Stafford. 1991. "The Allocation of Time: Empirical Findings, Behavioral Models, and Problems of Measurement." *Journal of Economic Literature* 29: 471-522.

Kamarck, Elaine C., and William A. Galston. 1990. *Putting Children First: A Progressive Family Policy for the 1990s.* Washington, D.C.: Progressive Policy Institute, 27 September.

Kamerman, Sheila B., and Cheryl D. Haves, eds. 1982. *Families That Work: Children in a Changing Worlds.* Washington D.C.: National Academy Press.

Kamerman, Sheila B., and Alfred J. Kahn. 1987. *The Responsive Workplace: Employers and a Changing Labor Force.* New York: Columbia University Press.

——. 1991. *Child Care, Parental Leave, and the Under 3's: Policy Innovation in Europe.* New York: Auburn House.

Kamin, Dan. 1984. *Charlie Chaplin's One-Man Show.* London: Scarecrow Press.

Kanter, Rosabeth Moss. 1977. *Work and Family in the United States: A Critical Review and Agenda for Research and Policy.* New York: Russell Sage Foundation.

Karasek, R. 1990. "Lower Health Risk with Increased Job Control among White-Collar Workers." *Journal of Organizational Behavior* 11: 171-85.

Kessler, R., and J. McRae. 1982. "The Effect of Wives' Employment on the Mental Health of Men and Women." *American Sociological Review* 47: 216-27.

Kingston, Paul. 1988. "Studying the Work—Family Connection: Atheoretical Progress, Ideological Bias, and Shaky Foundations for Policy." In Elizabeth Goldsmith, ed., *Work and Family: Theory, Research and Applications* . London: Sage.
Kingston, Paul Williams, and Steven L. Nock. 1987. "Time Together among Dual Income Couples." *American Sociological Review* 52: 391-400.
Kunda, Gideon. 1992. *Engineering Culture: Control and Commitment in a High-Tech Corporation*. Philadelphia: Temple University Press.
Lamphere, Louise. 1985. "Bringing the Family to Work: Women's Culture on the Shop Floor." *Feminist Studies* 11: 519-40.
——. 1993. *Sunbelt Working Mothers: Reconciling Family and Factory.* Ithaca, N.Y.: Cornell University Press.
Larson, Reed, and Maryse Richards. 1994. *Divergent Realities: The Emotional Lives of Mothers, Fathers, and Adolescents.* New York: Basic Books.
Larson, Reed, Maryse H. Richards, and Maureen Perry-Jenkins. 1994. "Divergent Worlds: The Daily Emotional Experience of Mothers and Fathers in the Domestic and Public Spheres." *Journal of Personality and Social Psychology* 67: 1034-46.
Lasch, Christopher. 1977. *Haven in a Heartless World*. New York: Basic Books.
——. 1978. *The Culture of Narcissism: American Life in an Age of Diminishing Expectations.* New York: Norton.
Levering, Robert. 1988. *A Great Place to Work: What Makes Some Employers So Good (and Most So Bad).* New York: Random House.
Levering, Robert, and Milton Moskowitz. 1993. *The 100 Best Companies to Work for in America.* New York: Penguin.
Levitan, Sar A., and Richard S. Belous. 1977. *Shorter Hours, Shorter Weeks: Spreading the Work to Reduce Unemployment.* Baltimore: Johns Hopkins University Press.
Lewis, C. S. 1950. *The Chronicles of Narnia.* New York: MacMillan.
Linder, Staffan. 1974. *The Harried Leisure Class.* New York: Columbia University Press.
Long, T. J., and L. Long. 1982. "Latchkey Children: The Child's View of Self Care." ERIC no. ED 211 229. Arlington, Va.: Educational Resources Information Center Documents Reproduction Service.
Lynd, Robert, and Helen Lynd. 1929. *Middletown: A Study in Contemporary American Culture.* New York: Harcourt, Brace.
MacDermid, Shelley, Margaret Williams, Stephen Marles, and Gabriela Heilbrun. 1994. "Is Small Beautiful? Influence of Workplace Size on Work-Family Tension." *Family Relations* 43: 159-67.
Martin, Joanne. 1992. *Cultures in Organizations: Three Perspectives.* New

York: Oxford University Press.
Mattox, William R., Jr. 1991. "The Parent Trap: So Many Bills, So Little Time." *Policy Review*, no. 55: 6-13.
McDonald, Gerald, Michael Conway, and Mark Ricci. 1965. *The Films of Charlie Chaplin*. New York: Citadel.
McEnroe, Jennifer. 1991. "Split-Shift Parenting." *American Demographics*, February, pp. 50-52.
McNeely, R. L., and Barbe A. Fogarty. 1988. "Balancing Parenthood and Employment: Factors Affecting Company Receptiveness of Family-Related Innovations in the Workplace." *Family Relations* 37: 189-95.
Mellor, Earl F., and William Parks. 1988. "A Year's Work: Labor Force Activity from a Different Perspective." *Monthly Labor Review*, September, pp. 13-18.
Meyer, John W., W. Richard Scott, Brian Rowan, and Terrance E. Deal. 1983. *Organization Environments: Ritual and Rationality*. Beverly Hills, Calif.: Sage.
Mintz, Steven, and Susan Kellogg. 1988. *Domestic Revolutions: A Social History of American Family Life*. New York: Free Press.
Moen, Phyllis. 1989. *Working Parents: Transformation in Gender Roles and Public Policies in Sweden*. Madison: University of Wisconsin Press.
. 1992. *Women's Two Roles: A Contemporary Dilemma*. New York: Auburn House.
Moen, Phyllis, and Donna Dempster McClain. 1987. "Employed Parents: Role Strain, Work Time, and Preferences for Working Less." *Journal of Marriage and the Family* 49: 579-90.
Morgan, Hal, and Kerry Tucker. 1991. *Companies That Care: The Most Family-Friendly Companies in America—What They Offer and How They Got That Way*. New York: Simon and Schuster.
Myers-Briggs, Isabel. 1993. *Introduction to "Type": A Guide to Understanding Your Results on the Myers Briggs Type Indicator*. Palo Alto, Calif.: Consulting Psychologists Press, Inc.
Negrey, Cynthia. 1993. *Gender, Time, and Reduced Work*. Albany: SUNY Press.
New York Times. 1996. *The Downsizing of America*. New York: Times Books/Random House.
Nippert-Eng, Christene. 1996. *Home and Work: Negotiating Boundaries through Everyday Life*. Chicago: University of Chicago Press.
Norwood, Janet. 1987. "American Workers Want More: More Work, That Is." *Across the Board* (The Conference Board), November, pp. 60—62.
Nowotny, Helga. 1975. "Time Structuring and Time Measurement: On the Interrelation between Timekeepers and Social Time." In J. T. Fraser, N. Lawrence, and D. Park, eds., *The Study of Time II*. Amherst: University of

Massachusetts Press.
——. 1994. *Time: The Modern and the Post-Modern Experience*. Cambridge: Polity.
Oliver, Eric. 1996. "Buying Time: City Affluence and Organizational Activity," chapter 5. Unpublished Ph.D. dissertation, University of California, Berkeley.
Olmsted, Barney, and Suzanne Smith. 1989. *Creating a Flexible Workplace: How to Select and Manage Alternative Work Options*. New York: American Management Association.
O'Malley, Michael. 1991. *Keeping Watch: A History of American Time*. New York: Penguin.
O'Neill, John. 1994. *The Missing Child in Liberal Theory: Towards a Covenant Theory of Family, Community, Welfare, and the Civic State*. Buffalo, N.Y.: University of Toronto Press.
Ortiz, Steve. 1993. "When Happiness Ends and Strength Begins: The Private Pains of the Professional Athlete's Wife." Unpublished Ph.D. dissertation, University of California, Berkeley.
Owen, John. 1989. *Reduced Working Hours: Cure for Unemployment or Economic Burden?* Baltimore: Johns Hopkins University Press.
Padilla, Mary Lou, and Garry L. Landreth. 1989. "Latchkey Children: A Review of the Literature." *Child Welfare* 68: 445-54.
Panikkar, R., and L. Rowell. 1978. "Time and Sacrifice: The Sacrifice of Time and the Ritual of Modernity." In J. T. Fraser, N. Lawrence, and D. Park, eds., *The Study of Time III*. Amherst: University of Massachusetts Press.
Piotrkowski, Chaya S. 1979. *Work and the Family System: A Naturalistic Study of Working-Class and Lower Middle-Class Families*. New York: Free Press.
Piotrkowski, Chaya S., Diane Hughes, Joseph Pleck, Susan Kessler-Sklar, and Graham L. Staines. 1993. "The Experience of Childbearing Women in the Workplace: The Impact of Family-Friendly Policies and Practices." Prepared by the National Council of Jewish Women. Washington, D.C.: U.S. Department of Labor, Women's Bureau.
Pleck, Joseph. 1994. *Family-Supportive Employer Policies and Men: A Perspective*. Working Paper Series, no. 274. Wellesley, Mass.: Wellesley College Center for Research on Women.
Presser, Harriet. 1977. "Female Employment and the Division of Labor within the Home: A Longitudinal Perspective." Paper presented at the Population Association of America meetings, St. Louis.
——. 1988. "Shift Work and Child Care among Young Dual Earner American Parents." *Journal of Marriage and the Family* 50: 133-148.
——. 1989. "Can We Make Time for Children? The Economy, Work Schedules and Child Care." *Demography* 26: 523-43.

Public Opinion Co. 1886. *Public Opinion: A Comprehensive Summary of the Press Throughout the World on All Important Current Topics,* vol. 1. Washington, D.C., April-October.

Putnam, Robert D. 1995. "Bowling Alone: America's Declining Social Capital." *Journal of Democracy* 6: 65-78.

Rapoport, Rhona, and Robert N. Rapoport. 1980. "Balancing Work, Family, and Leisure: A Triple Helix Model." In C. Brooklyn Derr, ed., Work, *Family and the Career*. New York: Praeger.

——. 1980. *Dual Career Families*. London: Penguin.

Repetti, Rena L., Karen A. Matthews, and Ingrid Waldron. 1989. "Employment and Women's Health: Effects of Paid Employment on Women's Mental and Physical Health." *American Psychologist* 44: 1394-1401.

Richardson, Jean L., Kathleen Dwyer, Kimberly McGuigan, William Hansen, Clyde Dent, C. Anderson Johnson, Steven Sussman, Bonnie Brannon, and Brian Flay. 1989. "Substance Use among Eighth-Grade Students Who Take Care of Themselves after School." *Pediatrics* 84: 556-66.

Rifkin, Jeremy. 1995. *The End of Work: The Decline of the Global Labour Force and the Dawn of the Post—Market Era*. New York: G. P. Putnam's Sons.

Robinson, Bryan, Bobbie Rowland, and Mick Coleman. 1986. *Latchkey Kids: Unlocking Doors for Children and Their Families.* Lexington, Mass.: Lexington Books.

Robinson, John. 1977. *How Americans Use Time: A Social-Psychological Analysis.* New York: Praeger.

——. 1989. "Time's Up: Do We Have More Free Time?" *American Demographics*, July, pp. 32-35.

——. 1990. "The Time Squeeze." *American Demographics*, February, pp. 30-33.

Roskies, Ethel, and Sylvie Carrier. 1992. "Marriage and Children for Professional Women: Asset or Liability?" Paper presented at American Psychological Association conference "Stress in the 90's," Washington, D.C.

Rowen, Hobert. 1991. "Taking It Easier in Japan." *Herald Tribune*, 13 June.

Rubin, Lillian. 1976. *Worlds of Pain: Life in Working-Class Family*. New York: Basic Books.

Rubin, Sylvia. 1994. "Court Says Grandma Is Better Than Day Care." *San Francisco Chronicle*, August 17.

Salmon, Jacqueline. 1995. "For Hire: Helpers for Harried Parenting." *Washington Post*, 17 September.

Saltzman, Amy. 1991. *Downshifting: Reinventing Success on a Slower Tract.* New York: HarperCollins.

Saint James, M. 1994. *Simplify Your Life*. New York: Hyperion.
Scharlach, Andrew E., and E. Fuller-Thomson. 1994. "Coping Strategies following the Death of an Elder Parent." *Journal of Gerontological Social Work* 21: 85-101.
Scharlach, Andrew E., Beverly F. Lowe, and Edward L. Schneider. 1991. *Elder Care and the Workforce: Blueprint for Action*. Lexington, Mass.: Lexington Books.
Schneider, Keith. 1995. "Fleeing America's Relentless Pace, Some Adopt an Amish Life." *New York Times*, 1 March.
Schor, Juliet B. 1992. *The Overworked American: The Unexpected Decline of Leisure*. New York: Basic Books.
Schwartz, Felice N. 1989. "Management Women and the New Facts of Life." *Harvard Business Review*, January-February, pp. 65-76.
——. 1992. *Breaking with Tradition: Women and Work, The New Facts of Life*. New York: Warner.
Sirianni, Carmen. 1991. "The Self-Management of Time in Post-Industrial Society." In Karl Hinrichs, William Roche, and Carmen Sirianni, eds., *Working Time in Transition*. Philadelphia: Temple University Press.
Sirianni, Carmen, and Cynthia Negrey. 1986. "Working Time as Gendered Time." Princeton, N.J.: Institute for Advanced Study.
Skocpol, Theda. 1996. "Unraveling from Above." *American Prospect* No. 25, March/April, pp. 20-26.
Smith, Vicki. 1993. "Flexibility in Work and Employment: Impact on Women." *Research in the Sociology of Organizations* 2: 195-216.
Solomon, Charlene Marmer. 1994. "Special Report: Latchkey Kids." *Parents*, March, pp. 42-46.
Spitze, Glenna. 1988. "Women's Employment and Family Relations: A Review." *Journal of Marriage and the Family* 50: 595-618.
Spreitzer, E., E. Snyder, and D. Larson. 1979. "Multiple Roles and Psychological Well-Being." *Sociological Focus* 12: 141-48.
Stafford, Frank P. 1991. "Time and Consumption—A Book Review." *Journal of Economic Literature* 29: 1198-99.
——. 1992. "The Overworked American—A Book Review." *Journal of Economic Literature* 30: 1528-29.
Staines, Graham L. 1980. "Spillover versus Compensation: A Review of the Literature on the Relationship between Work and Nonwork." *Human Relations* 33: 111-29.
Staines, Graham L., and Joseph H. Pleck. 1983. *The Impact of Work Schedules on the Family*. Ann Arbor: Institute for Social Research, University of Michigan, Survey Research Center.
Stalk, George, and Thomas Hout. 1990. *Competing Against Time: How Time-Based Competition Is Reshaping Global Markets*. New York: Free

Press.
Swiss, Deborah, and Judith Walker. 1933. *Women and the Work/Family Dilemma: How Today's Professional Women Are Finding Solutions.* New York: Wiley.
Tassi, Nina. 1991. *Urgency Addiction: How to Slow Down without Sacrificing Success.* New York: Signet.
Taylor, Ella. 1989. *Prime-Time Families: Television Culture in Postwar America.* Berkeley: University of California Press.
Taylor, Frederick. 1911. *The Principles of Scientific Management.* New York: Harper.
Thompson, E. P. 1963. *The Making of the English Working Class.* New York: Vintage.
——. 1992. "Time, Work-Discipline and Industrial Capitalism." In Anthony Giddens and David Held, eds., *Classes, Power and Conflict: Classical and Contemporary Debates.* Berkeley: University of California Press.
Till, Charles, and Edward Shorter. 1974. *Strikes in France, 1830-1968.* New York: Cambridge University Press.
Timpe, A. Dale, ed. 1987. *The Management of Time: The Art and Science of Business Management.* New York: Kend.
Tocqueville, Alexis de. 1969. *Democracy in America.* J. P. Mayer, ed., and George Lawrence, trans. Garden City, N.Y.: Anchor/Doubleday.
Tolstoy, Leo. 1942. *War and Peace.* Louise and Aylmer Maude, trans. New York: Simon and Schuster.
United States Bureau of the Census. 1991. "Childcare Arrangements: Population Profile of the United States 1991." Current Population Series P-23, no. 173. Washington, D.C.: Government Printing Office.
——. 1995. *Statistical Abstracts of the United States,* 115th ed. Washington, D.C.: Government Printing Office.
——. 1989. *Historical Statistics of the United States, Colonial Times to 1970.* Bicentennial Edition, part 1. Washington, D.C.: Government Printing Office.
U.S. Bureau of Labor Statistics. 1989. *Handbook of Labor Statistics.* Washington, D.C.: U.S. Bureau of Labor Statistics.
Vandell, Deborah Lowe, and Mary Anne Corsaniti. 1988. "The Relation between Third Graders' after School Care and Social, Academic, and Emotional Function." *Child Development* 59: 868-75.
Ventura, Michael. 1991. "Someone Is Stealing Your Life." *Utne Reader,* July/August, pp. 78-81.
——. 1995. "The Age of Interruption." *Networker,* January/February, pp. 19 -31.
Verbrugge, L. 1987. "Role Burdens and Physical Health of Women and Men." In Faye Crosby, ed., *Spouse, Parent, Worker: On Gender and*

Multiple Roles. New Haven, Conn.: Yale University Press.
Veurier, Henri. 1983. *Charles Chaplin*. Paris: Tarak Makhlouf.
Vickery, Clair. 1977. "The Time-Poor: A New Look at Poverty."*Journal of Human Resources* 12: 27-48.
Waerness, Kari. 1978. "Invisible Welfare State: Women's Work at Home." *Acta Sociologica Supplement* 21: 193-207.
Wallerstein, Judith, and Sandra Blakeslee. 1989. *Second Chances: Men, Women, and Children a Decade after Divorce*. New York: Tichnor and Fields.
Walton, Mary. 1986. *The Dening Management Method*. New York: Dodd, Mead.
Webber, Ross. 1988. *Time Is Money! The Key to Managerial Success*. New York: Free Press.
Weber, Max. 1976 [1904]. *The Protestant Ethic and the Spirit of Capitalism*. New York: Charles Scribner's Sons.
White, Lynn, and Bruce Keith. 1990. "The Effect of Shift Work on the Quality and Stability of Marital Relations." *Journal of Marriage and the* Family 52: 453-62.
Zedeck, Sheldon. 1992. "Introduction: Exploring the Domain of Work and Family Concerns." In Sheldon Zedeck, ed., Work, *Families and Organizations* . San Francisco: Jossey-Bass.
Zedeck, Sheldon, Christina Maslach, Kathleen Mosier, and Linda Skitka. 1988. "Affective Response to Work and Quality of Family Life: Employee and Spouse Perspectives." In Elizabeth Goldsmith, ed., *Work and Family: Theory, Research and Applications*. London: Sage.
Zerubavel, Eviatar. 1981. *Hidden Rhythms: Schedules, and Calendars in Social Life*. Chicago: University of Chicago Press.
Zill, Nicholas. 1983. *American Children: Healthy, Happy, and Insecure*. New York: Anchor/Doubleday.